企业管理思想史系列

组织管理思想史

李晓园 陈 武◎著

企业管理出版社
ENTERPRISE MANAGEMENT PUBLISHING HOUSE

图书在版编目（CIP）数据

组织管理思想史 / 李晓园，陈武著．—北京：企业管理出版社，2022.5

ISBN 978-7-5164-2579-4

Ⅰ．①组… Ⅱ．①李… ②陈… Ⅲ．①组织管理学－思想史－世界 Ⅳ．① C936-091

中国版本图书馆 CIP 数据核字（2022）第 040822 号

书　　名：组织管理思想史

书　　号：ISBN 978-7-5164-2579-4

作　　者：李晓园　　陈　武

责任编辑：尤　颖　　黄　爽

出版发行：企业管理出版社

经　　销：新华书店

地　　址：北京市海淀区紫竹院南路 17 号　　**邮　　编：**100048

网　　址：http://www.emph.cn　　**电子信箱：**emph001 @163.com

电　　话：编辑部（010）68701638　　发行部（010）68701816

印　　刷：北京环球画中画印刷有限公司

版　　次：2022 年 5 月第 1 版

印　　次：2022 年 5 月第 1 次印刷

开　　本：710mm × 1000mm　1/16

印　　张：23.5 印张

字　　数：284 千字

定　　价：98.00 元

“企业管理思想史”丛书主编

编委会

顾问委员会

丛书序

中国企业近年来在钢铁、建材、石化、高铁、电子、航空、航天等领域通过锻长板、补短板、强弱项，大步迈向全球产业链和价值链的中高端，成果显著。2021 年，我国制造业增加值达到 31.4 万亿元，已经创造了连续 12 年制造业总量位列全球首位的佳绩。中国企业在联合国划分的工业 41 个大类、207 个中类和 666 个小类里辛勤耕耘，这在全世界是独有的。围绕中国企业取得的每一个成就、每一项进步，企业管理无不闪耀着骄人的光辉。当越来越多的中外学者和企业家倾心深入探求企业管理之道时，中外企业发展过程中管理大师每一步重要的理论开拓，管理思想的演变脉络，企业管理实践的成败得失，无不成为有待系统梳理展现的急迫之需。“企业管理思想史”丛书（以下简称“丛书”）的出版注定要成为中国企业管理领域的一件大事。

以知识部类划分，企业管理从属于管理类。管理是人类一项基本的实践活动，管理能力是人类生存和发展不可或缺的软实力，管理思想不仅是人类社会活动所积累的精神财富，也是人类文明的璀璨结晶。企业管理则是工业文明的产物，随着十八世纪末期机器化大生产的兴起与演进，企业管理逐步从随意化、个人化的形式向专业化、科学化的形式过渡。如果从四次工业革命的角度思考，每一次重大技术革命和产业变革之后，都带来一次管理理论以及企业管理模式的飞跃。站在当今发展之巅回顾与展望，以往工业革命进程中企业管理的创新性实践及理论探索弥足珍贵，每一簇思想的火光至今仍可作为借鉴；而面向未来新的攀登，古典管理理论、近代管理理论、现代管理理论，构成了继续向前探索的坚实阶梯和基础。

黑格尔说，历史就是时代观念外化的结果。企业管理思想史与一般思想史动辄煌煌百万言，呈现无所不包的百科全书全景式巨著不同，“丛书”冠之以“思想史”是力图承接前行者的伟大传统，使后来者得以站在巨人肩上，形成宏大开阔的视野和把握脚踏实地的方法，通览企业管理自诞生到辉煌的思想历程。“丛书”通过研究和揭示管理思想的产生、发展、演变的历史过程及其一般规律，包括记载管理的观点、见解，将其理论化、系统化，并论证管理理论产生、发展、演变的历史，进而归集到企业领域。

经典思想史的编撰一般会沿着历史的演进和思想家体系的构建两条主线展开，“丛书”充分体现自身的特点，又增加了企业管理实践的主线。相较二十世纪思想史领域最著名的偏重于哲学范畴的“施特劳斯学派”和偏重于历史学范畴的“剑桥学派”而言，“丛书”更加关注历史对今天的启示。用历史的方法研究思想，不是一般意义的注释考据和推演思辨，而是更注重对现实企业管理的真实关切能否有所裨益和借鉴。

可以看到，自十九世纪末，管理学成为一门相对独立的学科以来，管理思想史的发展相对缓慢，直到二十世纪中后期才成为一个比较独立的研究领域。美国管理思想史学家小乔治（Claude S. George）撰写的《管理思想史》于 1972 年正式出版，全面介绍了管理思想（主要是西欧和美国的管理思想）发展的过程；美国管理思想史学家雷恩（Daniel A. Wren）所著《管理思想的演变》于 1979 年出版，比较详细地介绍了西方管理思想发展演变的历程。

中国工业化的探索自清末洋务运动以来就没有停止，但国家层面的工业化建设还是从中华人民共和国建立开始。建国后企业的现代化管理在一开始即按照苏联模式，纳入计划经济的体系。尽管中国式企业现代化管理的尝试不断出现，有的也取得一定成效，但总体上仍没有摆脱计划经济的窠臼。自 1978 年 12 月召开的中国共产党十一届三中全会开始，中国走上了改革开放的全新进程。中国企业逐步甩开了计划经济时代的企业管理做法，探索与世界接轨又符合中国特点的企业管理之路。改革开放以来，适应我国企业改革发展和加强管理的需要，有关现代企业管理的研究和著作相继问世，标志着中国企业管理创新进入新的发展阶段。一批中国企业家矢志探索符合中国企业特点的企业管理创新之道，任正非、张瑞敏、宋志平等企业领军人物在带领企业争创世界一流的同时，形成了颇具特色的企业管理创新理论和专门论著。中国企业联合会已经连续 28 届审定了全国企业管理现代化创新成果逾 4000 项，展示了我国企业管理创新方面的进展和成果。一批企业家和中国学者也在管理学领域不遗余力地进行实践，并开展了管理思想史的研究。特别是我国学者周三多、杨先举、李明新、孙耀君、郭咸纲、唐任伍、赵志军、彭新武等先后撰写了管理思想史方面的多部专著，在管理思想史的研究上取得了一系列成果。但总的来看，现有管理思想史类著作多以研究西方管理思想为主，较少系统性地研究中国管理思想，也鲜有按管理学特别是企业管理分支学科进行深入研究的成果。“丛书”以此为切入点，以时间为经、以代表人物为纬，旁征博引、纵横推移，对中外企业管理思想各发展阶段的代表人物、见解观点、思想灵感、理论背景及其发展进程进行了系统阐释，以期读者能够从中把握中外企业管理思想的发展脉络和精髓，前瞻分析企业管理问题，更好地提出解决方案。

一、“丛书”的研究对象

“丛书”的研究对象既包括企业管理理论的思想继承、扬弃和创新，也包括企业管理实践，拓展性地研究以下问题。

一是，阐述企业管理思想的演化过程和发展规律。“丛书”不只是梳理企业管理理论的演化过程与发展规律，更多的是从唯物历史观出发，分析企业管理思想的产生背景、发展缘由、理论贡献与局限性等，并对比中外管理理论与思想，试图探索企业管理思想形成与发展的内在规律。

二是，关注社会生产方式的变革与企业管理思想演变的相互关系。厘清社会生产方式与企业管理思想之间存在“实践—理论—实践”的逻辑关系，提出与管理相关的命题，前瞻预见未来的发展与挑战。

三是，把脉不断发展的企业管理实践。从管理实践与管理思想的辩证关系入手，将中国传统文化中的管理思想与现代企业管理实践相融合，用理论不断指导实践，同时提供系统、全面的方案来应对企业管理实践中的复杂变化。

四是，把握中国企业管理实践与中外企业管理思想、管理理论的辩证关系。用辩证的思想将西方管理思想和我国传统的管理理念加以比拟融合，在实践中探索出一套符合我国国情且利于我国企业发展的管理理论。

二、“丛书”的研究内容和研究思路

“丛书”的研究以企业管理各主要分支学科为脉络，以前人管理思想史研究为基础，阐述各学科主要学派的代表人物、见解观点、产生背景及其发展进程，进而抵达管理思想研究前沿，提出企业管理中国化命题。“丛书”包括《管理思想史》《组织管理思想史》《知识管理思想史》《人力资源管理思想史》《营销管理思想史》《战略管理思想史》《财务管理思想史》《创业管理思想史》《商业模式思想史》《供应链管理思想史》《信息管理思想史》《公司治理思想史》《科技管理思想史》《商业伦理思想史》《企业管理思想史精读》《协同管理思想史》《质量管理思想史》《电子商务思想史》《组织行为学思想史》《公共管理思想史》《价值链管理思想史》《企业管理前沿理论》《运营管理思想史》《生产管理思想史》《旅游管理思想史》《跨国公司经营管理思想史》《项目管理思想史》《投资管理思想史》《创新管理思想史》《公司金融思想史》《物流管理思想史》《风险管理思想史》《成本管理思想史》《内部控制思想史》《企业文化思想史》《管理决策思想史》《系统管理思想史》《国际贸易思想史》《品牌管理思想史》《数字管理思想史》《服务管理思想史》《人力资本管理思想史》。

作为丛书，各分册共同的框架逻辑主要体现在以下四个方面。

一是，企业管理思想的形成与发展。以时间为主轴，以具体标志性事件为重要节点，系统地、完整地追溯和回顾企业管理各学科涉及的中外企业管理思想演变和自身成长的进化过程，探讨各学科如何随着企业管理实践的发展和技术的变革而演化发展。

二是，中外管理思想溯源。将企业管理各学科涉及的古今中外管理思想作为一个整体，包括早期管理思想、古典管理思想、现代管理理论和当代管理思想等，溯其源流、综其脉络、述其精华、探其内涵、究其本质，为后续深入剖析各学科流派提供理论基础和观点素材。

三是，主要学派述评。在介绍具体各学科管理思想学派及其分支学派的代表人物、见解观点、产生背景、发展进程的基础上，以生产力、生产关系和上层建筑的决定性作用和能动性作用为标准，评述在不同历史发展阶段和社会形态下，各学科管理思想学派及其分支学派的发展沿革、历史作用、局限性等，并对中外管理思想进行差异性比较。

四是，国内外研究前沿探讨。在生产力层面，数字技术创新及其应用创新使万物互联、信息共享、效率提升成为必然；在生产关系（经济基础）层面，数字化新业态、新模式、新机制层出不穷；在上层建筑层面，数字化新理论、新理念、新价值观不断涌现。数字经济的迅速崛起与国际竞争新态势迫切要求中国企业管理思想与时俱进、拥抱未来。“丛书”探讨国内外研究前沿理论和方法，源于实践、高于实践、引领实践，为中国企业提供前瞻性方案。

三、“丛书”的主要特色

“丛书”遵循辩证唯物史观的本质要求，以“古为今用，洋为中用，践行当下，引领未来”作为使命担当。

一是，突出时代呼唤、时代使命和时代要求，有助于有效填补中国企业管理思想研究的发展空白。“丛书”从专业和微观角度，按照企业管理各分支学科的发展演变分门别类地进行研究，构建具有中国特色的现代化管理思想体系。这一点可以说不仅填补了国内企业管理思想史的空白，在一定程度上也填补了国际企业管理思想史的空白。

二是，突出中国问题、中国元素和中国方案，有助于坚定增强走中国式企业管理道路的发展信心。“丛书”融汇了中国上下五千年管理思想史，对中国企业管理思想的研究上溯到先秦时期，弘扬中华优秀管理文化。“丛书”立足本土，总结凝练中国原创企业管理理论，建设性地提出现代化管理的中国方案，致力于提高中国管理研究在国际上的学术地位和影响力，为中国管理在世界舞台的崛起贡献力量。

三是，突出管理历史、管理研究和管理实践，有助于深入总结中国式企业管理的发展规律。“丛书”覆盖面广、核心内容扎实、重点突出，从中外古代文明的管理思想入手，着重探讨近代以来的企业管理思想，紧密结合相关理论产生的时代背景，紧扣其形成、发展的演进脉络，有利于读者更好地理解相关企业管理理论的缘起、应用与兴替。

四是，突出人文精神、人文道德、人文品格，有助于切实提升中国式企业管理的发展境界。“丛书”注重比较分析，强调企业管理智慧和道德融合统一，总结归纳企业管理实践的历史经验，为“商智”和“商德”的辩证统一关系正本清源，明确了商业主体应该遵守的商业行为原则和规范、应当树立的优良商业精神等商业道德问题，形成了商业群体最重要、最长远的约束机制，同时保证了商业群体的长盛不衰，为中国企业管理理论发展提供正信、正念和正能量。

五是，突出创新理念、创新模式、创新方法，有助于不断增强中国式企业管理的发展动能。“丛书”探讨企业管理创新，提倡学以致用，将中国特色企业管理与数字化创新相结合，在每一分支学科对应分册都有前瞻性研究成果，且重点论述了数字化技术发展对企业管理的促进作用，为中国企业提供新思路、新模式和新方法，助力中国企业用自己的方法解决自己的问题，使中国式管理拥有平视世界的底气和实力。

希望这套丛书能帮助中国企业家迈向世界企业管理的高水平殿堂，助力中国企业探索出具有中国特色的企业管理创新模式，为中国大专院校、科研单位开展企业管理的教学、科研和实践提供有价值的参考，成为向世界展示中国企业管理的窗口，促进中国企业健康可持续发展。

朱宏任

中国企业联合会、中国企业家协会党委书记、

常务副会长兼理事长

2022 年 3 月 26 日

推荐序一

管理思想作为人类对于管理实践过程规律和本质的思考，既是过去和现在的经济、社会、政治和文化的结晶，也是开拓未来的宝贵经验。“企业管理思想史”丛书以“学史明理、学史增信、学史崇德、学史力行”为目标和要求，探寻“上善若水、人制不割、和合共生”等中国传统哲学智慧精髓，探究“科学管理、人本管理”等西方经典管理理论与哲学思维，探讨“去中心化、自组织”等后现代管理前沿理论，探求“物联网技术、量子力学”等世界前沿科技的创新应用。同时，融入“中国元素”，努力创新，科学性、系统性、拓展性地探索中国企业管理面临的诸多普遍性和特殊性问题。

严格意义上讲，现代管理学发展历程不过百余年，但历史长河中的管理思想代表着不同时代、不同地域的管理特色。因此，“企业管理思想史”丛书秉承弘扬中西方优秀文化，以时间为主轴，以学科学派、代表人物、主要观点、研究前沿和发展趋势等为主要内容，突出中国元素，深入阐发、提炼和展示古今中外优秀传统文化的精神标识和具有当代价值、世界意义的文化精髓，廓清该学科理论的发展脉络和演化进程，批判与继承该学科相关研究的精华，具有较高的理论价值和社会效益。

第一，研究框架体系新颖，既梳理学科发展史，也明晰发展脉络。丛书以时间为经，以理论观点为纬，旁征博引、纵横推移，对中外管理思想各发展阶段的代表人物、见解观点、思想灵感、理论产生背景及其发展进程等进行系统阐释，梳理管理学及其主要分支学科的历史沿革和发展脉络。

第二，学派划分的独特性，溯源古今中外管理思想，萃取智慧结晶。将管理学及其主要分支学科涉及的古今中外早期管理思想、古典管理思想、现代管理思想和当代管理思想等作为一个整体（系统），溯其源流、综其脉络、述其精华、探其内涵、究其本质。

第三，研究的前瞻性，多视角地探索中外理论研究前沿，提出前瞻命题。丛书基于 TRIZ 理论（发明问题解决理论）、智慧管理理论、知识管理的视角，探讨未来企业管理的发展趋势，并从政府、学术界、业界、咨询界等多视角，提出中国管理未来的研究焦点和热点。

该丛书是一项庞大的系统工程，是历经多年潜心谋划，集众人心血和智慧之大成，不仅填补企业管理领域的研究空白，拓展相关学科研究的深度、广度和高度，也为管理学科学化、系统化、中国化的前沿研究奠定理论基础，必将成为学习企业管理理论的必备丛书。

该丛书之所以令人耳目一新，不仅源于独特的研究框架、严密的逻辑框架、完整的历史叙事和充实的背景描述，更主要的是裨益读者领悟“古为今用，洋为中用，践行当下，引领未来”之精髓。

陈传明

南京大学商学院教授、博士生导师

2022 年 3 月 16 日

推荐序二

“企业管理思想史”丛书以管理学分支学科为切入点，以丰富具有中国特色的现代企业管理思想体系为目标，系统研究古代、近代和现代的中外管理思想，比较中西方企业管理思想的差异，并分析造成这种差异的原因。在批判和继承中西方管理思想的基础上，尝试解决企业管理理论研究存在的突出问题：研究对象模糊、史料考证缺乏、忽视时代背景、各种管理思想间关系缺乏梳理等。同时，结合中国国情和实际问题开拓创新，为发展“中国管理”发展提供研究方向、思路和命题。

“企业管理思想史”丛书深入、全面地描绘了企业管理思想的历史画卷，系统梳理中西方管理思想的演化融合进程，不仅能让读者理解管理思想及其研究方法的起源、文化背景、发展过程，更有助于拓展读者思维边界，并为企业管理的实践提供良好的理论基础，具有较高的价值和社会效益。

第一，覆盖面广、核心内容扎实、重点突出，有助于“学史明理”。该丛书从中西方古代文明的管理思想入手，探讨工业革命前后的管理思想，包括科学管理、古典管理理论、行为科学、现代管理思想乃至于当代管理思想等；紧密结合相关理论产生的时代背景，紧扣形成、发展的演进脉络，有利于读者更好地理解相关企业管理理论的一脉相承、百家争鸣之妙。

第二，突出中国问题、中国元素和中国方案，有助于“学史增信”。该丛书各分册都设置“前沿命题和未来发展”章节，旨在提出企业管理理论研究前沿与中国化命题，为中国管理创新与变革提供新思路。

第三，注重比较分析，强调管理智慧和道德融合统一，有助于“学史崇德”。该丛书总结归纳企业管理实践创造和历史经验的启迪智慧，为“商智”和“商德”辩证统一正本清源，为中国管理理论发展提供正信、正念和正能量。

第四，探讨管理创新，提倡学以致用，有助于“学史力行”。企业管理思想史是企业管理实践最好的教科书，也是最好的清醒剂。不仅有助于读者把学习企业管理思想史同推动实际企业管理工作结合起来，也有利于读者将管理智慧同企业管理实际问题结合起来。

一部管理思想史，就是一部人类文明的发展史。以史为镜，可知兴替。管理思想史研究除了探索历史真相以正本清源，为现实管理实践提供历史借鉴外，更重要的是要通过历史映照未来，揭示管理思想的发展趋势。因此，学习该丛书，读者能够了解人类对管理的认知历程，管理者能够从中汲取历史经验与教训。“企业管理思想史”丛书是不可多得的管理智慧结晶，契合目前“中国元素”理论创新与变革的大趋势，为中国新管理理论突破与发展奠定坚实的基础，助力中华民族早日实现伟大复兴的中国梦。

中国企业管理研究会会长

中国社会科学院工业经济研究所研究员、博士生导师

2022 年 3 月 18 日

前　言

世界正面临百年未有之变局，新一代信息技术不仅彻底改变了人们的生活方式，而且也深刻影响着组织管理的要素、行为、模式等，未来组织管理理论如何发展？未来组织管理实践如何创新？这是理论界和实践界必须研判的时代命题！任何一门学科，如果割断了与自身历史的联系，就只能是无源之水，无本之木。文献梳理发现，目前管理思想史研究较多，而关于组织管理思想演变研究很少，且存在概念不清、运用泛化、中国元素不多等问题。为此，我们撰写出版《组织管理思想史》，试图全面回答“组织管理理论从何而来，历经怎样发展，未来向何而去”等一系列问题，以期达到“学史明理、学史增信、学史崇德、学史力行”的目标和要求。

本书具有以下特点。

一是紧密结合相关理论产生的时代背景。任何组织管理理论的形成都是基于解决所处时代各类组织管理问题而产生的，本书结合经济社会发展背景研究组织管理理论的形成与发展演进，有利于读者更好地理解相关理论，并学以致用。

二是努力融入中国元素。目前出版的关于管理理论发展演进的研究著作，大多以西方国家的理论和实践为主，本书则尽可能地将中国组织管理的思想起源、理论与实践研究融入世界组织管理思想史。

三是历史回顾与前瞻性研究相结合。本书既有组织管理理论思想溯源、形成与发展研究，也有人工智能、云计算、大数据、物联网等新一代信息技术对组织管理理论与实践影响的前瞻性研究，全面回答了“组织管理理论从何而来，如何发展，向何而去”等一系列问题。

四是文献梳理与研究评述相结合。本书不是简单地梳理组织管理思想史，而是基于实践应用导向，分析组织管理理论产生与发展的原因、理论贡献与局限性，并试图探索组织管理发展的内在规律。

组织管理理论是管理学理论的核心内容，管理理论是关于人类管理活动领域科学层面上形成的理论、方法与应用体系，其研究范围主要有两个方面，即组织的构造、组织的动力学机制及组织的运行等相关知识体系，以及组织内依靠行政机制运用的各种管理方式和方法。组织管理理论研究的就是组织构造、组织运转和组织的动力学机制等，是关于组织要素、组织结构、组织资源、组织能力、组织战略和组织行为等具有内在逻辑关系的理论、方法与应用的知识体系。在管理实践中，组织管理问题是最基本的问题。组织类型多样、规模差异悬殊，但不管何种组织，从建立到消亡，都伴随着各种管理活动，然而组织管理理论的研究却晚于管理研究。

西方现代管理学史就是商业进化史，从大工业时代生产车间的科学管理到梅奥对生产线上“人”的关注，再到德鲁克对企业特别是知识经济时代的企业的研究，无不表明是西方（外加日本）的企业实践催生了伟大的企业家和不断发展的管理理论[①]。中国管理学思想启蒙较早，先秦诸子学说讨论了治国平天下，体现了国家行政管理思想；《孙子兵法》着眼于战争的一般规律，被认为是最早的战略管理学著作，是中国对现代管理学的重要贡献。但是中国在长期的农业社会中，重农轻商，商业被列为各行之末，发展缓慢。因此，虽

① 斯图尔特·克雷纳的《管理百年》推荐序《让中国迎来属于自己的“管理世纪”》，第10页。

产生了许多至今仍影响深刻的管理哲学思想，但却未产生除《孙子兵法》外的其他具有较大影响的组织管理理论。20 世纪初，随着现代大学的兴起，我国开始向西方学习管理学，泰勒等西方管理学家的经典理论（包括组织管理理论）陆续被引入中国。中华人民共和国成立后，我国一方面学习和引进苏联的管理模式和管理学理论，另一方面我国企业也探索出许多有中国特色的企业管理经验和模式[①]。改革开放后，我国学者开始大量引进组织管理理论，有力地促进了我国组织管理理论研究与实践发展，同时我国经济社会的快速发展又反过来极大地推动了我国组织管理学科的发展，并推动其迈向国际舞台。1998 年《海尔：激活休克鱼》入选哈佛案例库，张瑞敏成为第一位登上哈佛讲坛的中国企业家。截至 2019 年 8 月，入选哈佛大学商学院案例库的大陆企业案例共有 147 个，涉及 110 家企业。入选次数最多的 3 家大陆企业分别为：海尔集团（入选 7 次）、阿里巴巴网络技术有限公司（入选 5 次）、国美电器控股有限公司（入选 4 次）。可以看出，在组织管理理论发展的百年征程中，我国从最初的引进、学习，正走向借鉴、融合和自主创新，形成具有中国特色的组织管理理论。以史为鉴，可以明理，可以知兴替，可以更好地开创未来。结合当代实践，撰写出版《组织管理思想史》，系统研究组织管理理论的产生与发展的实践历程与思想逻辑演进，这将有利于读者更好地理解和运用组织理论，研判组织管理的发展方向，促进组织管理理论和实践的创新发展。

组织管理理论内容纷繁复杂，且本书系企业管理思想史系列丛书之一，因此本书研究范围界定为组织管理理论的发展历程与思想起源、组织构造、组织与环境、组织文化、组织行为、组织绩效、

① 黄群慧. 改革开放四十年中国企业管理学的发展——情境、历程、经验与使命［J］. 管理世界，2018，34（10）：86-94.

组织创新和组织未来发展等理论。本书主要通过文献梳理研究展现了组织管理思想萌芽、形成和发展的演进过程，并对部分经典管理理论和前沿组织管理理论进行介绍和展望，全书共八章。

本书在写作过程中参考了大量文献，谨向相关文献作者致以诚挚的谢意！感谢洪冰、张雪琴、许俊辉、梁亮、张茂森、徐威威等研究生积极参与初稿部分内容的撰写！感谢企业管理出版社给予本书出版的大力支持！

本书既是一部学术专著，又兼具工具书功能，既可以为进行组织管理理论研究与实践提供参考和资料索引，也可以作为高等学校组织管理相关课程的教材。本书将作者长期从事组织管理的教学、研究与实践的感悟融入其中，并试图对组织管理思想的研究有所创新，但由于组织管理思想史涉及内容浩如烟海，作者水平有限，篇幅有限，因此书中中国元素还不够丰富，疏漏之处难免，敬请读者批评指正。

2022 年 2 月 18 日

目 录

第一章
导　论

▲

CHAPTER 1

组织是人们群体活动的主要形式，是人们为了完成和实现共同的目标按照一定的方式相互合作而形成的动态、有序、系统的社会共同体。本书研究的是正式组织，正式组织是两个或两个以上的人有意识地协调活动的协作系统（巴纳德，1948）。在管理学研究中，组织是非常重要的领域；在管理实践中，组织问题也是最基本的问题。组织的类型多样，规模差异悬殊，但不管何种组织，从建立到消亡，都伴随着各种管理活动，然而关于组织理论的研究却晚于管理研究。1899 年任罗斯福内阁战争部长的伊莱休·鲁特在美国军队中开“管理”之先河；法约尔 1916 年发表了《工业管理与一般管理》，被称为“管理理论之父”；泰勒 1911 年发表代表作《科学管理原理》，被誉为“科学管理之父”。组织理论研究则始于 1924 年马克斯·韦伯发表的《社会组织和经济组织理论》，马克斯·韦伯也因此成为组织理论与实践的首位研究者。

什么是组织管理，什么是组织管理理论，这是组织管理理论研究必须首先厘清的问题，也是本书研究的边界。

组织管理理论属于管理理论的核心内容，管理理论是关于人类管理活动领域科学层面上形成的理论、方法与应用体系（盛昭瀚等，2021），其研究范围主要有两个方面，即组织的构造、组织的动力学机制及组织的运行等相关知识体系，以及组织内依靠行政机制运用的各种管理方式和方法（芮明杰，2004）。组织管理研究的就是组织构造、组织运转和组织的动力学机制等，组织管理理论是关于组织要素、组织结构、组织资源、组织能力、组织战略和组织行为等具有内在逻辑关系的理论、方法与应用的知识体系。

按照组织管理实践与理论的发展历程，可以将组织管理理论的形成与发展划分为三个阶段：一是组织管理理论早期探索阶段，这个阶段从人类开始有集体劳动，一直到20世纪初，是人类组织管理早期实践和思想的产生与积累阶段；二是组织管理理论形成阶段，时间为20世纪初至20世纪40年代，是组织架构、组织体系和组织文化等理论基本形成阶段；三是组织管理理论发展阶段，这个阶段是从20世纪50年代至今，是组织设计、组织行为、组织战略、组织绩效、组织学习和组织领导等理论蓬勃发展时期。组织管理理论发展中的主要理论与代表人物如图1-1所示。

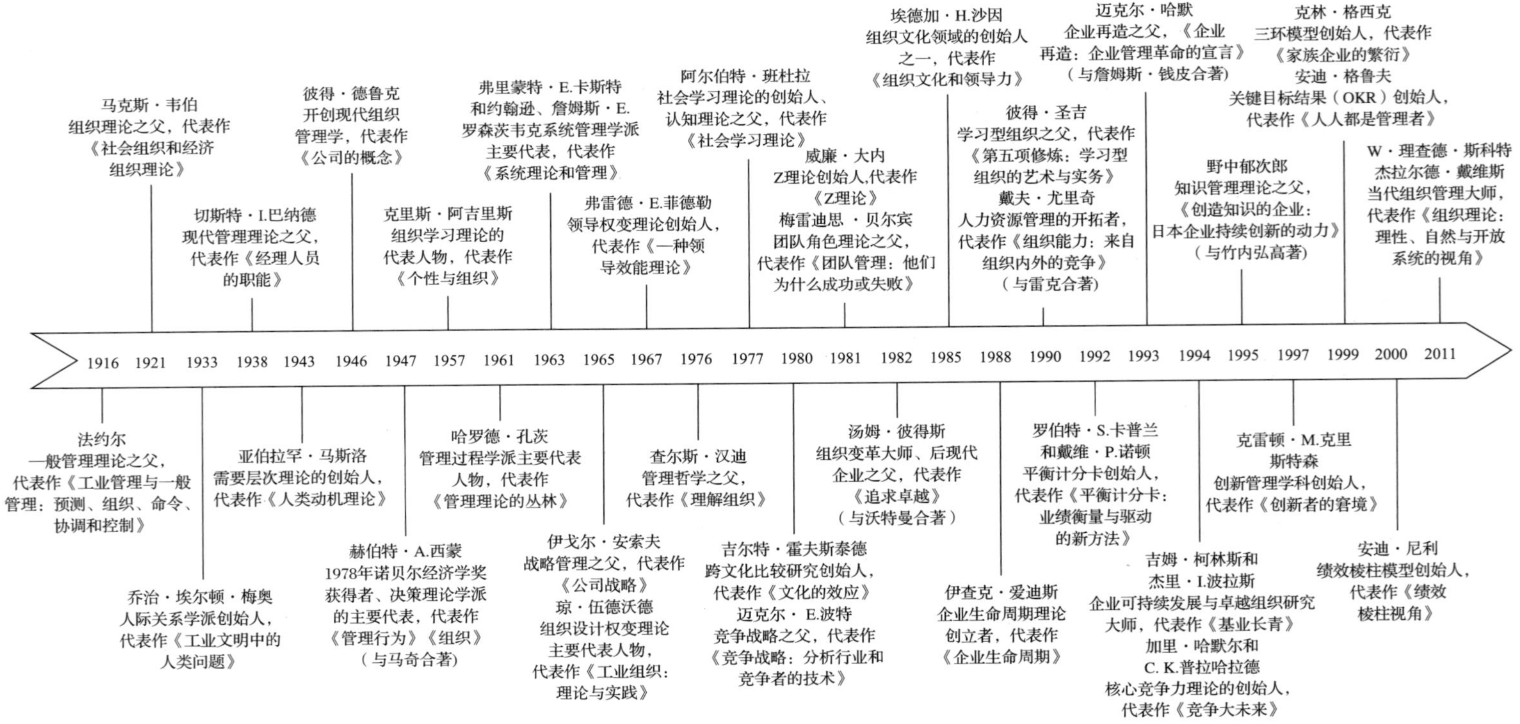

图 1-1　组织管理理论发展中的主要理论与代表人物

第一节 组织管理理论的形成与发展

一、萌芽阶段：组织管理理论与实践探索

这一阶段从人类有集体活动截至19世纪末20世纪初，国内外早期的组织管理实践探索和思想为组织管理理论的形成奠定了基础。

（一）中国早期组织管理实践与思想

1. 早期的中国组织管理实践

中国是一个有着悠久历史的国家，组织管理方面的实践与思想多如繁星。有史料可查的典籍可追溯到2000多年前的《尚书》《周礼》，历史文献记载了中国古代管理的组织设计、典章制度构建、信息沟通、物流管理及工程建设等多方面的组织管理实践，这些组织管理实践也成为历史长河中东方组织管理史中的华彩篇章。万里长城的工程建设就体现了当时很高的组织管理水平。全长6700多千米、用工数十万人、历时近百年、复杂而浩大的建设工程在当时的生产条件下（肩挑手抬施工），困难极大。为保障工程顺利进行，长城建设进行了组织分工实践探索：在事先确立走向的前提下，分区、分段、分片同时展开，保证工程进度的同步性。

中国社会中政治功能的发展比起军事、宗教、经济等其他领域

占有绝对优势，在漫长的历史过程中，中国发展了人类社会史上最为完善的复杂政治组织形式（谢和耐[1]，2013），因此，地方政府组织建设成为中国古代非常重要的组织管理实践。

中国古代地方政府的管理机制是应时而变，呈现了方国制、诸侯制、郡县制、州郡县制和行省制等，其应时而变的核心是如何有利于中央集权建制（张创新[2]，2005），也即如何更有利于维护中央集权，其目的是为形成等级森严、控制有力的政府组织管理体系，以维护统治阶级的利益。中国古代以农立国，其基层组织建设则充分体现了这一特点：战国时期设郡县两级组织建制，秦始皇统一中国实行全国划一的郡县制后，调整县以下基层组织为乡、亭、里三级。汉承秦制，并在里以下设立什伍制度编制居民。三国魏晋南北朝时期，北魏、东魏、北齐、北周更多是模仿西周制度，实行邻、里、族党三级制。北魏孝文帝时期，为防范民众逃避国家税赋，实行了监督更为严密的三长制度。隋文帝时期，改三级制为“乡、里”二级制。从秦汉到隋朝以前，乡级治理属于实体性行政、功能性自治的体制。到了唐代，为适应经济社会发展，基层组织开始根据城乡区分设置，农村重要的基层组织是里村，“乡”功能弱化，而城邑则以坊为基层组织。宋代基层组织最初与唐代相同，中后期由乡里制转为保甲制。元代则以自然村为基础建立“社”，以发展农业。明朝基层组织则乡村称里，实行里甲制，城邑为坊，城郊为厢；中后期在朝廷与里甲制之外，设保甲组织，专职维持社会治安。清代基层组织一直承袭明制，顺治五年（1648）在全国范围内推行里甲制。1908 年，清政府为适应新的发展，颁布《城镇乡地方自治章程》，设城、镇、乡三级建制，城镇乡均为地方自治体。从清末开始，国家治理体制下沉，乡开始成为一级正式的政权机构（翁礼华[3]，2011；张晋藩[4]，2021）。

2. 中国早期组织管理思想

中国早期组织管理思想是中国传统文化的集中体现。中国传统文化以儒（儒家）、道（道家）、释（佛教）为中心，以法家、墨家、农家、名家、兵家、纵横家、阴阳家、中医家、轻重家为副线，形成了一个多元文化体系。儒家的仁爱、道家的无为、佛家的慈善、法家的重制、兵家的用人等学说深刻地影响着东方包括中国古代组织管理的方式和思维（彭贺、苏宗伟[5]，2006），是我国当代组织文化建设的肥壤沃土，也是东方组织管理理论重要的思想渊源。日本学者伊藤肇（1986）认为儒家和道家思想对日本企业家影响很大，要成为优秀企业家，必修《论语》和《道德经》。日本近代企业之父涩泽荣一撰写著作《论语与算盘》，提出"既要精打细算赚钱，也要讲儒家忠恕之道"的企业经营哲学（毕楠[6]，2014）。

中国组织管理思想不仅涉及西方组织管理学科体系中如国家行政、财政、科技、教育、城市、工业、农业和企业等公领域的管理，还包括治家与治身等私领域的管理。修身、齐家、治国、平天下，就是要求以自我管理为起点，以社会管理为过程，最终实现平天下之目标。这种思想使得家庭、企业和国家等组织的管理模式和方法没有本质的差异，形成了以家族管理为出发点的中国传统组织管理思想（苏东水[7]，1992；苏东水[8]，1996）。

从组织管理的目标来看，中国古代组织管理比西方更注重实现人与自然、人与社会、人与人关系的和谐发展。"东方管理"概念的首倡者苏东水提出东方管理以中国传统思想为代表，以道、变、人、威、实、和、器、法、信、筹、谋、术、效、勤、圆为哲学要素，精髓是"以人为本、以德为先、人为为人"（苏勇、段雅婧[9]，2019）。

（二）外国早期组织管理实践与思想

1. 外国早期组织管理实践

西方古代组织管理思想主要源于古埃及、古巴比伦、古希腊和古罗马等文明古国。著名的胡夫金字塔是古埃及创造的世界奇迹，在当时原始、落后的建筑技术条件下，它用工 10 万余人，历时 20 余年，由 230 多万块石块搭建而成，其工程成就充分彰显了古埃及人的组织管理能力。那些组织修建金字塔的人被彼得·德鲁克赞誉为世界上最伟大的管理者。古巴比伦第六任君王汉谟拉比颁布的《汉谟拉比法典》有 282 条法令，涉及司法、财产、土地、房屋、果园经营、商业、借贷、寄存、婚姻、家庭、家庭财产、继承、收养、殴打致伤致死处理办法和医生、理发师、建筑师、造船工和船员等不同主体。作为国家行为的准绳，《汉谟拉比法典》体现出组织管理思想的萌芽。古希腊时代播下了民主的种子，人们慢慢开始探索建设个人自由和采用科学方法解决问题。据《圣经》记载，摩西肩负起了领导希伯莱人的使命。起初，摩西的组织管理并不得法，事必躬亲；后期，摩西采取了其岳父叶忒罗的建议，开始采用分权管理原则、授权原则、管理幅度原则和例外原则。

从公元 395 年到 1500 年，随着罗马帝国的灭亡，古希腊罗马文明也随之衰落，近代资本主义社会即将来临。这时的西欧采用了以等级制度为核心的采邑制。

14 世纪到 16 世纪文艺复兴时期，欧洲工业蓬勃发展。意大利的威尼斯建立了政府造船厂（即兵工厂），该厂是欧洲当时规模最大的工厂，雇工人数达到 2000 人。政府投资建立，不直接经营，实行授权经营，其组织管理实践颇具特色：造船厂虽然由三位正副厂长正式负责，但作为威尼斯元老院同兵工厂之间联系枢纽的特派员也有很大的影响，较好地体现了互相制约和平衡的原则；实行标准化管理，建立部件储存制度，实行装配线生产，实现存货控制，建立会计控制制度，实现计件工资和计时工资等。当时意大利企业组织的主要类型是合伙企业和合资企业。家族式合伙企业有的是兄弟们把继承来的遗产汇集在一起，形成松散的分权型组织，有时则是联合投资信托公司和控股公司，如威尼斯的家族合伙企业。

18 世纪中叶，西方国家相继发生了工业革命。工业革命极大地推动了生产技术的进步，使人力资源与自然资源的大规模结合成为可能，以手工技术为基础的资本主义工场手工业开始过渡到以机器大生产为特征的资本主义工厂制度。

19 世纪后期至 20 世纪初，社会生产力高度发展与科学技术飞跃进步，柯达公司、拜耳公司、卡内基钢铁公司、百事可乐公司、劳斯莱斯公司、福特公司、计算制表记录公司（后改名为国际商用机器公司，即 IBM）、太平洋航空产品公司（后改名为波音飞机公司）、松下家用电子产品制造厂、希尔顿酒店有限公司等世界知名公司纷纷诞生。许多企业采用了装配生产线，特别是随着福特公司创造大规模生产及生产线，组织实行高度分工。

2. 外国早期组织管理思想

这一阶段早期主要代表人物有苏格拉底、色诺芬、柏拉图、亚里士多德、托马斯·阿奎那、尼古拉·马基雅维利、托马斯·莫尔、马丁·路德、加尔文等。其中，苏格拉底认为好商人和好将军的职责事实上是相同的，管理具有普遍性；柏拉图在其《理想国》提出了专业化或劳动分工原理；色诺芬提出了管理的对象、目标和中心；尼古拉·马基雅维利认为“权力欲望”和“财富欲望”是人性的基础，并论述了管理的四项原则：必须依靠群众的同意，组织要有内聚力，领导要有领导技艺，领导者要有使组织存在下去的意志。

概括起来，外国早期的组织管理思想主要表现在以下四个方面。

第一，法律成为国家管理的重要工具。苏美尔人建立了最早的法律体系。《汉谟拉比法典》大体上是《苏美尔法典》的修订本，这部法典是几乎所有民族——巴比伦人、亚述人、加勒底人和希伯来人的法律的基础。古巴比伦人首先认识到责任不能推诿给下级这一原则。希伯来人同样注重依法管理，其法典要比《汉谟拉比法典》进步一些。罗马的立法和司法的分权制则为后来的立宪政府的制约和平衡体制树立了典范。

第二，中央集权的专制政权是早期国家管理的基本特征。如古埃及人建立起以法老为最高统治者的中央集权的专制政权；古罗马人建立并实行一种连续授权的组织制度，这是一种行政授权与军事控制相结合的集权型等级制度。

第三，利用宗教控制人和管理国家。如大卫王统治时期，为适应政治统一的需要，犹太祭司宣扬耶和华神是宇宙间的唯一真神，是犹太人的"救世主"，他将帮助犹太人复国，建立一个祭司宗教权力与贵族政治权力合一的统一的神权政体国家。

第四，在工程和军事管理方面表现出高超的组织管理能力。如古埃及创造的世界奇迹——大金字塔，其建造过程中精心计划、组织和控制，安排和解决食物、住房、运输等事项，表现出了非凡的管理和组织能力。在工程管理中，每个监工大约管理10名奴仆，反映出他们已知道每个管理者所能监督人数的管理跨度是"以十为限"。古罗马帝国的集权和分权结合。古希腊人建立的具有一定民主成分的政府等。

二、形成阶段：主要组织管理理论基本形成

20世纪初至20世纪30年代，随着人们对组织管理的系统认识不断深入，组织管理理论开始形成。这一阶段的组织理论被称为古典组织理论。

（一）组织管理理论形成历史背景

在这一阶段，技术不断发展，大公司不断涌现，如福特公司、通用公司等。管理问题也日益受到重视和关注，对管理实践的观察研究和总结不断发展，组织管理思想逐渐形成一个独立的思想体系，管理学成为一门学科。1921年至1924年，德国爆发恶性通货膨胀，1929年至1941年华尔街股市大崩溃，经济大衰退开始。

在人类进化发展的每一个阶段，人们都思考着如何以最佳的方式进行组织，但遗憾的是管理先驱们都没有把组织视为一个值得关注的严肃问题（斯图尔特·克雷纳[10]，2013）。亨利·福特和弗雷德里克·W.泰勒也都忽略了组织性质这一主题。亨利·福特的贡献在生产管理领域，但不重视组织结构，福特商业帝国没有精心设计的组织结构，甚至连草率设计的组织机构也几近于无。泰勒关注的是车间管理。20世纪20至40年代，随着全球经济开始衰退，人们的关注重点开始从技术与效率管理转向组织管理。通用汽车公司第三代管理者小艾尔弗雷德·斯隆认为“一个伟大的创意和一个巨大的可能性业已诞生，把笨拙而缺乏凝聚力的大众变成协调而相关的整体。这需要依靠一个建立在基础管理政策上的组织，先把最聪明的员工聚集一起，确定事实，做出集体判断，再利用它设计出最具实质性的计划。要时刻意识到思想开放的重要性”（小艾尔弗雷

德·斯隆，1923）。斯隆的组织模式赋予了事业单元前所未有的责任，这一方法的中心就是明确每个人的责任，多事业部形式造就了大型组织分权化的趋势。

（二）组织管理理论的形成

这一时期组织理论分为两条发展主线：第一条是起源于泰勒的关注生产中的基本体力活动，主要是时间和方法研究；另一条是以卢瑟·古利克和厄威克为代表的，更加关注大型组织的工作部门划分与协调问题的研究（马奇、西蒙，1958）。代表人物有泰勒（1856—1915）、法约尔（1841—1925）、马克斯·韦伯（Max Weber，1864—1920）、林德尔·福恩斯·厄威克（Lyndall Fownes Urwick，1891—1983）、卢瑟·古利克（Luther Gulick，1892—1993）、埃尔顿·梅奥（George Elton Mayo，1880—1949）和切斯特·巴纳德（Chester I. Barnard，1886—1961）等（丹尼尔·雷恩、阿瑟·贝德安[11]，2012）。

1. 古典管理理论促进组织管理理论的形成

出身于美国费城一个中产阶级家庭的泰勒，关注作业管理，主要著作有《计件工资制》《车间管理》，被誉为“科学管理之父”。他的科学管理理论对组织管理亦有重要贡献，如把计划职能同执行职能相分离，实行职能工长制。出生于法国一个资产阶级家庭的法约尔，则关注大企业整体管理，主要著作有《管理的一般原则》《工业管理与一般管理——预测、组织、命令、协调、控制》。在法约尔看来，组织与管理是同一个含义，组织的目的是实现计划、组织、调节、控制。

组织理论的真正形成则始于马克斯·韦伯的《社会组织和经济组织理论》。马克斯·韦伯于1864年出生在德国图林根州埃尔福特市的一个中产阶级家庭。他在思考福特与泰勒等人的实践与理论产生了什么样的组织影响，然后从工业发展趋势、工厂、工头和中层管理者及新业务规模角度研究组织未来形式，并撰写了《社会组织和经济组织理论》一书，著作在其逝世后四年即1924年出版。在这部著作中，韦伯通过对历史与现实相结合的探索，确立了现代组织的结构功能学说，研究工业化对组织结构的影响，其研究范围不局限于组织的行政管理，还包括社会、经济和政治结构。韦伯的组织理论由理想的组织、对权力的分类、理想组织的管理制度三个部分组成。他认为个人屈服于组织是现实，官僚体制是工业新世界里组织的终极形式。在韦伯眼中，官僚体制的特点是：层级分明、非人格化、有书面行为规范、以成绩为晋升基础、劳动专业分工、讲究效率。韦伯的组织理论是对泰勒和法约尔组织研究的一种提升，对后世的管理学家、社会学家和政治学家，尤其是组织理论学家产生了重大影响，韦伯在组织管理思想发展史上被人们尊称为“组织理论之父”。自20世纪40年代后，韦伯的思想开始被西方学者广泛研究。

2. 人际关系学说形成

一是关注“人”在组织中的中心地位。科学管理理论将组织看成机器，将工人看成机器上的齿轮（里基·W·格里芬，2010）。人际关系先驱福列特（Mary Parker Follett，1868—1933）很欣赏泰勒的某些观点，但又对其进行了进一步的概括，其政治哲学与管理哲学具有“社会人”时代特征，她著有《新国家》《创造性的经验》《动态管理》等书。她认为人是所有商业活动的中心，提出“我们应当记住，我们永远不可能把人和机械截然分开”，“企业人际关系研究和运营技术研究是一体的”。她强调协调和合作，并提出“压制、妥协或整合”三种组织冲突处理方式。雨果·孟斯特伯格（Hugo Münsterberg，1863—1916）认为心理学可以在雇员选拔和激励方面对经理们做出有价值的贡献。

二是研究人在组织中的行为。美国行为科学家、美国艺术与科学学院院士埃尔顿·梅奥（George Elton Mayo，1880—1949）及其助手，于1924年11月到1932年5月期间，在西方电气公司的霍桑工厂里进行了著名的霍桑试验，揭开了作为组织中人的行为研究的开端。其代表作为《工业文明中的人类问题》(1933)，标志着人际关系学说的形成。霍桑试验包括照明实验、装配试验、福利试验和谈话试验，实验结果发现人际关系在提高劳动生产率中有着极强的重要性，认为个体和社会过程对工人的态度和行为具有重要作用，对人性的尊重、人的需求满足、人与人之间的相互作用及归属意识等对工作效率具有重要影响。梅奥和罗特利斯伯格等将人际关系学说的核心思想归结为三个基本点：工人是社会人而非经济人；正式组织中存在着非正式组织；新的领导能力在于提高工人的满意度。人际关系理论开始关注人的问题，这不是出于人道的考虑，而是受企业发展需求驱动。梅奥认为“只要企业管理方法还不曾考虑到人类本性和社会动机，工业发展就摆脱不了罢工和怠工行为”。因此，人际关系理论一直都是流行的管理理论，并不断发展。

3. 组织理论基本形成

一是提出了组织设计理论。组织设计学派的主要代表之一林德尔·福恩斯·厄威克于1891年出生于英国，是著名的管理史学家、教育学家，著作颇丰，如《明天的管理》《管理的要素》《科学管理的形成：13位先驱者》《管理备要》《管理的模式》等，与组织理论密切相关的则是《作为一个技术问题的组织》《组织中的委员会》《组织的科学原则》《组织中的参谋工作》等。他的贡献不仅是综合和系统化古典管理理论，发展控制职能理论，而且从组织设计和组织原则两方面对组织理论进行了开创性的工作。他在《作为一个技术问题的组织》（1933）一文中，定义组织原理是“研究划分旨在实现目的的各种活动和职务，并落实到个人，再对每个人的活动进行调节和控制的方法”，并阐述了组织设计的两大功能：一是决定从事经营的各成员职务；二是决定这些职务之间的相互关系，其目的是在于有效地解决经营技术问题。他与美国著名管理学家卢瑟·古利克（1892—1993）合作编著的《管理科学论文集》（1937），提出了组织理论这一新的术语和“管理七职能论”（POSDCoRB）。他的《组织的科学原则》（1938）基于对泰勒与法约尔等管理原则的分析，提出了适用于一切组织的八项原则，即目标原则、职责原则、相符原则、组织阶层原则、控制幅度原则、专业化原则、协调原则和明确性原则。

二是关注组织效率与冲突管理。组织理论发展的先驱，曾被管理学家戴尔称为“伟大的组织者”的詹姆斯·D. 穆尼（1884—1957）曾任通用汽车出口公司总裁，在考虑该公司在海外的工厂和与世界各国政要及商界精英探讨的基础上，撰写《工业，前进！——组织原理及其对现代工业的意义》(詹姆斯·D. 穆尼、艾伦·赖莱，1931）和《组织原理》(1939)，研究组织和组织效率，以及冲突管理等。

三、发展阶段：组织管理理论不断丰富

20 世纪 40 年代以来，科学技术飞速发展，世界政治经济环境动荡复杂，组织管理问题也更加复杂，新技术、新环境、新问题推动了组织管理理论大发展。

（一）组织管理理论发展历史背景

第二次世界大战后，和平与发展逐渐成为时代主题。帝国主义殖民体系在民族民主运动的冲击下最终全面崩溃。独立后的民族国

家在振兴民族经济、促进社会发展、维护国家主权和改变不合理的国际政治经济秩序方面进行了不懈的努力。第二次世界大战后形成了美苏对抗的两极格局，1991 年苏联解体后两极格局崩溃，世界政治、经济格局重新调整，呈现多极化趋势。在科技革命推动下，全球经济有了较大发展。特别是 20 世纪 80 年代，日本的发展势头尤为强劲。在此期间，很多优秀的日本企业涌现出来，其中比较成功的有松下幸之助创立的松下电器和盛田昭夫创立的索尼公司，这两位企业家出色的管理实践对其他组织特别是企业产生了重要影响。松下幸之助重视客户、重视员工，倡导“水坝式”经营、适度经营和专业化经营等；盛田昭夫提倡家庭化意识、重视员工实际才能、实行内部晋升、重视创新、强调品牌意识等。美国企业虽然受到日本企业的强有力冲击，但也不乏佼佼者。曾被誉为“美国当代最伟大最成功的企业家”的杰克·韦尔奇（1935—2020）1981 年入主通用电气，以其开放性思维打破官僚主义氛围，以强硬的作风、追求卓越的理念推动业务重组，营造变革型的企业文化，创建学习型组织，倡导群策群力，推行 6σ 管理，使得通用电气不仅绩效更高，而且更精简、更敏捷，成为业界领袖企业。惠普创始人戴维·帕卡德提出了“以人为本，奉客户为先，提供高质量的产品和服务”的惠普之道，创立了巡回管理、开放式管理、内部晋升等独特的企业文化和管理方式。IBM 前总裁郭士纳撰写回忆录《谁说大象不能跳舞》，总结自己在 IBM 九年的总裁生涯的经营管理之道。戴尔电脑凭借组织和管理发挥最大技术潜力，构建竞争力：它按客户订单组装电脑，并直接销售给他们，这样的直销模式省掉了中间商环节，把公司销售成本从通常占销售收入的 12% 降到 4% ～ 6%，公司也不需要保留大量库存，保持了高利润率和低成本。

系统论、信息论和控制论等科学技术，为人们提高管理效率提供了现代科学的思想方法和分析工具。以原子能、电子计算机、空间技术和生物工程的发明和应用为主要标志的第三次科技革命，是涉及信息技术、新能源技术、新材料技术、生物技术、空间技术和海洋技术等诸多领域的一场信息控制技术革命。20 世纪 40 年代发明计算机之后，大体上每隔 5 ～ 8 年，计算机运算速度提高 10 倍，体积缩小到 1/10，成本降低至 1/10。中国自行设计研制的“银河”大型计算机每秒可计算上亿次。互联网的发展推动了第四次工业革命（工业 4.0）。

历史车轮滚滚向前，全球化、信息化、知识化成为新的时代特征，世界范围内竞争更加激烈，新技术、新发展催生新业态、新模式。全球实体经济发展，从主要立足一国发展向全球发展，组织类型也呈现多样化，组织管理方式也不断变化，组织管理理论不断创新发展，呈现出流派纷呈的局面。

（二）组织管理理论发展

如何把环境、组织中人的行为、文化等因素融合到具体的组织管理中去，成为这一阶段管理思想发展的一个重要方向。丹尼尔·A. 雷恩（2009）在其所著《管理思想史》中提出，现代管理思想是过去的思想在四个方面进步的产物：一是在亨利·法约尔工作的基础上扩展而成的一般管理理论和管理活动研究；二是人文主义者、人类关系学家和其他一些人本取向的研究者提出的行为发展；三是组织结构发展的观点；四是以科学管理先驱巴贝奇及其继承者为代表的问题解决范式。每种理论都希望改善组织绩效和增强对人的理解，都把组织与其经济、技术、社会和政治的环境联系在一起。美国著名管理学家哈罗德·孔茨（Harold koontz，1908—1984）在 20 世纪 60 年代和 80 年代对现代管理理论中的各种学派加以分类。

1960年，他初次在《管理理论的丛林》中把管理学梳理为管理过程学派、经验主义学派、人类行为学派、社会系统学派、决策理论学派、管理科学学派（或称数量学派）6个流派。1980年《再论管理理论的丛林》细分为11个学派：① 管理过程学派；② 经验主义学派；③ 人际关系学派；④ 群体行为学派；⑤ 社会协作系统学派；⑥ 社会技术系统学派；⑦ 系统观点学派；⑧ 决策理论学派；⑨ 管理科学学派；⑩ 权变理论学派；⑪ 经理角色学派。经过四十年的发展，管理理论丛林更加茂盛，产生了许多新的组织管理理论，这将在后面有关章节阐述。这一阶段组织管理理论的主要发展特点具体如下。

1. 从人际关系理论发展到组织行为理论

20世纪40年代到50年代，人们发现人际关系理论的论断存在对工作行为简单化和描述不充分等不足，在心理学、社会学、人类学、工程学、计算机科学等交叉学科的推动下，人际关系发展为管理的行为理论。1953年，在美国福特基金会召开的各大学科代表参加的会议上，行为科学正式定名，此后进入行为科学研究时期。

当代管理理论大师克里斯·阿吉里斯（Chris Argyris，1923—2013）深受人际关系理论影响，出版了30多部学术著作，发表了数百篇论文，被称为组织行为学的奠基人之一。20世纪50年代，他主要研究人性与组织的关系、组织需求与个人需求吻合问题，代表成果是《个性与组织》（1957），提出“不成熟—成熟”个性理论，认为组织中每个成员的个性和情绪都是组织运行状况的变量，为组织行为管理提供了理论依据。20世纪60年代到70年代，他关注组织变革，用“组织”一词来概括“集体事业中所有参加者的所有行为”，提出运用行为科学转变组织行为，与合作者沙因合作提出了行为科学理论，并详细阐述了该理论在市场环境下的应用。下面着重介绍两种理论的形成和发展。

一是激励理论。就业相对充分，监管式的控制员工工作成效不明显。如何激励员工，提升工作效率遂成为这个时代企业和管理学家关注的重要问题，激励理论应运而生。其中代表人物为亚伯拉罕·马斯洛（Abraham Maslow，1908—1970）、弗雷德里克·赫茨伯格（Frederick Herzberg，1923—2000）和道格拉斯·麦格雷戈（Douglas McGregor，1906—1964）等。美国社会心理学家亚伯拉罕·马斯洛出生于美国纽约市布鲁克林区的一个犹太人家庭，1943 年在《心理学评论》上发表著名论文《人类动机理论》，首次提出需求层次论，将人的需求从低到高依次分为 5 个层次：生理需求、安全需求、爱与归属的需求、尊重需求、自我实现的需求；1954 年出版《激励与个性》，在人的需求层次中增加了求知需求和审美需要，将需求层次理论体系扩充为七个层级。马斯洛的最大贡献在于创造了人本主义心理学派，把“自我实现”和“人类潜力”引入心理学范畴，构建了需要层次论和自我实现论，促进了以人为中心的管理理论的发展。美国心理学家弗雷德里克·赫茨伯格 1959 年与同伴基于号称“世界钢都”的工业城市匹兹堡 11 个组织的 200 多个样本调查，合著了《工作中的激励》（1959）和《工作与人性》（1966），提出了“激励—保健双因素理论”（Two Factor Theory），认为保健因素不能直接产生激励员工的作用，但能防止员工产生不满情绪，激励因素才能激励员工提高生产效率。1968 年赫茨伯格出版《再论如何激励员工》，对工作丰富化进行了开创性的工作。美国著名心理学家戴维·麦克利兰（1917—1998）在管理学领域与马斯洛齐名，以大量测试和实验为依据，分别在其《成就动机》（1953）等著作中提出了著名的成就激励理论，认为在人类生理需要基本满足后，有权力、归属和成就三大社会性需求，在《测量胜任素质而非智力》（1973）一文中提出素质冰山模型，素质分为表象的素质和潜在的素质，表象的部分是技能、知识，潜在部分是社会角色，自我概念、特质和动机等。潜在部分是成功的关键素质。美国行为科学家道格拉斯·麦格雷戈认为传统管理以经济人假设为前提，视人为物，忽视了人的精神需求。1957年他撰文《企业的人性方面》，提出著名的X-Y理论，认为X理论和Y理论代表了经理看待工人的两个极端态度。X理论对工人的看法相对悲观和消极，Y理论则较为积极。道格拉斯·麦格雷戈认为有关人性的假设严重影响管理人员的工作方式，实施Y理论有助于人类向美好社会前进。X-Y理论对现代管理理论和实践有很大的促进作用，Y理论体现了人本思想。洛希和莫尔斯认为X理论与Y理论只是人性假设的两个极端，不能简单说哪种理论指导下的管理实践效果更好，应根据组织成员的素质、组织工作的性质决定采用什么样的管理方式，于是他们提出了超Y理论。伯尔霍斯·弗雷德里克·斯金纳（1904—1990）等人于1953年提出强化理论，研究人的行为如何矫正。20世纪60年代后，激励理论进一步得到发展，具代表性的有维克多·H.弗鲁姆的期望理论（1964），约翰·斯塔西·亚当斯的公平理论（1965），哈罗德·H.凯利的归因理论（1967），莱曼·W.波特和爱德华·E.劳勒的波特—劳勒综合激励模型（1968），以及罗宾斯基于各种激励理论提出的综合激励理论（1979）。

二是领导理论。20世纪50年代，罗伯特·坦南鲍姆（Robert Tannenbaum，1915—2003）和沃伦·H.施密特（Warren H.Schmidt）提出领导行为连续体理论；60年代代表性的有弗鲁姆和耶顿的领导参与模型（1973）、伦西斯·利克特的领导系统理论（1967）、罗伯特·R.布莱克和简·S.默顿的管理方格理论（1964，1978年修订再版）、弗雷德·E.菲德勒的权变领导模型（1967）；70年代有埃文斯和豪斯的路径—目标理论（1970、1971、1974）等；80年代有保罗·赫塞和肯·布兰查德的领导情境理论（1984）、巴斯的交易型领导行为理论和变革型领导行为理论（1985）；90年代有Nadlertt和Tushman魅力型领导理论（1990）、卡尔曼领导生命周期理论（1996）、查理·曼茨和亨利·西姆的自我领导与超级领导理论、马文·鲍尔的领导特质论（1997），以及21世纪卢森斯等人提出的诚信领导理论等。组织行为学以心理学、社会学、人类学、生理学、生物学、经济学和政治学等为基础，而非以个体心理学为基础，着重研究各种群体行为方式，从小群体的文化和行为方式，到大群体的行为特点，都在该学派研究之列。进入20世纪90年代以来，组织行为学有一些新的发展动向，主要表现在组织变革及与组织变革密切相关的领导行为，个体层面上的认知策略与判断决策问题，在组织层面上的不同背景下的决策模式、权利结构和参与体制，决策技能的开发和利用，以及与组织变革密切相关的激励机制和企业文化研究，有关胜任特征评价、个体对于组织的适应性和干预问题的研究等人力资源问题（时勘，卢嘉，2001）。

2. 社会协作系统组织理论奠定现代组织理论基础

随着社会生产规模的进一步扩大，经济发展国际化，人们越来越意识到人的因素对组织成功的重要性，开始系统思考组织问题。切斯特·I. 巴纳德（Chester I.Barnard，1886—1961）创建社会协作系统组织理论，是现代管理理论之父。巴纳德在企业担任过总经理，又先后担任过洛克菲勒基金会董事长、美国国家科学基金会会长、美国财政部部长助理、联合国原子能委员会的美国代表顾问等职务，这为其创立社会协作系统组织理论提供了很好的实践经验。其《经理人员的职能》（1938）和《组织与管理》（1948）被誉为美国现代管理科学的经典之作。巴纳德对组织理论研究重要贡献主要有三点。

一是提出组织理论是现代管理理论的核心这一命题。他认为“组织的性质和过程决定经营者职能的内容以及如何实行这些职能”。他独创性地界定了组织的概念，提出组织协作系统论，把组织看成是人与人之间协作的系统，提出组织的三个基本要素：协作的意愿、共同的目标和信息的沟通。二是组织决策论。他首次将理性决策提升为管理的核心职能，直接影响了组织管理方面的开创性研究，德鲁克、孔茨、明茨伯格、西蒙、马奇、利克特等人都大大受益于巴纳德。三是组织平衡论。巴纳德认为，组织一旦建立，其最终目的就是组织的存续，管理的艺术就在于维持组织的平衡，组织的平衡就是贡献与诱因的平衡。

3. 环境受到组织管理高度关注

20 世纪六七十年代，西方国家稳定发展，组织战略、组织与环境的相互作用得到重视，研究主要聚焦于以下三个方面。

一是战略理论。开创性的著作为阿尔弗雷德 · D. 钱德勒的《战略与结构：美国工商企业成长的若干篇章》（1962）和德鲁克的《成果管理》（1964）、伊戈尔 · 安索夫（Igor Ansoff，1918—2002）的《公司战略》（1965）。钱德勒认为公司战略决定组织结构，企业应该先制定最佳的战略，然后再选择与战略搭配最合适的组织结构，企业不同的发展阶段拥有不同的战略、不同的经营规模，因而也有着不同的结构。这实际指出的是新环境带来新挑战，新挑战带来战略变化，战略变化则引起结构变化。战略管理思想自此开始兴盛，并促进了权变管理理论和系统管理理论产生。安索夫分别于 1976 年和 1979 年出版《战略规划到战略管理》《战略管理》，认为企业生存是由环境、战略和组织三者构成，公司需要不断调查产品和市场环境，才能抓到新机会，并提出赖以做出战略规划的理性决策模型，当环境、战略和组织相互协调，企业的效益才能得到有效的提高，并提出 PEST 战略管理分析框架。肯尼思·R. 安德鲁斯（1916—2005）出版《公司战略概念》，提出 SWOT（Strength，Weakness，Opportunity and Threat）分析法。

二是权变理论。杰伊·W. 洛希和保罗·R. 劳伦斯（Paul R. Lawrence）在比较了各种组织结构理论的基础上，合作出版《组织与环境：差异化与整合管理》（1967）、《组织开发：诊断与行动》（1969）、《组织设计研究》（1970）等著作，构建了基于权变理论的组织结构理论。权变理论认为通用的理论不适用于具体的组织，因为每个组织是独特的，管理是一个根据组织内外部环境选择和实施不同管理策略的过程，要权宜应变，计划要有弹性，组织结构要有弹性，领导方式权宜应变。

三是系统组织理论。美国著名管理学家弗里蒙特·E. 卡斯特与理查德·A. 约翰逊、詹姆斯·E. 罗森茨韦克三人合著的《系统理论和管理》（1963 年）及与罗森茨韦克两人合著的《组织与管理：系统方法与权变方法》（1970 年）全面阐述了系统管理理论，该理论从系统论的整体出发，提出环境超系统概念，把组织分为目标与价值、技术、结构、社会心理和管理 5 个子系统，认为组织是若干子系统相互作用构成的整体，是一个与环境相互作用的开放系统，管理者要根据组织各个子系统的构成，在在具体环境中对各因素相互作用机制了解的基础上，进行组织设计与管理实践。

4. 数学模型与程序使用促进了管理科学的发展

第二次世界大战时，英美政府官员和科学家将一些数学方法应用于管理理论与实践，战争结束后，许多解决军事问题的量化方法被运用于工商业。一个号称“天才小组”的军官小组加入到福特汽车公司，并用统计方法改进决策工作。管理科学的代表人物埃尔伍德·斯潘塞·伯法（Elwood Spencer Buffa，1923—2005）出版《现代生产管理》，后修改为《生产管理基础》(1975)，1977年与戴尔合著《管理科学/运筹学：模型构成与解决方法》，提出管理应借助数学模型与程序来表达计划、组织、控制和决策等活动，以获得最佳解决方案，达成企业经营目的。该学派将表示系统、过程和关系的数学模型应用于组织管理，将新理论、新方法与科学管理理论相结合，帮助解决管理学科的主观性缺陷。随着个人计算机的发展、网络技术的充分应用，数据挖掘与仿真模拟、定量分析和程序应用已在管理实践和管理研究中得到普遍应用，《数据、模型与决策》《管理决策分析》《博弈论》等许多定量分析课程进入管理学科类专业课堂。

定量分析提高了管理者对复杂组织程序和情境的理解，特别是在规划和控制领域发挥着更重要的作用。但是它也存在管理局限，如数学方法不能充分解释或预测组织中人的行为，模型依赖的假设可能不现实或无法实现，数学的复杂性也可能忽略其他重要的管理技能。

5. 可持续发展成为当代组织管理理论研究的主题

20世纪80年代，世界经济发展迅猛，人类发展何去何从成为人们思考的一大问题。未来学家阿尔文·托夫勒(1928—2016)的《未来的冲击》(1970)、《第三次浪潮》(1980)、《权力的转移》(1990)和约翰·奈斯比特(1929—)的《大趋势》，对未来进行了精准判断。随着当代不断出现的新管理问题与新挑战，管理理论不断整合、运用于实践，虽然没有出现替代传统理论的新范式，但是理论界和实践界一直在努力探索如何更好地提高组织竞争力，领导组织提高效能，产生了一批影响深刻，关于卓越理论及企业再造、组织学习等与组织环境、组织文化、组织竞争力及组织创新等相关的理论研究与实践总结的著作，主要可以分为以下几类。

一是卓越组织。威廉·大内（1943—）基于美国企业和日本企业的比较研究，出版了《Z理论：美国企业界如何迎接日本的挑战》（1981），创立著名的Z理论。理查德·坦纳·帕斯卡尔（1938—）与安东尼·G.阿索斯合作出版的《日本管理艺术》（1981）提出了卓越公司7S分析框架。W.爱德华兹·戴明（1900—1993）出版《质量、生产力与竞争地位》（1982）、《走出危机》（1986）等著作，提出质量管理14要点、戴明环等质量管理思想。汤姆·彼得斯（1942—）和罗伯特·H.沃特曼（1936—）关注美国的成功企业，合著《追求卓越》（1982）。“竞争战略之父”迈克尔·E.波特（1947—）基于对企业、整个行业和国家层次的竞争优势分析，出版《竞争战略：分析行业和竞争者的技术》（1980）等著作，提出了著名的五力模型和成本领先、差别化与集中化三种基本竞争战略思想。日本学者大前研一（1943—）的《战略家的思想》（1982）、《三位一体的力量》（1985）、《没有国界的世界》（1990）等著述，基于日本式竞争战略研究，提出了有别于波特的竞争战略的四种新的战略方法，首创了“战略三角”（战略3C）的概念，关注经营管理全球化，并对中国经济进行研究，著有《力用中国》（2003）等。吉姆·柯林斯（1958—）1994年与杰里·I.波拉斯（1938—）合著《基业长青》，2001年后又出版《从优秀到卓越》（2001）、《再造卓越》（2009）等著作，从实证的角度探寻企业从优秀到卓越的原因。加里·哈默尔（1954—）与C.K.普拉哈拉德（1941—2010）合著的《企业的核心竞争力》（1990）和《竞争大未来》（1994），界定了核心竞争力概念与特征，并提出如何搭建一个能有效利用核心竞争力的战略架构思想和竞争未来的三个层次。安田龙平则专门对许多倒闭企业进行研究，并出版其成名作《企业倒闭：原因和对策》（1996），把企业倒闭原因归为五点：①萧条型倒闭，主要是经营管理不善引起资金不足；②外部环境发生变化，主要是行业不振、大企业进入、技术和产品开发缓慢、新市场开拓缓慢、企业改组；③ 经营计划失误，包括新产品开发失败、设备投资失败、经营多元化失败以及其他经营计划失败等；④ 风险管理；⑤ 内部管理，人才不足、劳资对立等。从反面论证企业发展的条件。

二是组织变革与团队建设。社会心理学之父、群体动力学创始人库尔特·勒温（1890—1947）著有《解决社会冲突》(1948）等书，提出了颇具影响力的“变革三阶段”理论。查尔斯·汉迪（1932—）研究组织变革，其《理解组织》（1976）、《突破常规：组织变革的世界》等著述提出了具有很高实践价值的三叶草组织、联邦组织和3I组织等新型组织形式。伊查克·爱迪斯（1937—）根据长期的咨询经验，出版《企业生命周期》（1988），把企业生命周期划分为十个阶段。在迈向新阶段时，组织体系面临某种阵痛，要通过程序制定和有效决策来实现成功转型。斯蒂芬·P. 罗宾斯（1943—）畅销全球的教科书《管理学》（1984，2021年为第14版）关注了组织中的冲突、权力、政治以及人际关系的研究，并在其另一本畅销教科书《组织行为学》（1979，多次再版）中进行了全面的诠释。迈克尔·哈默（1948—2008）和詹姆斯·钱皮（1942—）等管理学家创建流程再造理论。1993年哈默和钱皮合著《企业再造：企业管理革命的宣言》，提出企业再造的概念（也译业务流程再造），系统阐述了再造的动力、再造的行动纲领等，其矛头直指流行200多年的亚当·斯密的分工论，倡导企业应按照流程而非职能进行组织管理。鲍勃·特里克（1941—）著有《董事》（1996），研究了董事会、经理革命及企业制度。梅雷迪思·贝尔宾（1926—）出版《团队管理：他们为什么成功或失败》（1981）、《组织的未来形状》（1996）和《超越团队》（2000）等著作，提出了贝尔宾团队角色理论。戴夫·尤里奇（1953—）在其《人力资源管理教程》中，重新界定了人力资源管理的四种基础角色，推动人力资源管理者转变观念，注重工作产出，帮助组织获得竞争力。随着互联网时代的来临，学者们也关注新型组织形式及对组织管理的影响。如阿什克纳斯、尤里奇和吉克合著《无边界组织》(2015)、陈春花的《激活个体：互联时代的组织管理新范式》(2015)、杨国安与戴维·尤里奇合著的《组织革新：构建市场化生态组织的路线图》(2019)、琳达·J. 霍尔比契《敏捷组织：如何建立一个创新可持续柔性的组织》(2020，原书第二版)等。

三是跨国企业与跨文化管理。荷兰学者吉尔特·霍夫斯泰德在美国出版学术专著《文化的效应》(1980)，开创了跨文化研究。冯·特姆彭纳斯（1952—）与查尔斯·汉普顿－特纳（1934—）合著《跨文化浪潮》(1993)，进一步研究了文化差异、文化冲突和自然的文化交叉管理，文化如何影响我们的行为以及不同文化之间的相互影响，开发了跨文化管理计划以帮助组织在全球化中成长。苏曼特拉·戈沙尔（1948—2004）与克里斯托弗·A. 巴特利特（1943）合作研究了全球竞争中的战略、组织和管理问题，出版了《跨越边界的管理》(1989)、《跨国管理：教程、案例和阅读材料》，提出了跨国公司的四种类型和个性化公司的组织特征。苏珊·C. 施奈德(Susan C. Schneider)《跨文化管理》(2019，原书第三版)认为管理者个人、团队和组织都必须直面文化差异，从中学习并利用这些文化差异，以充分发挥它们潜在的增值能力。

四是组织学习与知识管理。阿吉里斯从 20 世纪 80 年代以来，重点研究组织知识，继 1976 年出版《组织学习》，提出组织学习理论，先后出版《克服组织防卫》(1990)、《组织学习Ⅱ》(与舍恩合著，1995)等著作，提出了组织防卫与双环学习。“学习型组织之父”彼得·M. 圣吉（1947—）1990 年发表其代表作《第五项修炼：学习型组织的艺术与实务》，提出了学习型组织的五项修炼技能，认为未来唯一持久的优势是有能力比竞争对手学习得更快更好。该书在世界范围内引发学习型组织建设浪潮，被西方世界誉为“21 世纪的企业管理圣经”。以彼得·F. 德鲁克为代表的经验主义学派历久弥新，20 世纪 80 年代末到 90 年代，德鲁克先后出版《变动中的管理界》（1982）、《创新和企业家精神》（1985）、《非营利组织管理》（1990）、《巨变时代的管理》（1995）、《21 世纪的管理挑战》（1999）等著作，率先提出“知识经济”与“知识型员工”的概念，提出 21 世纪智力资本已成为企业最重要的资源，是一个国家、一个行业、一家公司竞争的决定因素。野中郁次郎（1935—）的《创造知识的企业：日本企业持续创新的动力》（1995）提出了隐性知识和显性知识概念、知识转化的 SECI 模型和知识创新螺旋模型和场（BA）理论，阐明了知识创造的五个阶段，被誉为“知识管理之父”。安妮·布鲁金（1947—）的《第三资源：智力资本及其管理》（1996），定义了智力资本的概念及分类，并对其进行评估和管理，形成一套知识管理系统。托马斯·H. 达文波特（1954—）1997 年与劳伦斯·普鲁萨克合著《营运知识：工商企业的知识管理》、独著《思考生存：如何优化知识员工的绩效与成果》（2005）等著作，提出知识管理、知识市场的概念，阐述知识的产生、编码和传递及知识管理计划、知识员工管理等内容，丰富了知识管理理论；2002 年与贝克合著《注意力经济》，为“知识时代”转向“注意力时代”进行了开创性工作。

五是组织创新与组织绩效。创新管理学科创始人克雷顿·M. 克里斯特森（1952—）1997 年出版《创新者的窘境》，首次提出颠覆性创新的概念，从行业历史、公司外部产业和技术发展的角度，分析了颠覆性创新导致行业中已定形公司失败的过程，提出应对颠覆性技术的五个创新原则。贝思·罗杰斯（1941—）出版《产品创新战略》（1996）等著作，认为企业不仅要引入新产品，还必须富有想象力地改进已有产品以满足日益复杂并不断变化的消费者需求。琼·伍德沃德（1916—1971）是组织设计权变理论主要代表人物，其《工业组织：理论与实践》（1965）、《工业组织：行为与控制》（1970）关注技术和生产系统与组织结构、组织结构与绩效之间的关系，并首次得出"组织结构因技术而变化"的研究结论。斯坦利·E.西肖尔（1915—1999），1965 年发表了《组织效能评价标准》，提出组织有效性评价标准。罗伯特·S. 卡普兰（Robert S. Kaplan）和戴维·P. 诺顿（David P.Norton）于 1992 年合写论文《平衡计分卡：良好绩效的评价体系》，平衡计分卡在保留财务目标的基础上，创造性地整合了创新理论、知识管理、流程再造等理论，补充了客户、内部流程、学习与成长三个层面绩效评价指标，并阐述四个维度内在的逻辑关系，将组织绩效理论从狭隘的工具层面高屋建瓴地推向了战略层面，使之兼具绩效评价与战略管理的功能。平衡计分卡创立以来，不断被完善，并被企业、政府和其他非营利组织广泛应用。

（三）中国组织管理理论发展：从引进学习到借鉴融合与自主创新

现代组织管理理论的产生与发展深受现代工商企业演进影响，从大工业时代的生产车间的科学管理到梅奥对生产线上"人"的关注，再到德鲁克特别关注知识经济时代的企业，无不表明是西方外加日本的企业实践催生了伟大的企业家和不断发展的管理理论。[①]中国在长期的农业社会中，重农轻商，商业被列为各行之末，因

① 斯图尔特·克雷纳的《管理百年》推荐序《让中国迎来属于自己的"管理世纪"》，第 10 页。

此，虽产生了许多至今仍影响深刻的管理哲学思想，但具有较大影响的组织管理理论很少，只有《孙子兵法》着眼于战争的一般规律，被认为是最早的战略管理学著作，对现代管理学具有重要的借鉴意义。20 世纪初，随着现代大学的兴起，我国开始向西方学习管理学，泰勒等西方管理学家的经典理论（包括组织管理）陆续引入中国。中华人民共和国成立后，我国组织管理理论研究可分为四个时期。

一是建国初期。国家在政治上全面与苏联结盟，在经济模式、企业管理方式等方面也全面学习苏联经验、照搬苏联做法，强化了计划经济管理体制，管理思想、理论方面也进一步与源于西方的管理科学“渐行渐远”（盛昭瀚等[12]，2021），呈现出计划经济条件下生产导向型管理的基本特征。

二是“文化大革命”时期。我国政治、社会、经济处于无序状态，生产、教育、生活的正常秩序得不到保障，因此，组织管理理论发展处于停滞状态。

三是“文化大革命”结束至 20 世纪末。1977 年，我国大学恢复了正常的招生，相应地开设了《管理学》《组织行为学》等课程；1978 年召开党的十一届三中全会，推动改革开放，企业管理模式开始从计划经济下的生产型转向市场经济下的生产经营型；1993 年党的十四届三中全会以后，中国开始建立和完善社会主义市场经济体制（黄群慧[13]，2018）。这一时期理论界和实践界都迫切需要组织管理理论知识，因此大量的西方管理学理论包括组织管理理论引入国内，进入各类全日制高校教学与培训课堂。这一时期组织管理理论的引入促进了我国组织管理理论的发展，但也存在照搬理论，结合我国企业实践不深入等问题。

四是 21 世纪以来至今。经过二三十年的“照着讲”，从 21 世纪初开始，我国组织管理理论研究逐渐迈入了借鉴、融合与创新的阶段。全球化及信息技术的重大发展深刻影响着我国组织管理理论与实践。习近平总书记指出，当代中国正经历着我国历史上最为广泛而深刻的社会变革，也正在进行着人类历史上最为宏大而独特的实践创新。新时代的新机遇新挑战，已经并将持续引发一系列新的管理现象与管理问题，因此已有的理论特别是西方组织管理理论已不能很好地解释这些新的管理现象，解决这些新的管理问题。这必然推进我国要将西方组织管理理论与中国的具体实践相结合，不断创新发展，并进行自主创新，形成具有中国特色的组织管理理论。

总之，我国组织管理理论发展，特别是改革开放后，促进了我国经济社会的发展，而我国经济社会的跨越式发展，又有力地推动了我国组织管理学科的发展，并迈向国际舞台，产生了诸如华为、海尔、格力、美的、联想、比亚迪、万科等一批在世界具有较大影响力的著名企业，形成独特的中国组织管理理论。如海尔的“内部模拟市场”理论、华为的“狼文化”和“灰度管理”等。1998 年 9 月 8 日，张瑞敏在海尔内部推行“内部模拟市场”，让上道工序与下道工序之间进行商业结算，下道工序变成上道工序的顾客。2000 年，张瑞敏将“内部模拟市场”的概念探索成为“SBU 理论”(Strategical Business Unit)，其本质是将创新基因植入员工体内，创造有价值和竞争力的订单。他打破原来的管理框架，至 2002 年年底，先后调整组织结构达 40 余次。张瑞敏成为第一位登上哈佛讲坛的中国企业家，先后应邀登上瑞士洛桑国际管理学院、美国沃顿商学院、日本“亚洲的未来”论坛、日本生产革新综合大会等一流商学院或顶级经济论坛，讲解“SBU 理论”。沃顿商学院教授马歇尔·迈尔说：“如果海尔能够成功，这一案例在全世界将是独一无二的。”从

1998 年《海尔：激活休克鱼》入选哈佛案例库，截至 2019 年 8 月，入选哈佛大学商学院案例库的中国大陆企业案例共有 147 个，涉及 110 家企业。入选次数最多的 3 家大陆企业分别为：海尔集团（入选 7 次）、阿里巴巴网络技术有限公司（入选 5 次）、国美电器控股有限公司（入选 4 次）。所属学科共有 13 个（所属学科为哈佛网站给出的学科）。其中，涉及案例最多的学科分别为综合管理（General Management），涉及 30 个案例，占比为 20.4%；战略（Strategy），涉及 26 个案例，占比为 17.7%；金融（Finance），涉及 22 个案例，占比为 15.0%（张玉利、吴刚[14]，2019）。

与此同时，我国涌现了诸多专业人才，如研究战略管理的余凯成、周三多、徐二明，研究人力资源管理的赵曙明、彭剑峰，研究组织管理的陈春明、梁能，研究组织文化的陈春花，研究家族企业的李新春等大陆本土组织管理学家，研究领导和公民行为的中国台湾学者郑伯勋和中国香港学者樊景立等。国际上，著名的组织管理华人学者亦成就显著：有研究管理与领导的有效性、绩效评估，唯一获得 ASQ 与 AMJ 最佳论文奖的华人管理学家徐淑英；研究组织中的创造力与创新、创造力影响的跨文化差异、创造力与创业的美国莱斯大学（Rice University）琼斯商学院 Houston Endowment 管理学讲座教授周京等。

第二节 组织管理思想史起源

一、中国组织管理思想史起源

中国是四大文明古国之一，拥有上下五千年的历史，华夏文明的起源最早可追溯到距今8000年以前的裴李岗时代（韩建业[15]，2021）。在漫长的历史进程中，政治制度的变革、生产力的发展、经济制度的变迁、哲学思想的演变、科技的发展、文学艺术上的成就等都对中国组织管理思想的形成和发展做出了重要贡献（吴照云[16]，2017）。特别是以儒（儒家）、道（道家）、释（佛教）为中心，以法家、墨家、农家、名家、兵家、纵横家、阴阳家、中医家、轻重家为副线，形成了一个多元文化体系，深刻影响着中国组织管理思想的形成和发展。

（一）道家的"无为而治"

《汉书·艺文志》认为，道家源于古代的史官。道家的代表人物有老子、庄子。何为道？道与德并称，二者密切联系，如影相随。《老子》曰："孔德之容，惟道是从"，"道生之，德畜之"，表明道与德互补，二者互为发明。《礼记·乐记》曰："德者，得也"。"得"指的是人的选择、目的。理解"德"的概念对于理解"道"具有重要的意义，合乎规律性称之为道，合乎目的性称之为德（张再林[17]，

2017）。“道”是万物之源及其运行发展的内在动力和趋势，无为、柔弱、利物是“道”的特性（吕锡琛、黄小云[18]，2017）。这也就构成道家思想的主旨：遵道、无为、柔性。

1.“遵道”

遵道就是遵循客观规律。《老子》认为“人法地，地法天，天法道，道法自然”，简译为人的行为要顺应天地法则和规律。在组织管理中，管理者要符合大道，而民心就是大道，顺应民心就是顺道，所以组织管理要以员工为本，以员工心为心，对员工要采用服务的方法。

2.“无为”

道家提倡无为而治，而不改变、不破坏、不违背万物自然本性的行为即是“无为”（徐小跃[19]，2017）。无为不是无所作为，而是与“有为”对应的一种方式，这是一种积极的管理方法。在组织管理中，“无为”意味着：一是管理者要在小事上无为，大事上有为；二是要充分调动各级领导的积极性；三是要顺其自然，不能违背客观规律（王文臣[20]，2000）。

3.“柔性”

柔性不是懦弱，而是润物细无声。“水善利万物而不争”，这是老子对水德的赞颂。老子以水为例，推崇柔性的力量，也被誉为提出柔性管理的第一人。在现代组织管理中，柔性管理即强调以影响力代替强制管理，以员工为中心，尊重员工，爱护员工，依赖员工，体现人道主义精神（吕锡琛、黄小云[18]，2017）。

（二）儒家的“仁爱礼义”

《汉书·艺文志》中，“儒家者流，盖出于司徒之官”，表达了对儒家起源的看法。意为儒家这个流派，大概来自司徒官，即儒学出于官学，源于商周时期的礼（吴照云[16]，2017）。儒家管理思想博大精深、兼容并蓄、源远流长，久经时代考验，在现代组织管理思想中乃至中华文化中都占据十分重要的地位，具有其他流派思想无可比拟的影响力（陈志红、陈志斌[21]，2007）。儒家思想的核心价值观主要包括“仁、义、礼、智、信”（徐雷、邓彦斐[22]，2019），倡导“德治”，是中国组织管理思想的理论来源和文化载体。

1.“仁爱观”

何为“仁”？孔子曰：“仁者人也”，“仁者爱人”（何金露、王利平[23]，2019）。孔子认为仁就是克制自己的私欲，使自己的言行都符合礼的要求，仁就是爱人、帮助他人，概括起来“仁”的根本含义即为“人”（唐建荣、李华[24]，2014）。儒家“仁”的核心思想即为仁爱、仁义、仁政。对组织而言，一切活动都是由组织成员发起的，组织管理要充分调动员工的积极性，这就要求管理者要有仁爱之心，要尊重员工。

2.“义利观”

“义”的基本内涵是威仪、情谊、美善、公平、正义（何金露、王利平[23]，2019），也就是公正合理。《孟子·公孙丑上》曰：“行一不义，杀一不辜而得天下，皆不为也”（刘星[25]，2020）。《论语·宪问》曰：“见利思义”，“义然后取”。儒家思想“义利观”力求精神价值和物质价值的统一，主要包括舍生取义、重义轻利、取之有义的观点（徐雷、邓彦斐[22]，2019）。在组织管理中，管理者要通过“义”来自我克制，避免对员工辱虐管理。

3.“克己复礼”

“礼”即礼节、礼仪、礼教（徐雷、邓彦斐[22]，2019）。《论语·阳货》曰：“礼云礼云，玉帛云乎哉？”（吴彦彤[26]，2021），“礼”不仅是形式上的繁文缛节，还内含团体秩序和个体规范，是人们社会实践各方面的行为准则，具有巩固国家政权、维护君主统治和治理国家的政治功能（何似龙、施祖留[27]，2000）。孔子认为人的行为要合乎“礼”，要通过“礼治”来维护组织秩序。

4.“智慧观”

“智”同知，指人的认知能力和科学理性精神。以孔孟为代表的儒家思想对“智”非常重视，如孔子曰：“智者不惑”，孟子曰：“是非之心，智之端也”（刘太刚[28]，2020）。智慧是人类文明发展的结晶，也是社会实践深入扩展的必要手段，是一个兼具知识品格、伦理品格和精神品格的整体（姚新中[29]，2021）。

5.“诚信观”

诚信即诚实、守信。《孟子·离娄上》有言：“诚者，天之道也；思诚者，人之道也”（徐雷、邓彦斐[22]，2019）。儒家思想强调言行一致、知行合一，认为诚信是个人和组织安身立命的基础。组织在处理利益相关者的关系时，要坚持诚信的理念，提高客户的黏度和员工的忠诚度。

（三）法家的“重制”

法家思想兴盛于战国中后期，是社会矛盾发展的产物。法家重视制度管理，代表人物有商鞅、申不害、韩非等，韩非是集大成者。韩非在批判和继承前人尤其是申不害、商鞅等人的观点基础上，提出了“法、术、势”三者结合的管理思想（吴照云[16]，2017）。

1.“法治”

“法”即法律、法令，在韩非的管理思想体系中处于核心地位。“法治”即依靠法律、法令进行治理，是法家的核心思想。韩非认为“明法者强，慢法者弱”，即彰明法治的国家强盛，怠慢法治的国家衰弱，从正面论述了以法治国的好处（吴照云[16]，2017）。在实施以法治国方面，他还强调法治的严肃性和人性化。

2.“术治”

“术”即技术、策略、方法等，是君主治国的策略和手段，有“心术”“法术”和“权术”（张连伟[30]，2016）。心术主要是掌握和了解个体心理活动的方法，法术即以法治国之术，权术是上位者驭下之术。韩非的“术治”管理思想包括：因任而授官、循名而责实、操杀生之柄、君主自神（吴照云[16]，2017）。

3.“势治”

“势”意为权势，即上位者的统治权力，是法家慎子提出的。韩非子在此基础上提出“任势而治”，势的功能是保证法的执行，达到治国安邦的目的。正如韩非子所说：“善任势者国安，不知因其势者国危”，善于运用权势的君主，他的国家就比较安定，否则就危乱。在组织管理中亦是如此（吴照云[16]，2017）。

（四）其他哲学思想

1. 兵家的“修道保法，爱兵如子”

兵家思想是中国管理哲学思想的重要组成部分，最具代表性的人物是孙武，其代表性著作是《孙子兵法》。孙武被后世称为兵圣，是兵家最伟大的思想家。《孙子兵法》云：“兵者，诡道也”“善用兵者，修道而保法，故能为胜败之政”。孙武坚持以“修道保法，爱兵如子”为特色的组织管理思想，他认为要做到修道保法，就要做到令素行，爱兵如子也要适当运用惩罚措施。兵家管理思想内容丰富，流传千古，对后世影响深远，如现代企业家张瑞敏经常运用《孙子兵法》中的思想来指导企业工作（吴照云[16]，2017）。

2. 墨家的“谋百姓之利”

除上述思想家外，墨家也对中国组织管理思想的形成和发展发挥了重要作用，代表人物是墨子。墨家最重要的著作是《墨子》，是墨子思想的集中体现。《墨子》中的“十论”是墨子的思想精髓，包括：尚贤、尚同、兼爱、非攻、节用、节葬、天志、明鬼、非乐、非命（吴照云[16]，2017）。《墨子》“十论”可概括为：谋“百姓之利”，除“天下之害”，这是墨子思想的根本宗旨（黄玉顺[31]，2020）。

在上述中国传统文化和哲学思想中，以道家、儒家、法家的思想对中国的组织管理思想影响最为深远。清华大学组织管理研究学者郑晓明教授15年前将道家、儒家、法家的思想与组织的高层、中层、基层管理哲学相对应，并结合中文“王者之气”的王字，提出“王道管理”。他认为：王字上面是一横，代表的是高层管理者，高层管理要特别重视造势，营造一种良好的氛围，让理想信念内化于心，因此与之相应的是道家文化；中层管理者承上启下，要把事情做实，对上执行领导指示，对下激励群众积极性，因此强调中庸之道，与儒家文化对应，做中层干部就是要把上级意图和下级行动连接起来，要讲信用，对上忠诚，对下仁爱；最下面一横，代表的是基层管理者，基层管理者重在做事，因此强调执行力，所以对应的是法家思想，强调制度的权威性。中间一竖，代表的是沟通，这也非常重要，高层管理者、中层管理者和基层管理者必须做好沟通，如果把中间一竖拿掉，“王”就变成了“三”，意思是如果没有沟通，就是一盘散沙，如图1-2所示。

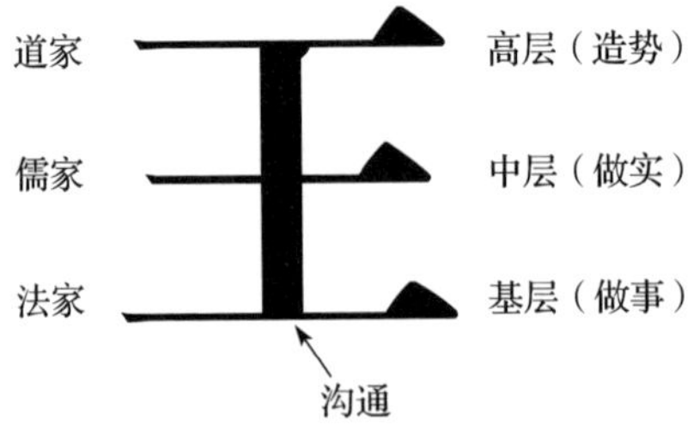

图1-2　王道管理

二、西方组织管理思想起源

西方组织管理思想的起源最早可追溯到古埃及、古巴比伦时期，而比较高一级的管理则产生于古希腊时期、古罗马时代（郭咸纲[32]，2010）。因此，本部分以古埃及、古巴比伦、古希腊、古罗马时代为代表介绍西方组织管理思想史的起源。

（一）古埃及的“分权”

古埃及是四大文明古国之一，直到公元7世纪中期才消失（郭子林[33]，2021）。作为曾经辉煌一时的古老国家，其哲学思想影响深远。古埃及时期，国家权力分别在法老及辅助法老管理的宰相身上，法老享有神权，直接掌管军权，宰相掌管司法权、行政权、经济事务权，但不兼军务。这种国家权力的划分就体现了组织管理中分权的思想。据考古发现，法老的陪葬品中每一个监督者都管理着10名奴仆，这也体现了组织管理中的管理幅度思想。后来的希伯来人提出以10为限的管理思想即来源于此（郭咸纲[32]，2010）。

（二）古巴比伦的“人本主义”

古巴比伦王国时期（约公元前1894年—约公元前1595年），产生了著名的《汉谟拉比法典》，这是以古巴比伦王国第六代国王汉谟拉比名字命名的法典（赵立行[34]，2010）。这部法典是世界上现存的第一部比较完备的成文法典，其立法精神体现的是“人本主义”思想（于殿利[35]，2011）。法典文字部分分为序言、正文、跋三个部分，内容主要涉及王国内人群等级及相应的地位和权利规定、土地所有权规定、债务关系规定、婚姻制度和家庭关系的规定、各种名目的刑罚等，对各个职业、各类人群的权责利都做了规定（赵立行[34]，2010），分工分类明确。

（三）古希腊的“民主正义”

古希腊（公元前800年—公元前146年）是西方史学的发源地，是欧洲民主正义的摇篮。古希腊时期比较有代表性的人物是苏格拉底、柏拉图、亚里士多德等，这些人的思想对后世影响深远。

1. 苏格拉底“精神助产术”

苏格拉底（公元前469年—公元前399年）是古希腊著名的哲学家，苏格拉底哲学是西方哲学发展的伟大转折，把哲学的研究对象从理想拉回到现实中，把对“善”等“一般定义”的追求作为目标（黄可波[36]，2000）。苏格拉底哲学研究的出发点和归宿就是“认识你自己”，“精神助产术”是“认识你自己”的最基本的方法。“精神助产术”主要是经过谈话、提问、揭露矛盾这几个步骤，一步步剥离个别、特殊的东西，最后达到一般定义的方法。这是一种科学的哲学研究方法，它使人自省，从无知中去求知，它横扫了认识的“权威”和教条（黄可波[36]，2000）。基于这种思想，苏格拉底认为管理具有普遍性，公共事务管理与私人事务管理互通。然而管理也具有特殊性，这是他未曾注意到的（郭咸纲[32]，2010）。

2. 柏拉图《理想国》

柏拉图（公元前427年—公元前347年）是苏格拉底的学生，古希腊著名的哲学家、思想家。《理想国》是柏拉图最具有代表性的著作，内容涉及政治学、教育学、伦理学等多个领域，其中最为引人关注的就是关于正义与幸福的关系问题（徐元庆、宋宽锋[37]，2019）。柏拉图认为正义是治国和拯救社会的方法，正义又分为城邦正义和个人正义，而城邦是建立正义的落脚点（肖萧、李红波[38]，2019）。进一步的，他指出城邦和个人要各司其职，做好分工，相互协调，不可僭越，体现了独特的管理思想。

3. 亚里士多德“天赋人性”

亚里士多德（公元前384年—公元前322年）是柏拉图著名的弟子，也是古希腊博学多才的思想家。受柏拉图《理想国》的影响，亚里士多德提出“天赋人性”的主张，即管理者与被管理者之间的关系是天赋的。他认为：从来不知道服从的人不可能是一位好的指挥官。他的这种思想与孟子的“劳心者治人，劳力者治于人；治于人者食人，治人者食于人”思想性质相同（张文昌、于维英[39]，2007）。

（四）古罗马的“集权控制”

古希腊灭亡后，其文明遗产被古罗马延续和继承（王元华、张铭[40]，2005），古罗马的管理思想在此基础上形成和发展。古罗马没有管理方面的专著，但是从当时的奴隶主阶级思想中可以找到相关管理思想。概括起来集中为：一是古罗马帝国建立过程中，具有集权、分权、再集权的实践经验；二是长期的军事生涯体验，使罗马人拥有遵守纪律的品格以及以权力为基础的管理职能；三是对管理人员的选聘标准做出规定（郭咸纲[32]，2010）。

第三节　组织管理思想史理论体系

一、研究的逻辑框架

梳理过往研究，我们会发现组织管理理论非常丰富，本书立足于组织管理研究的对象是组织构造、组织运转和组织的动力学机制等，从组织建构到创新发展，围绕从内部组织管理到外部组织环境适应这两条主线，以组织中的人为中心，建构组织管理理论体系。组织管理理论体系框架如图 1-3 所示。

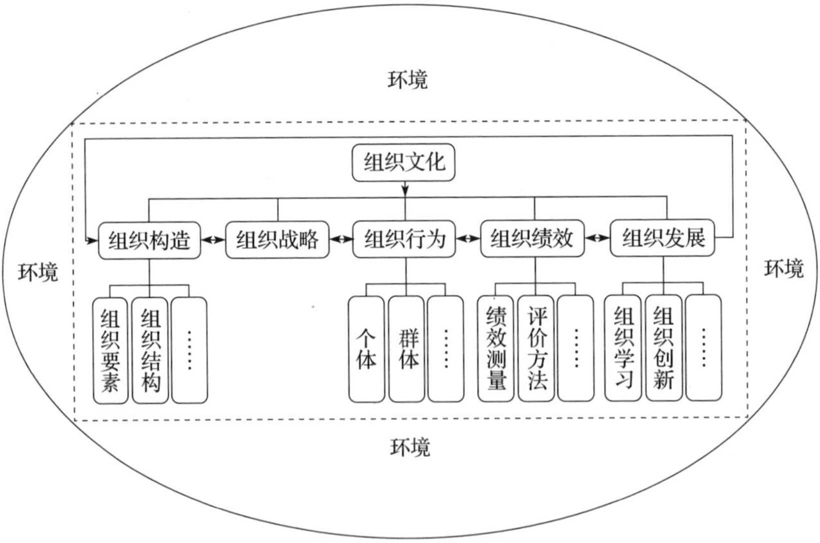

图 1-3　组织管理理论体系框架

组织是具有特定目标、资源、结构并与环境相互作用的开放系统（丁敏[41]，2020），根据组织管理的内涵，按组织形成、运行到发展的成长历程来看，第一，要根据特定目标建构组织，必须具备相关要素，要设计组织架构等；第二，组织建构后要有组织发展的计划，其中包括关于全局性和长远性的组织战略，并随着组织战略需要而适时变化；第三，任何组织的生存和发展都必须具有资源要素和动力机制等，有关组织的命题是对人类行为的陈述①，人力资源是组织最关键的要素，是组织的第一资源，如何引导、激励和规范个体、群体等行为，充分挖掘人力资源潜能，促进组织与人才的双重发展则成为组织最重要的动力机制的设计要求，这就是组织行为研究的内容；第四，组织中个体、群体和组织行为将产生组织绩效，组织绩效既是衡量组织行为有效性的结果变量，也是评判组织运行是否达到预期目标的根本标准，如何科学、客观地评价个体、群体和组织绩效将促进个体、群体和组织不断改进、提升绩效，从而促进组织目标达成；第五，组织在运行过程中是动态变化的，面临着生死存亡的威胁，什么样的组织才能在激烈的竞争中获胜、实现可持续发展，这是组织发展必须研究的永恒主题；第六，组织不断发展反过来又影响着组织要素、组织结构等发生变化，从而形成组织构造—组织战略—组织行为—组织绩效—组织发展—新的组织构造这一闭环内在逻辑关系，同时组织文化在这闭环线路中，对各部分都将产生深刻影响；第七，组织不是孤立存在的，而是处在特定的经济社会技术等环境之中，与环境不停地进行信息和能量的交换，组织中的个体、群体思维和行动影响着组织环境，同时组织环境又影响着其思维意识和行为方式。因此，不管是西方还是中国，其组织管理理论的形成都与所处时代的政治、经济、社会文化和技术等环境要素息息相关，根植于所处时代的经济社会发展背景和文化土壤。

① 詹姆斯·G.马奇，赫伯特·A.西蒙．组织［M］．邵冲，译．北京：机械工业出版社，2013．

二、研究内容与拟解决的主要问题

鉴于企业管理思想史系列丛书有一册专门阐述组织战略管理，本书略去此部分，组织管理理论体系框架如图 1-4 所示。

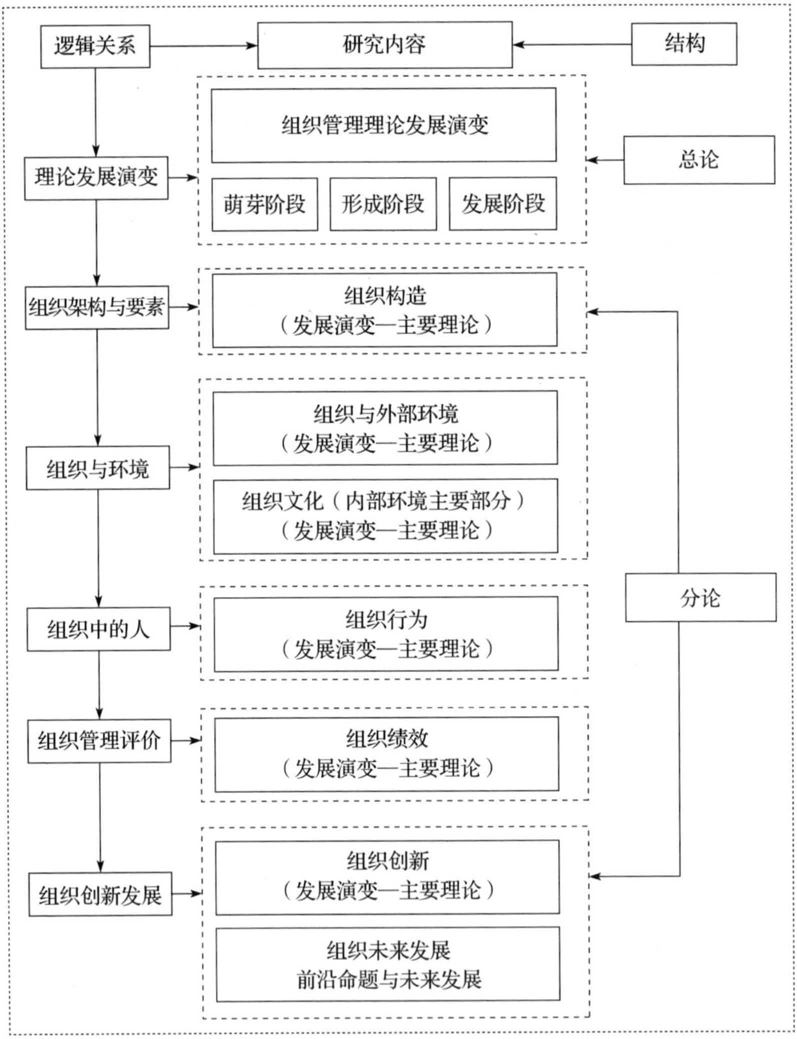

图 1-4　组织管理理论体系框架

本书主要回答下列组织管理实践与理论发展中的主要问题。

① 什么是组织管理？组织管理理论从何而来？如何发展？

这是关于组织管理理论萌芽、形成与发展演变规律的研究。这部分将阐述早期中外组织管理实践探索与思想、组织管理理论的形成与代表人物、组织管理理论的发展。在分析时适时结合我国特别是中华人民共和国成立后实践界与理论界对组织管理理论的贡献。

② 组织有哪些构成要素？如何设计组织、优化资源配置、提高组织效率？

这是组织存在必须回答的基本问题。在这一部分，将阐明组织的内涵、构成要素、组织结构设计等有关理论。由于资源基础观与组织能力理论一直是诠释组织竞争优势差异的重要理论，因此，本部分还将研究组织资源、组织能力等理论的发展演变。

③ 组织与外部环境存在什么关系？如何适应环境并从环境中获得资源？

组织是与环境互动的开放系统，在与环境不断交互作用中得到发展。确定组织与环境最适当的关系，并且在工作中实现和保持这种关系是组织有效管理的关键要素。在这部分将阐述组织与外部环境之间信息、资源和利益相关者等之间的互动关系及内在规律。如交易成本理论、资源依赖理论、制度理论、组织生态理论和利益相关者理论等。

④ 组织文化对组织发展有什么作用？如何构建和管理组织文化以提升企业竞争力？

组织文化是组织内部环境的重要内容，在塑造组织行为方面扮演着重要角色。在这部分将阐述组织文化的内涵、架构与培育。如迪尔和肯尼迪的企业文化五因素论、帕斯卡尔和阿瑟斯的 7S 管理框架、大内的 Z 理论、沙因的组织文化理论、霍夫斯泰德的文化维度理论、丹尼森组织文化模型等。

⑤ 组织中的人，包括个体、群体 / 团队在做什么？影响其在组织中的行为有哪些因素？这种行为如何影响组织的绩效？

组织是人的集合体，个体、群体 / 团队在组织中的行为直接影响组织的绩效，影响组织可持续发展等。在这部分将阐述个体动机理论、激励理论、领导理论、群体动力理论和有关积极行为学理论等，探讨动力机制有关问题。

⑥ 如何评价和提升组织绩效？

组织绩效既是组织管理的结果，也是组织后续发展的基础。高绩效是组织管理的客观要求，科学客观评价和提升绩效是组织管理的重要内容。在这部分将从个体、群体和组织三个层面阐述绩效的内涵与测量，介绍平衡计分卡等绩效评价理论。

⑦ 组织如何创新发展？

创新是组织竞争力之所在，是组织生存和发展的动力之源。在这部分将阐述创新的内涵、特征，影响创新的要素、创新路径等有关理论，研判未来组织发展变化。如熊彼特创新理论、创新扩散理论、组织学习理论、颠覆式创新和开放式创新理论等。

⑧ 未来组织向何处去？

本书框架的第一部分回答了组织管理理论从何而来，如何发展，这部分将回答组织管理理论向哪里去。当然这必须基于新技术、新员工、新市场和新网络对组织管理所产生的影响分析。这是本书最后一章的内容。

三、研究思路与研究方法

目前国内系统研究组织思想管理史的成果很少，但组织管理思想史内容丰富，限于篇幅，不可能将所有的内容都在书中体现。有鉴于此，本书的研究思路是通过梳理各类史料文献，分析各时期时代发展背景，厘清组织管理思想发展脉络，探寻组织管理思想发展的内在规律。本书既从总体上把握组织管理思想发展演变，同时又对组织管理理论体系各组成部分的思想发展演变进行研究，并在此基础上精选一些影响大、目前运用较为广泛的重要理论进行介绍，最后结合当前新技术运用，对组织管理未来前沿命题和发展进行研判。

中国在几千年的历史长河中，形成了许多重要的组织管理哲学思想，在近代对世界组织管理理论的贡献不大，但在中华人民共和国成立后特别是改革开放以来，我国也产生了一些有价值的组织管理案例，在引进、借鉴和创新中，正在形成具有中国特色的组织管理理论。因此，在本书的撰写中我们也努力将中国的组织管理思想史融入其中。

本书主要研究方法是文献研究法，所引用的文献既包括经典著作，也包括至2021年的期刊文献资料，研究既有对文献的研读梳理，也有对组织管理典型案例的剖析。

第四节 小结与评述

本章主要从总体层面研究组织管理理论的形成和发展阶段，介绍本书的研究逻辑框架与研究思路等。

组织是人类生存的基本方式。辩证唯物主义认为，人是社会的人，没有一个人能脱离社会而单独存在。这其实说的就是人的社会属性问题，而组织就是其社会属性的集中体现之一。组织管理是一种实践，从"计划""组织""领导"等概念，到"决策""人事控制""政策调整"等管理手段，可看出组织管理理论的重要性及重复性。

组织管理理论经过组织管理思想萌芽阶段、组织管理理论形成阶段和组织管理理论发展阶段。每一种组织管理理论的产生与发展都是为了解决所处时代经济社会发展中不断出现的管理理论与实践问题，体现了理论来源于实践又指导实践的哲学思想。当我们研究组织管理思想史，特别是在探究其理论和思想渊源时，就会极其自然地引发对传统哲学思想的整体思考，而这正是整个东西方组织管理思想的来源。组织管理理论主体的每一步发展都离不开重大历史事件和重要历史人物的推动。国内外组织管理思想史代表人物在把握历史、本国基本国情及时代特点的基础之上分别提出了独特的组织管理思想与实践治理方略，构建了组织管理理论的基本思路、发展脉络及实质内容。组织管理学诞生百年来，涌现出了众多大师级人物，其远见卓识、深刻见地，为组织管理理论的发展和完善做出了巨大的贡献。对世界具有重要影响力的组织管理大师及其代表作如表 1-1 所示。

表 1-1 对世界具有重要影响力的组织管理大师及其代表作 ①

姓名	代表作	影响力
法约尔（亨利·法约尔	《管理的一般原则》（1908）、《工业管理与一般管理：预测、组织、命令、协调、控制》（1916）	西方古典管理理论的三位先驱者之一，一般管理理论之父，管理过程学派先驱
马克斯·韦伯	《社会组织和经济组织理论》（1921）	西方古典管理理论的三位先驱者之一，组织理论之父
雨果·孟斯特伯格	《心理学与经济生活》（1912），1913 被英译为《心理学与工业效率》	工业心理学之父
乔治·埃尔顿·梅奥	《工业文明中的人类问题》（1933）、《工业文明中的社会问题》（1945）、《工业中的团体压力》（1945）	人际关系学派创始人
福列特	《新国家》（1918）、《创造性的经验》（1924）、《动态管理》（1941）	人际关系先驱，架起古典管理理论与行为科学理论的桥梁
林德尔·F. 厄威克	《管理的要素》（1943）、《作为一个技术问题的组织》（1933）、《组织中的委员会》（1937）、《组织的科学原则》（1938）、《组织中的参谋工作》（与戴尔合著，1960）	对组织设计和组织原则进行了开创性工作，管理教育学家
詹姆斯·D. 穆尼	《工业，前进！——组织原理及其对现代工业的意义》（与艾伦·赖莱合著，1931）、《组织原理》（1939）	管理思想和组织理论先驱
切斯特·I. 巴纳德	《经理人员的职能》（1938）、《组织与管理》（1948）	创建社会协作系统组织理论，现代管理理论之父
库尔特·勒温	《个性的动态理论》（1935）、《拓扑心理学原理》（1936）、《试验性"社会气候"中的攻击性行为类型》（与利比特、惠特著，1939）、《解决社会冲突》（1948）	社会心理学之父、群体动力学创始人

① 本表主要根据方振邦主编的《管理思想百年脉络：影响世界管理进程的百名大师》和斯图尔特·克雷纳著《管理百年》等书整理而成。

续表

姓名	代表作	影响力
亚伯拉罕·马斯洛	《人类动机理论》(1943)、《激励与个性》(1954)	人本主义心理学派的创始人之一，需要层次理论的创始人
弗雷德里克·赫茨伯格	《工作中的激励》(1959)和《工作与人性》(1966),《再论如何激励员工》(1968)	双因素理论创始人，工作丰富化理论先驱
戴维·麦克利兰	《成就动机》(1953)	成就激励理论创始人，胜任素质之父
道格拉斯·麦格雷戈	《企业的人性方面》(1957)	人性假设理论创始人
伯尔霍斯·弗雷德里克·斯金纳	《科学与人类行为》(1953)、《言语行为》(1957)、《强化程序》(1957)、《强化的相倚关系：一种理论分析》(1969)、《超越自由和尊严》(1971)、《关于行为主义》(1974)	操作学习理论的创始人和行为矫正技术的开创者
哈罗德·孔茨	《管理理论的丛林》(1961)、《再论管理理论的丛林》(1980)	管理过程学派主要代表人物
罗伯特·坦南鲍姆 沃伦·H. 施密特	《如何选择领导方式》(1958)	领导行为连续体理论的创始人
彼得·德鲁克	《公司的概念》(1946)、《管理实践》(1954)、《成果管理》(1964)、《管理：任务、责任、实践》(1973)	现代管理之父，经验主义学派。首次提出组织的概念，奠定组织学基础
赫伯特·A·西蒙	《管理行为》(1947)、《组织》(与马奇合著，1958)	决策理论学派的主要代表。巴纳德的直接继承人
克里斯·阿吉里斯	《人格与组织》(1957)、《组织学习》(1978)、《组织学习Ⅱ》(与舍恩合著，1995)	组织学习理论的代表人物
阿尔弗雷德·D. 钱德勒	《战略与结构：美国工商企业成长的若干篇章》(1962)、《看得见的手——美国企业的管理革命》(1977)、《规模与范围：工业资本主义的原动力》(1990)	企业史学家、战略管理领域的先驱

续表

姓名	代表作	影响力
伊戈尔·安索夫	《公司战略》(1965)、《从战略规划到战略管理》(1976)、《战略管理》(1979)	战略管理之父
肯尼思·R.安德鲁斯	《公司战略概念》(1971)	SWOT 分析法创始人
杰伊·W.洛希和保罗·R.劳伦斯	《组织与环境：差异化与整合管理》(1967)、《组织开发：诊断与行动》(1969)、《组织设计研究》(1970)	权变理论学派主要代表
弗里蒙特·E.卡斯特和约翰逊、詹姆斯·E.罗森茨韦克	《系统理论和管理》(1963)、《组织与管理：系统方法与权变方法》(1970)	系统管理学派主要代表
埃尔伍德·斯潘塞·伯法	《现代生产管理》，后修改为《生产管理基础》(1975)、《管理科学/运筹学：模型构成与解决方法》(与戴尔合著，1977)	管理科学的代表人物
沃伦·G.本尼斯	《通过群体方法改变个人与组织》(与沙因著，1965)、《组织发展与官僚体系的命运》(1966)、《变革组织》(1966)、《组织发展》(1969)、《领导》(与南思著，1985)、《重塑领导力》(1997)、《变为领导者》(1998)《领导的轨迹》(2000)、《领导者：掌管的五大战略》(与纳努斯著，2003)、《决断》(与蒂奇著，2007)	组织理论和领导理论大师、组织发展理论创始人
琼·伍德沃德	《工业组织：理论与实践》(1965)、《工业组织：行为与控制》(1970)	组织设计权变理论主要代表人物
斯坦利·E.西肖尔	《组织效能评价标准》(1965)	组织有效性评价标准的提出者
维克多·H.弗鲁姆	《工作和激励》(1964)、《领导和决策》(与耶顿合著，1973)	期望理论和领导者—参与模型的创始人

续表

姓名	代表作	影响力
约翰·斯塔西·亚当斯	《工人关于工资不公平的内心冲突同其生产率的关系》（与罗森鲍姆合著，1962）、《工资不公平对工作态度和绩效的影响》（与文雅各布森合著，1964）、《社会交换中的不公平》（1963）	公平理论创始人
莱曼·W. 波特和爱德华·E. 劳勒	《绩效对工作满意度的影响》（1967）、《管理态度和工作绩效》（1968）、《组织中的行为》（1974）、《人际关系》（波特，1995）、《透视组织中的行为》（劳勒与波特、哈克曼著，1977）、《高度参与式管理》（劳勒，1986）、《战略性报酬》（劳勒，1990）、《工作组织中的激励》（劳勒，1994）、《合理使用人才》（劳勒，2003）、《人力资源业务外包》（劳勒与尤里奇等著，2004）、《促进变革：如何获得持续的组织效益》（劳勒与沃利著，2006）、《实现人力资源管理卓越：人力资源管理职能评价》（劳勒与博得里欧著，2009）	行为科学家，提出劳勒–波特激励模型，劳勒还是人力资源管理大师
伦西斯·利克特	《管理的新模式》（1961）	行为科学家、组织心理学家和教育学家
罗伯特·R. 布莱克	《管理方格》（1964）	美国行为科学家、管理方格理论创始人之一
弗雷德·E. 菲德勒	《一种领导效能理论》（1967）	著名管理学家和心理学家，领导权变理论创始人
保罗·赫塞	《组织行为学》（与布兰查德合著，1969）、《情境领导者》（1984）	组织行为学家、全球领导力大师、领导情境理论创始人之一

续表

姓名	代表作	影响力
阿尔弗雷德·P.斯隆	《我在通用汽车公司的日子》(1963)	前美国通用汽车公司总裁，事业部制组织结构创始人
哈罗德·H.凯利	《传播与说服》(与贾尼斯合著，1953)、《社会心理学的归因理论》(1967)、《归因过程》(1973)、《群体社会心理学》(与蒂鲍特合著，1959)、《人际关系》(与蒂鲍特合著，1978)、《个人关系》(1978)	社会心理学家，归因理论、社会交换理论和人际互倚理论创始人
亨利·明茨伯格，加拿大管理学家	《经理工作性质》(1973)、《卓有成效的组织》(1983)、《管理者而非MBA》(2004)	西方管理学经理角色学派的主要代表人物
埃里奥特·杰奎斯	《必要组织》(1988)	工业心理学家、管理学家
以克莱顿·P.阿尔德弗	《关于人类需求的一种新理论的实证研究》(1969)、《生存、关系以及成长：人在组织中的需求》(1972)、《组织诊断方法》(1980)	ERG理论的提出者
阿尔伯特·班杜拉	《社会学习理论》(1977)、《变革社会中的自我效能》(1995)、《自我效能：控制中的实施》(1997)	社会学习理论的创始人、认知理论之父
罗伯特·豪斯、特伦斯·米切尔提	《有关领导效率的路径—目标理论》(豪斯，1971)、《关于领导方式的路径—目标理论》(合著，1974)	组织行为学家，路径—目标理论的提出者
亚伯拉罕·扎莱兹尼克	《管理者与领导者：两者有什么不同？》(1977)、《权力和企业意识)(1985)、《学习领导》(1993)	领导学研究专家
布鲁斯·亨德森	《亨德森论公司战略》(1982)、《公司战略的逻辑》(1986)	波士顿矩阵、经验曲线、三四规则矩阵的提出者

续表

姓名	代表作	影响力
弗雷德·卢桑斯	《权变管理理论：走出丛林的道路》（1973）、（管理导论：一种权变的方法）（1976）、《心理资本》（与尤瑟夫等合著，2007）	权变理论的杰出代表人物
威廉·大内	《Z 理论》（1981）	Z 理论创始人
理查德·坦纳·帕斯卡尔	《禅与管理艺术》（1978）、《日本管理艺术》（1981）	7S 框架创始人
W. 爱德华兹·戴明	《质量、生产力与竞争地位》（1982）、《走出危机》（1986）、《工业、政府和教育的新经济》（1993）	现代质量管理之父
阿尔文·托夫勒	《未来的冲击》（1970）、《第三次浪潮》（1980）、《权力的转移》（1990）	著名未来学大师
约翰·奈斯比特	《大趋势》（1982）	著名未来学大师
吉尔特·霍夫斯泰德	《文化的效应》（1980）、《有关组织的罕见观点》（1994）、《跨越合作的障碍》（与吉尔特·简·霍夫斯泰德合著，1996）《男性与女性：民族文化的忌讳尺度》（1998）	跨文化比较研究创始人
汤姆·彼得斯	《追求卓越》（与沃特曼合著，1982）、《追求卓越的激情》（与奥斯汀合著，1985）、《乱中求胜》（1987）、《解放管理》（1992）、《追求巨大成功》（1994）、《汤姆·彼得斯论创新》（1997）	组织变革大师，后现代企业之父
埃德加·H. 沙因	《通过群体方法改变个人与组织》（与本尼斯著，1965）、《组织心理学》（1965）、《职业动力学》（1978）、《组织文化和领导力》（1985）、《职业锚：发现你的真正价值》（1985）、《企业文化生存指南》（1999）、《互相帮助》（2009）	社会心理学家、著名职业指导专家、组织心理学和组织文化领域的创始人之一

续表

姓名	代表作	影响力
查尔斯·汉迪	《理解组织》(1976)、《经理人制造》(1988)、《非理性的年代》(1989)、《空雨衣》(1994)、《突破常规：组织变革的世界》(1996)、《大师论大师：汉迪解读13位管理大师》(1996)、《大象与跳蚤》(2002)、《思想者：查尔斯·汉迪自传》(2006)	管理哲学之父
罗莎贝丝·摩丝·坎特	《变革大师》(1983)、《当巨人学跳舞时》(1989)、《走在企业管理前沿》(1997)、《连胜的艺术》(2004)	管理学的理论女王，组织战略与创新大师
伊查克·爱迪斯	《如何解决管理不当的危机》(1979)、《企业生命周期》(1988)、《把握变革》(1992)、《追求鼎盛》(1996)、《完美管理者》(2004)	组织变革大师，企业生命周期理论创立者
斯蒂芬·P. 罗宾斯	《组织行为学》(1979)(多次修订再版)、《管理学》(1984)(多次修订再版)	著名管理学家，组织行为学的权威，管理过程学派的代表人物
约翰·科特	《领导究竟应该做什么》(1990)、《领导变革：为什么企业转型的努力会失败？》(1995)、《新规则》(1995)、《松下领导学》(1997)、《企业文化与经营业绩》(1992)、《变革之心》(2002)	组织行为学家，领导与变革权威
迈克尔·E. 波特	《竞争战略：分析行业和竞争者的技术》(1980)、《竞争优势：制造和保持优良表现》(1985)、《国家竞争优势》(1990)、《竞争论》(2002)	竞争战略之父
大前研一	《战略家的思想》(1982)、《看不见的大陆》(2003)、《M型社会》(2006)、《知性力》(2009)	战略学派，日本战略之父

续表

姓名	代表作	影响力
松下幸之助	《经营管理全集》(1984)、《经营成功之道》(1987)	经营管理大师
盛田昭夫	《日本制造》(1986)、《日本可以说不》(1991)	日本索尼公司创始人，日本公司国际化的先驱
稻盛和夫	《活法》(2004)、《干法》(2009)、《心法》(2019)	阿米巴经营模型提出者
杰克·韦尔奇	《杰克·韦尔奇自传》(与伯恩合著，2001)	美国通用电气公司(GE)前董事长兼首席执行官(CEO)，无边界管理模式和6σ管理方法提出者
冯斯·琼潘纳斯和查尔斯·汉普顿·特纳	《七个资本主义国家文化》(1993)、《跨文化浪潮》(1993)、《构建跨文化竞争力：如何在矛盾的价值观中创造财富》(2000)、《21种领导人：创新型领导者如何管理企业》(2001)	跨文化管理的开创者和倡导者
彼得·圣吉	《第五项修炼：学习型组织的艺术与实务》(1990)、《第五项修炼实用手册：创建学习型组织的战略和方法》(与克莱纳、施莱等合著，1994)、《变革之舞：学习型组织持续发展面临的挑战》(与克莱纳、罗伯特等合著，1999)、《必要的革命》(与劳尔、施莱等合著 2008)	学习型组织之父
鲍勃·特里克	《董事》(1996)、《董事与公司治理》(与特利科合著，2003)、《公司治理》(2009)	董事会、董事与公司治理的关系，经理革命及企业制度的研究大师
梅雷迪思·贝尔宾	《团队管理：他们为什么成功或失败》(1981)、《团队的工作作用》(1993)、《组织的未来形状》(1996)、《超越团队》(2000)、《别用权力管理》(2002)	团队角色理论之父

续表

姓名	代表作	影响力
戴夫·尤里奇	《组织能力：来自组织内外的竞争》（与雷克合著，1990）、《无边界组织：打破组织结构的锁链》（与阿什克纳斯等合著，1995）、《人力资源教程》（1996）、《人力资源管理新政》（1998）、《人力资源管理的未来》（与罗西等合著，1997）、《基于结果的领导》（与斯莫尔伍德等合著，1999）、《人力资源计分卡：联结人员、战略与绩效》（与布莱恩等合著，2001）、《人力资源价值新主张》（与布洛邦克合著，2005）、《领导力品牌》（与斯莫尔伍德合著，2007）	人力资源领域的管理大师，人力资源管理的开拓者
吉姆·柯林斯和杰里·I. 波拉斯	《基业长青》（柯林斯与波拉斯著，1994）、《从优秀到卓越》（柯林斯著，2001）、《最高目标》（柯林斯与迈克尔·雷著，2004）、《最后的最好的联盟》（柯林斯著，2004）、《成功长青》（波拉斯与汤普森、埃默里著，2006）、《再造卓越》（柯林斯著，2009）	企业可持续发展与卓越组织研究大师
马文·鲍尔	《管理意志：通过制订管理计划获得企业成功》（1966）、《领导意志：通过领导者网络管理经营活动》（1997）、《组织架构：促成众人同心协力的利器》（2003）	现代管理咨询之父、领导特质理论的提出者
加里·哈默尔和 C. K. 普拉哈拉德	《企业的核心竞争力》（1990）、《竞争大未来》（1994）、《战略弹性》（1999）、《领导革命》（哈默尔著，2000）、《金字塔底层的财富》（普拉哈拉德著，2004）、《管理大未来》（哈默尔著，2007）、《新时代的创新》（普拉哈拉德著，2008）	战略管理大师，核心竞争力理论的创始人

续表

姓名	代表作	影响力
W. 钱·金和勒妮·莫博涅	《蓝海战略》(2005)	蓝海战略创始人
野中郁次郎	《创造知识的企业：日本企业持续创新的动力》(与竹内弘高著，1995)、《改革公司》(1997)、《知识创新：价值的源泉》《运用知识创新》(与科鲁夫等著，2000)、《管理产业知识：创造、迁移与利用》(与蒂斯著，2001)、《创新的本质》(与胜见明著，2004)、《知识管理》(2005)、《知识创新与管理：管理者面临的新挑战》(与立花政夫著，2006)、《管理流：基于知识公司的过程理论》(与远山亮子等著，2008)	知识管理理论之父、知识管理的拓荒者
安妮·布鲁金	《第三资源：智力资本及其管理》(1996)、《商业存储：知识管理的策略》(1998)	知识管理学家，智力资本的提出者
托马斯·H. 达文波特	《新工业工程：再造与信息技术》(与索特著，1990)、《过程创新：通过信息技术实现再造工程》(1993)、《营运知识：工商企业的知识管理》(与普鲁萨克著，1997)、《把握e时代》(与普鲁萨克著，1997)、《注意力经济》(与贝克著，2002)、《最优理念》(与普鲁萨克、威尔逊著，2003)、《思考生存：如何优化知识员工的绩效和成果》(2005)、《数据分析竞争法：企业赢之道》(与哈里斯著，2007)、《智能公司：循证管理成功的五个步骤》(与玛尔著，2010)	流行再造理论创始人之一，新兴知识管理运动的缔造者

续表

姓名	代表作	影响力
克雷顿·M. 克里斯特森	《创新者的窘境》(1997)、《出路与困境》(2003)	创新管理学科创始人,"颠覆性创新"与"颠覆性技术"理念创始人
安田龙平(出生年月不详)	《企业倒闭:原因和对策》(1996)	企业倒闭研究权威
史蒂芬·R. 柯维	《高效能人士的七个习惯》(1989)、《领导者准则》(1992)、《要事第一》(与梅里尔等著,1996)、《高效能人士的第八个习惯——从效能迈向卓越》(2004)	美国管理学大师、领导理论专家
迈克尔·哈默和詹姆斯·钱皮	《企业再造:企业管理革命的宣言》(1993)、《再造革命》(哈默与斯坦顿著,1995)、《再造管理》(钱皮著,1995)、《超越再造》(哈默著,1996)、《企业行动纲领》(哈默著,2001)、《企业X再造》(钱皮著,2001)	企业再造和业务流程理念的创始人,其中哈默被誉为"企业再造之父"
罗伯特·S. 卡普兰和戴维·P. 诺顿	《平衡计分卡:业绩衡量与驱动的新方法》(1992)、《平衡计分卡:化战略为行动》(1996)、《战略中心型组织:如何利用平衡计分卡使企业在新的商业环境中保持繁荣》(2000)、《战略地图:化无形资产为有形成果》(2003)、《组织协同:运用平衡计分卡创造企业合力》(2006)、《平衡计分卡战略实践》(2008)	平衡计分卡创始人

分析组织管理理论形成与发展史,可以看出,组织管理理论主要沿着三大主线发展。一是关于组织的结构。包括组织的工作部门划分与协调问题,如何设计提高工作效率,如何设计适应组织战略,

如何设计适应复杂多变的环境一直是组织设计研究的主题。“组织理论之父”韦伯提出理想的官僚组织，强调组织的规则、能力和知识，为社会发展提供合乎理性的管理体制，在今天仍是各类组织较普遍运用的组织结构。但是当组织发展到一定阶段，某种程度上存在的过分重视集权与等级、人际沟通不畅所导致的人浮于事，效率低下，也引起人们诟病。经济社会与技术不断发展，推动组织理论也在不断发展，组织结构经历了从简单的直线制结构到与直线职能制、事业部制和矩阵制等复杂多样的组织结构并存，从机械组织到与有机组织并存、从实体组织到与虚拟组织并存、从单一组织到与联盟组织并存等的逐渐演变过程。二是关于组织效率或绩效提升。泰勒提出了提高生产率的科学管理四项原则：标准化管理、激励式（计件）工资、计划与执行分开和劳资双方合作，增加财富，劳动者增加收入，劳资双赢。科学管理思想对组织的构建、推进制度管理上的影响在今天来看仍具有重要意义，但泰勒强调个别作业效率，忽视了企业的整体功能，基于经济人假设，视人为器，容易遭到人们的抵触。以梅奥为代表的人际关系学派发现了人际关系对提高劳动生产率的作用，开启了重视人的因素的时代，并促进了人本管理、自我管理、参与管理等管理模式的产生与发展，对现代企业发展仍具有重要的意义，但是其又过于强调人的情感心理因素，而关注理性、制度等因素不够，此后在管理学家和社会心理学家等努力下，行为科学蓬勃发展，关注员工个性特征（如价值观、性格、兴趣、能力等），创建相适应的组织文化，提升员工的组织忠诚度、组织承诺，引导员工行为，挖掘员工潜力等，被发现在提升组织绩效，实现组织目标中发挥着重要的作用，围绕这一主题，学者们相应地展开了关于绩效的评价及影响因素相关研究。因此“组织行为学”也成为经济管理知识体系中的核心课程。三是关于组织的发展研究或者说存亡研究。相对前两条主线的研究，其出现较晚，这可能与全球化进程加快，竞争更加激烈有关。这方面研究视角众多，有的学者基于美国企业和日本企业的比较研究，总结日本企业管理经验，提出相应的理论，如威廉·大内的Z理论、帕斯卡尔与阿瑟斯的卓越公司7S分析框架、彼得斯和沃特曼的《追求卓越》等；有的从战略方面进行研究，如波特的竞争战略等；有的从学习型组织、资源和能力等方面进行研究，如彼得·圣吉等；有的从组织变革进行研究，如哈默和钱皮的流程再造等；还有的如安田龙平研究倒闭企业，分析企业倒闭的原因和对策，从反面提出企业如何生存和发展。

总体来看，中国组织管理思想更多地重综合、重整体、重亲情、重集体，西方组织管理思想则偏向于重分析、重规范、重理性、重个人。因此，虽然中国组织管理思想溯源很早，管理哲学丰富而深邃，但系统性理论形成相对较晚，在相当长一段时间是西学东渐，但是中国学者在引进西方组织管理理论后，结合中国的经济社会建设特别是改革开放以来的伟大实践，古为今用，洋为中用，创新发展，形成具有中国特色的组织管理理论，如华为的“灰度管理”、海尔的“内部模拟市场”理论等，随着世界对中国的组织管理思想越来越了解，中国的管理理论与管理实践不断丰富，中国的组织管理思想正走向世界，并不断创新发展。

第二章

组织构造理论的形成与发展

▲

CHAPTER 2

第一节　组织构造理论的发展演变

每个组织都具有三个共同特征：明确的目标、人和系统性安排（罗宾斯，1979）。为了实现企业所设定的目标，必须建立权力的正式机构和组织体系，以便对各个工作部门加以安排、规定和协调（古利克，1937）。构造是指各个组成部分的安排、组织和相互关系（中国社会科学院语言研究所词典编辑室，2006），这主要体现于责权分配和层次结构。组织的有效性取决于内部的一致性，即相关的情景、结构和战略要素形式的匹配（Doty 等，1993），故不同的组织构造也必须对应于不同的环境和战略目标，组织构造建立于权变基础上。因此，本书界定的组织构造理论是：在特定的环境中，为了实现组织特定的目标，有关组织要素、组织架构及其相互关系等学说的总和。组织体系包括整个组织的组织目标、组织结构设计、组织运转和组织协调等；组织运营要素则主要包括组织资源和组织能力等，鉴于组织成员是组织最重要的资源，本书将单列组织行为一章，进行研究。本章则主要在总体分析组织要素的基础上，重点阐述组织目标、组织结构设计和资源理论、能力理论等发展演变。

一、组织要素

（一）组织要素的内涵

组织要素是任何一个组织必定存在的基本构成，是指组织生存和发展的必备要件。组织要素既包括静态的组织体系要素，也包括动态的组织运营要素，其中人是组织中最重要的要素和资源，组织成员的个性特征、行为直接影响组织绩效，影响组织目标达成。

组织要素的特征决定了每个组织的结构类型、特定的功能和组织独有的属性及特点。组织系统中的各要素之间相互联系、不可或缺，并且随时间及组织内外部环境的变化而改变。组织要素在不同的发展时期，其内涵也不同。了解和研究组织要素的发展历程，能够帮助管理者了解组织成员、要素之间的关系，在动态的变化环境中调节和预测组织目标。组织要素理论的发展经历了古典组织要素理论阶段和现代组织要素理论阶段（谭燕，2007）。

（二）组织要素的发展演变

1. 古典组织要素理论

组织理论最早形成于20世纪初期，该时期主要侧重于静态的组织体系研究，注重组织效率，因此也被称为古典组织理论。古典组织理论中的主流、也最具有代表性的理论是马克斯·韦伯的科层组织理论。该理论强调权力在组织中的基础性作用，认为权力是组织实现其目标的基础，没有这个基础，组织的目标就不可能实现，并且他认为只有合理的、法定的权力才适合作为组织的基础。他指出人类社会存在三种形式的权力：传统的权力、神授的权力、法定的权力（W. 理查德·斯科特，2011）。

（1）传统的权力

这种权力来源于世袭传承或者传统习俗。韦伯认为，人们对传统的权力的服从是源于上位者具有传统权力优势地位，主要表现为习惯上的忠诚，与个人秩序无关，同时处于优势地位的上位者也会受到传统的制约，上位者的作用主要是为了维护传统，进行传承，效率相对低下，所以不适合作为组织的基础。

（2）神授的权力

这是一种因社会背景、个人品质、魅力、影响力等因素而得到他人的信任、尊重和服从的权力类型。在组织中，区分管理者和领导者的关键一点就是看其是否具有神授的权力，而要成为领导者就需要具备神授的权力。这种权力具有非理性的特点，权力依据不是正式组织的规章制度，而是带有浓厚色彩的个人情感，这种权力也不适合作为组织的基础。

（3）法定的权力

这是一种正式的权力，也叫制度权力，权力依据是正式组织中的规章制度，与个人的管理职务有关，拥有这种权力的人通常称为管理者。韦伯认为这种权力相对比较公平公正，只有这种权力才能作为组织的基础。原因在于：第一，保证管理活动的秩序；第二，为组织选拔人才提供基础；第三，权力应该关进制度的笼子里。

在上述基础上，韦伯勾勒出一套理想的官僚组织体系，这是一种高、尖、细的层层控制的金字塔型的组织结构。在这种组织结构中，完全以规章制度、准则为指导，组织成员之间只有对事的关系。以韦伯为代表的古典组织要素理论认为在某种制度下形成的组织结构及以一定权力范围内为基础实现的组织目标共同构成了静态的组织体系，其中权力和权力的源泉——制度就是最基本构成要素，权力是基础、是隐性的要素，而规章制度是根本、是显性的要素。

2. 现代组织要素理论

20 世纪 30 年代以后，组织理论蓬勃发展，组织的研究重点由静态体系要素转向了动态运营要素，组织理论研究进入现代组织理论阶段。该理论与古典组织理论不同，更强调组织与内外部环境的协调适应，研究内容也出现多样化的趋势，包括组织资源、组织环境等要素。具有代表性的是社会系统学派和系统管理学派。

（1）社会系统学派

美国著名的管理学家巴纳德（Chester Irving Barnard）是该学派的创始人，他认为组织就是有意识地去协调两个以上的人的活动的一个整体。他把组织看成是社会大系统、是一个整体，组织中的每个人是整体的一个部分，各部分相互协作形成系统或整体，以实现组织的目标。根据熵增理论可知，组织成员需要与外部环境进行沟通交流，以维持组织的存在，同时也能实现组织和个人的目标。由此，他首次分析了组织的构成要素，提出所有的正式组织都应该包括三个基本要素：信息联系、协作的意愿和共同的目标（方振邦等，2016）。这三个要素相互联系，缺一不可。

该理论学派认为，组织中各要素通过协作配合可以完成各要素单独无法完成的目标，即“1 + 1 > 2”。这种观点反映了组织的部分本质，但是也有局限性。第一，组织的研究还是局限于内部，认为组织是一个社会协作大系统，各组织要素是这个系统内的各个部分，忽视了组织系统外部的要素研究；第二，过分强调人在组织中的作用，忽视了其他要素如组织结构，只是用部分来代替整体，对组织的理解还停留在表象。此外，组织要素划分时未将信息联系与组织成员作显著区分，我们认为应该进一步分为信息联系、组织成员两个要素。

（2）系统管理学派

系统管理理论出现于20世纪70年代，由卡斯特（F.E. Kast）和罗森茨韦克（J.E. Rosenzweig）等人在一般系统理论基础上创建而来。该理论把组织管理看成是一个系统，运用信息论、系统论，以实现组织管理的优化，也被西方称为最新的管理理论，其核心是通过运用系统的方法来分析组织管理系统。该理论的观点主要可概括如下。

① 组织系统包括：目标与价值子系统、技术子系统、社会心理子系统、组织结构子系统和管理子系统（F.E. Kast 等，2000），这五个子系统就是组织的构成要素。

② 组织是一个由各个子系统相互联系构成的开放式的整体系统。

③ 用系统的观点分析组织管理，可以提高组织效率。

组织要生存和发展，既要保持内部的静态均衡，也要保持与外部的动态均衡，与外部环境相互交流和相互作用，保持组织系统的生命力。该理论对组织要素的划分一定程度上揭示了组织的部分特征，但是也存在一定的局限性，划分各子系统的依据模糊不清，各系统之间相互交叉、相互联系、不可分割。

二、组织目标

目标是组织形成的根本目的，实现既定目标，是组织管理的主要内容。目标也是组织管理者设定计划的基本依据，合理、科学的计划能够预测组织未来的发展。组织管理者选择了正确、可执行的目标方向，就能更高效地利用现有的组织资源（人力、物力、财力、关系），实现组织应有的价值。这部分主要介绍组织目标及目标的性质、分类、目标管理的过程及组织目标的发展演变。

（一）组织目标的内涵

1. 组织目标的概念

组织目标是静态组织体系中必然存在的要素，是组织建立的最终目的。组织目标，就是组织内所有组织成员的共同任务，是所有组织成员的共同愿望。任何组织建立之前的首要任务是确立组织目标，如果没有既定的目标，就不可能形成具备效率的组织。营利性企业的目标是向既定用户提供满意的产品和服务，以达到利润最大化；服务性机构的目标是努力提高办公效率，更好地为民众服务。组织目标是组织管理目的的具体化表现，表现为组织在管理过程中所追求的结果。

2. 组织目标的性质

目标是组织管理者对组织活动的主观设定，是管理者思维中的一种设想，也是组织活动的目的，为组织运行确定明确方向。组织管理目标具有如下特征：网络性、层次性、多样性、可实现性、可考核性。

（1）网络性

任何组织都是由多个组织成员、部门构成，组织成员之间、各部门之间相互协作形成有机整体，形成一种相互促进、相互联系、相互制约的关系。各种目标相互衔接与协调，才能保证组织活动的效率与效果，使组织高效运转。

（2）层次性

从影响层面分析，组织目标可以分成三个层次：社会层面、组织层面和个人层面。社会层面，即组织目标与社会发展和市场需求相符合；组织层面，组织目标与企业或系统自身发展策略相符；个人层面，即组织目标满足了组织管理者的个人需求，也是组织最低层次的目标。

（3）多样性

在组织形成的初期，组织会确定一个主要目标。随着组织的发展和演变，组织需要确定多个目标来完成其主要目标。除了主要目标外，还有次要目标，对各个目标的相对重要性和完成时间序列做出合理的划定尤为重要。

（4）可实现性

北美著名管理学家和心理学家维克多·弗鲁姆提出的期望理论，认为组织成员在某项具体工作中的努力程度是期望值和效价的乘积（马仁杰，王荣科，左雪梅[42]，2013）。期望值是指组织成员对采取某一行动实现某种预期成果的概率；效价是指某种预期成果给组织成员带来的满足程度。

（5）可考核性

目标考核的途径是将目标量化。目标的合理性因个体差异而有所不同，对组织管理者来说，看似合理的目标，可能完全不被他人认同。

3. 组织目标分类

组织管理目标的不同属性，使目标表现出不同的类型，如主要目标及次要目标，长期目标和短期目标，控制性目标和突破性目标，定量目标和定性目标，明确目标和模糊目标等。

（1）主要目标和次要目标

从政府和组织计划目标的侧重点讨论，目标的设定可分为主要目标和次要目标，两者相辅相成，缺一不可。主要目标在某种程度上是组织最终目标，它的存在、发展影响着其他目标的存在和发展。次要目标则是围绕如何完成主要目标而设定的目标。

（2）长期目标和短期目标

从完成目标的时间长短来划分，组织的目标可分为长期目标和短期目标。当目标完成的时间需要 5 年或 5 年以上时，可称之为长期目标；目标完成时间在 1 ～ 5 年，则称之为短期目标。在具体的目标制订中，长期目标往往是由短期目标构成，任何长期目标的实现必然是由近及远的一个过程。

（3）控制性目标和突破性目标

控制性目标是组织管理者在预期内能够达到或维持的生产水平，

也可理解为计划内目标；突破性目标是超出组织现有生产能力或经营水平线之外所要完成的组织任务。

（4）定量目标和定性目标

在组织管理中，一部分目标设定无法用具体的数量来表示，在此种情况下组织的目标可采用定性法来设定。定性目标更多地出现在政府组织中，有时提出一个定性目标可能比一个定量目标更能让组织处于主动地位。

（5）明确目标和模糊目标

目标明确既有利于设定计划，也有利于控制计划。在组织管理过程中，不能没有目标，但在某些特定时刻也不宜设定太过于具体的目标，组织管理者可以考虑设定较为模糊的目标。如企业经营过程中销售额增长的设定，具体的增长数字设定太高或者太低都有可能是一种不合理的计划。将增长数字换作往年同期的百分比也许能实现更好的效果。

4. 目标管理过程

孔茨认为，就整体而言，整个目标的管理是一个全面而系统的过程。有效的目标管理能将许多关键性的管理活动连接起来，并且能够高效地实现个人目标和组织目标。通常情况下，目标管理的过程开始于组织的最高层。

（1）制订目标

组织管理者在设定目标时要设定衡量目标完成情况的标准。如目标的量化、考核目标完成情况的方法，考核的具体内容包括但不限于时间跨度、成本消耗、数量及质量的评测等衡量标准。在目标设定初期，就要将相应的衡量标准写到目标完成情况中。

（2）明确组织的作用

当组织中的每个目标及其子目标都有明确的人来承担责任时，

情况就比较理想。但是，现实中很难建立一个这样完美的组织结构，使得每个目标及其子目标都有对应的人负责。因此，组织在实现目标的过程中就要发挥协调作用。

（3）成果评价

组织管理者对目标完成的成果评价是组织运行过程中的一个必不可少的环节，是组织成员在执行目标的过程中，组织管理者对被管理者的工作做出客观评估的管理活动。评价目标完成度的方式发生在设定目标任务的初始阶段，目标成果评价贯穿于任务执行全过程。

（二）组织目标的发展演变

随着时代的变化和社会环境的发展，组织的目标也随着所处环境的变化而不断调整，在这里，我们主要介绍企业目标的发展演变。从历史的观点看，结合企业价值观的发展变化和企业社会责任的大小，企业的目标经历了四个阶段的发展。

1. 工业化初期

这一阶段，企业追求资本的原始积累，为了不成为空想社会主义的典型，不与当时的社会环境脱节，剥削压榨工人情况盛行（周三多等，2018）。该阶段企业的目标就是实现股东利润最大化。

2. 工业化中期

这一阶段，企业资本的原始积累已基本完成，工人维权意识也提高，罢工运动和维权运动高涨，为了提高企业生产率，维护企业正常的生产秩序和运转，企业不得不采取科学管理的方法进行生产，此时企业的目标既要追求企业利润最大化，也要兼顾到员工的利益。因此，工作环境得到改善，工人的工资得到提高，社会福利保障体系也更加完善。

3. 工业化后期

发展到工业化后期，大批中产阶级已成为社会的主体（周三多等，2018），市场服务业需求旺盛，各种产品的买方市场出现，企业为了更好地生存和发展，提高市场竞争力，需要更多关注利益相关者的利益。利益相关者包括股东、员工、顾客、供应商、政府等受企业决策和行动所影响的一切相关者。

4. 后工业化时期

伴随着工业化进程加快，企业长期以来忽视环保，高能耗、高污染、粗放式经营所带来的对环境的负面影响也显现出来：以生态环境为代价换取经济的发展已经严重破坏了地球生态的平衡，大量不可再生资源的消耗，温室气体与污染物的排放，导致全球气候变暖、自然灾害频发，引发全人类的深思。我国坚决反对以破坏环境为代价追求 GDP 增长的行为并提出了经济高质量发展战略，因此企业目标不能片面地追求经济的增长，而是必须重视保护环境和增进社会福利。

现阶段，我国因工业化时间较短，大部分企业仍处在第二、第三阶段，但是全国也有相当一部分企业已经达到第四阶段。企业目标越往后一阶段发展，就越需要重视企业的社会责任。

三、组织结构

（一）组织结构的内涵

组织结构是描述组织的框架体系，是组织中任务和工作关系的正式系统。人的骨骼结构决定了人的体型，组织亦是由结构决定其形状。组织目标能否顺利实现在很大程度上取决于组织结构是否合理。合理的组织结构有利于关系协调，资源配置优化。组织结构设计是一个长期变化的动态过程，组织设计的任务是提供组织结构系统图和编制职务说明书。为了保证实现最好的效果，组织设计要以一定的规律逐步进行，在整个设计和改变过程中包含了较多的工作内容。组织设计要坚持因事设职与因人设职相结合的原则、权责对等的原则、命令统一的原则（周三多等，2018）。

企业为了在市场中进行竞争，需要找到一个适应所处环境的组织架构。合理的组织架构既是一种管理方式，也是实现经营战略的主要工具，根据组织战略的不同，组织架构的设计也有所不同。组织管理者一旦制定或改变战略，组织设计也会做出相应的调整，以适应战略实施要求。

著名管理学者钱德勒提出：战略决定结构。例如，组织计划执行单线经营或进行低成本战略时，要求组织的架构既能保持较低的运营成本，又能保证整体运作效率，此时的组织可以选择拥有相对较高集权度的直线型架构模式。当组织计划采用多元化产品经营战略时，事业部形式可帮助组织提供更多的产品和服务，使组织架构更具灵活性。在多元化组织架构模型下，各业务层次之间联系较少，几个核心业务可以并行管理，这样才能更好地实现多元化战略管理。

组织的内部特征会受到组织战略选择的影响。组织结构的设计必须与组织的战略结构一致（理查德·达夫特[43]，2017）。表 2-1 概括了与波特、迈尔斯和斯诺的战略相适应的组织设计特征。

表 2-1　与波特、迈尔斯和斯诺的战略相适应的组织设计特征

波特的竞争战略	迈尔斯和斯诺的战略分类
差异化战略 ● 学习导向；灵活、宽松的行为、强有力的横向协调 ● 强大的研究开发能力 ● 密切联系客户的价值观和行动机制	探索型战略 ● 学习导向；灵活、机动、分权的结构 ● 强大的研究开发能力 防御型战略 ● 效率导向；集权和严格的成本控制 ● 强调生产效率和低管理费用

续表

波特的竞争战略	迈尔斯和斯诺的战略分类
• 鼓励员工发挥创造性、冒险和创新 成本领先战略 • 效率导向；较强的集权、严格的成本控制、频繁详细的控制报告 • 标准化操作程序 • 高效率的采购和分销系统 • 严密的监督；常规任务、很少向员工授权 专一化战略 • 以某特殊顾客群、某产品线的细分区段或某市场为主攻目标 • 满足特殊对象需要 • 更高效率、更好的效果为某一特殊对象服务 • 差异化战略和成本领先战略的体现	• 严密的监督；很少向员工授权 分析型战略 • 效率和学习相平衡；在进行严格的成本控制的同时保持灵活性和适应性 • 产品的高效率生产；同时强调创造性 • 研究及冒险的创新行为 反应型战略 • 没有明确的组织形式；根据现实情况的变化，组织设计特征会发生急剧改变

资料来源：迈克尔·波特. 竞争策略［M］. 台北：天下文化出版公司，1998.

（二）组织结构的发展演变

从组织纵向发展历史来看，组织结构类型在不断创新、发展中完成了结构的演变，逐渐由传统的直线制转变为当前较为流行的事业部制等结构形式。在知识经济时代下，高、尖、细的锥形组织结构已经无法满足现代企业管理的需求，面对激烈的市场竞争，组织结构需要更具有灵活性和弹性的特点。现代组织更善于使用流程再造、架构重组等方式，以业务流程为再造对象和中心，以关心客户的需求和满意度为其目标，对现有的业务流程进行再设计和思考。主要包括五个关键阶段：① 观念再造；② 流程再造；③ 组织再造；④ 试点和切换；⑤ 实现战略。其中第二阶段是核心阶段。现代化组织结构的全新转变，使得企业在经营成本、服务质量和运营效率上有了巨大改善，更好地体现了现代组织以服务客户为目标的特征。

组织结构类型发展主要分为早期阶段的直线制组织结构、19世纪末20世纪初期的U型组织结构、19世纪后期至20世纪70年代的H型结构、20世纪70年代后的M型组织结构四个发展阶段。此外，本部分还简要介绍了矩阵型组织结构及家族企业的组织结构。

1. 早期阶段

组织主要以业主制和合伙制的形式存在。传统模式下的组织结构一旦确定，将在较长时间内保持不变。作为传统组织结构的典型形式，直线型的管理模式特点是一级对一级负责，机制简单，责权分明。组织管理者拥有较高的权威，便于统一管理的直线制结构提高了内部专业化程度。同时，这样的组织结构也使得组织运行过程中的绝对权掌握在少数的高层管理者手中。

直线制组织结构有利于缩短组织内部上下级之间的距离，垂直的管理模式使命令传达速度更快。此外，由于管理幅度更大，组织管理者具有更多的自主性、积极性和更高的满意度。传统组织结构的优点主要体现在：① 指令下达速度快，失真小；② 组织管理者能更好了解组织基本情况；③ 管理者和组织成员之间有利于形成更大的集体，解决更复杂的问题；④ 组织管理层需要处理的工作量更多，同时也倾向于将任务下派；⑤ 传统的组织结构设计注重严格的层次结构，便于组织在维护稳定性和可控性的前提下，实现组织目标。

在传统组织结构中，组织管理者管理范围广，组织权力下放后，较难进行控制，增加了组织中的人员协调成本。相对于现代企业经营环境而言，传统的直线制组织结构存在一定的缺点：管理范围较大、工作任务重、精力分散，很难对组织成员进行深入的管理；在组织结构中，对监管职能要求更高，管理的范围大且更加全面；直线制结构中上级和下级随着组织规模的扩大，高效的沟通协调变得更加难以实现；过分强调组织管理者对组织成员的控制作用及组织层级的严格性，不利于充分调动组织成员的积极性和创造性，使组织失去一定的灵活性。

2. 19 世纪末 20 世纪初期

此时，西方较大规模的组织通常采取一体化的职能结构，即按职能划分、纵向（垂直）一体化的 U 型结构。直到 20 世纪 60 年代，高度集权式的 U 型组织结构一直都是被使用较多的主流组织形态。

U 型组织结构通常分为两种形式：一是职能结构；二是直线职能制结构。U 型组织结构最大特点是等级制度观念严格，自上而下由领导层集中控制职能部门与业务部门（贾云博，2020），U 型组织结构在组织达到一定规模后，依旧能够保持一定的效率。此类组织形式适用于产品线较窄、市场稳定、需求价格弹性较大的市场环境。

3. 19 世纪后期至 20 世纪 70 年代

H 型（H-form）组织结构，也叫作控股公司结构，最初出现于 19 世纪后期（郑江绥，2003），这种结构严格来说并不是一个企业的组织结构形态，而是属于企业内部分权的一种形式。由于大工业生产的发展，市场出现寡头垄断企业，企业之间为了避免激烈的竞争，同意以统一的定价和生产行动来达到利润最大化，即采取卡特尔的形式。但是卡特尔是不受政府保护的非法组织，所以企业开始寻求更合法的控股形式，这就是 H 型组织结构的由来。

H 型组织结构中，企业母公司和子公司不是传统组织结构的上下级关系，而是资产上的利益联结关系。母公司和子公司之间并不是一种管理上的控制关系，而主要是凭借拥有更大比例的股权，以获得重大事件的表决权利。因此，H 型结构的公司内部比较松散，缺乏清晰的规划和战略，母公司对子公司的控制难度也更大，控股公司的成本增加。因此，20 世纪 70 年代以后这种组织结构逐渐被 M 型组织结构取代。

4. 20 世纪 70 年代以后

M 型组织结构亦称事业部制或多部门结构，最早是由美国通用汽车公司总裁斯隆于 1924 年提出的，是现代企业管理中使用较为普遍的一种组织结构。事业部制也称产品部或战略经营部，其以一种更独立的单位存在于组织内部。M 型组织结构通常以地区或所经营的产品和服务来划分，形成一个部门，在这种组织结构形式下，每个部门或事业部具备更大的自主权，事业部管理者对所管辖单位的经营成果负责，拥有更大的决策权。

M 型组织结构又可细分为三种类型：① 产品事业部结构（Product Division Structure）；② 多事业部结构（Multi-division Structure）；③ 矩阵式结构（Matrix Structure）。

5. 矩阵型组织结构

随着组织分工细化、组织结构扁平化发展，越来越需要临时组建各种专门知识的人才来完成某一项具体工作和任务，矩阵组织就是这样的一种组织结构。矩阵型组织是一种纵向与横向相互交叉的组织结构，纵向是职能部门，横向是项目部门。在项目系统中，没有固定的组成人员，而是根据业务的完成进度和工作需要从纵向的职能部门中抽取人员，当这些人员完成与自己相关的工作后，就继续回到原职能部门中工作。为了完成特定的计划，矩阵型组织中每个产品或项目小组都设定独立的管理者，由组织最高管理层直接领导。

矩阵型组织结构的特点是，其所拥有的核心资源可供组织之间相关联的所有部门或项目使用，从而提高组织内整体的资源利用率。在这种组织结构中的成员通常具有共同的知识背景，相互之间能更好地交流学习，组织成员将自己的知识应用于矩阵型结构中的不同部门或项目中，各职能部门间的成员通过横向交流，能够更好地协同，同时又在其他项目或组织成员中获取新的知识和技能，形成个人和组织共同发展的良性循环。

6. 家族企业治理的“三环”模型

20 世纪六七十年代，专家学者们对家族企业进行了系统研究，认为家族企业实际由两个有部分重叠的子系统（环）构成，即家族与企业。两个子系统分别有各自的行为标准、成员身份规则、价值体系和组织结构。但若是两个体系有重叠就会导致同一个体需要履行两个系统的职责，比如，一个人既是企业的总裁又是家里的父亲。因此，Gersick 在此基础上进一步发展，并于 1998 年在《家族企业的繁衍》一书中首次提出了家族企业的“三环模型”概念。三环模型是指由企业、所有权、家族构成的三个相互独立又相互交叉的家族企业系统（周菲等，2017），其用三个环形表示，如图 2-1 所示。

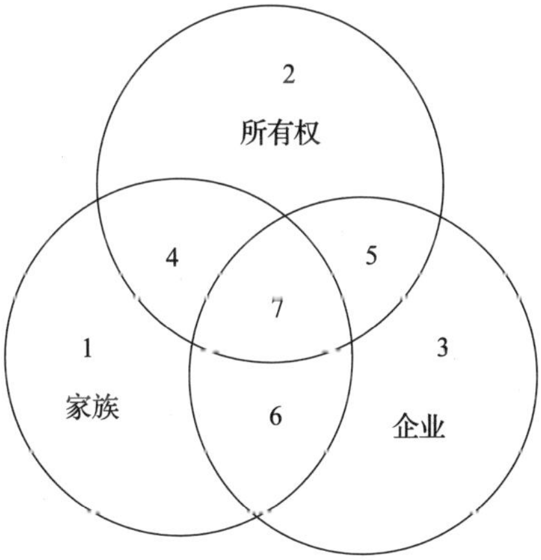

图 2-1 家族企业治理的“三环”模型

在图 2-1 中，可将三环模型分为 7 个区域，家族企业的每一名利益相关者都可对应到某个特定的区域中。

1 区：家族成员，不在企业内工作，没有企业所有权。

2 区：非家族成员，不在企业内工作，有企业所有权。

3 区：非家族成员，在企业内工作，没有企业所有权。

4区：家族成员，不在企业内工作，有企业所有权。

5区：非家族成员，在企业内工作，有企业所有权。

6区：家族成员，在企业内工作，没有企业所有权。

7区：家族成员，在企业内工作，拥有企业所有权。

（三）组织结构演进的新趋势

分工和分层是组织结构不断演变的底层逻辑。最初，组织因分工而产生，随着分工的不断深化，组织出现了不同的职能部门和管理层次，这些变化形成了组织的层次。

1. 组织结构虚拟化趋势

随着信息技术的发展，组织结构趋向于虚拟化。无论是从节约成本，还是从信息技术带来的便利的角度考虑，虚拟化的组织只保留较小规模的核心成员，其他职能部门则以协同合作或远程办公的形式出现，诸如战略联盟、基础部件制造、网络营销等。组织结构虚拟化具有更高的灵活性、更广泛的技术合作范围等特性，能够较好地适应内外部环境的变化，因此被许多跨国公司所采用。

2. 组织边界模糊化趋势

20世纪90年代，企业国际化加速了跨国公司数量的增长，组织边界的模糊化现象最早出现在跨国企业中。组织边界的模糊化使得跨国企业在全球战略方面不受地缘边界的约束，总部或核心部门可以设立在世界上任何一个国家，产品研发、生产、营销等环节可根据企业战略要求分布在世界任何一处。组织管理者以“全世界”为业务范围，而非某一特定的地区或国家。组织网络化也是打破组织边界的一个趋势，形成网络化主要源于内外部经济环境的驱动。其他原因还包括：① 专业化分工使生产效率更高；② 能在组织规模不大的条件下获得规模经济；③ 有利于技术创新与技术应用；④ 能有效地扩展市场（潘松挺、姚春序[44]，2011）。

许多跨国公司全球化的经营策略很好地验证了组织边界模糊化的趋势，如美国通用电气公司前 CEO 杰克·韦尔奇在早期进行管理的时候就提出了“无边界企业”的管理理念。韦尔奇在担任通用电气 CEO 期间对企业进行了无边界化的改革。首先，从纵向减少管理层级，以此减少官僚主义和等级制度对管理造成的危害；其次，创立听证会制度，使信息沟通的渠道更加通畅，去除官僚化，更有利于将组织设置在世界各个国家。

3. 组织管理知识化趋势

在知识经济时代，有三种力量推动着组织管理知识化的趋势。一是信息技术的飞速发展。随着信息技术的进一步发展，人工智能、大数据在组织管理中的应用，管理方式数字化的趋势也在不断凸显。二是随着组织从自然资源和人力资源逐步转向智力资源，组织必须评估如何最大化利用自身所具备的知识资源。三是构建学习型组织。在组织管理知识化的趋势中，组织管理者需要将学习意愿和学习能力作为一种组织文化和制度，促进组织成员在获取新知识、创造新知识的过程中，将知识转化为组织的生产能力。

1999 年世界经济论坛上的调查研究表明，当时的组织管理层会将知识转化作为今后管理实践中非常重要的一项工作。不少发展中国家、发达国家的组织出现了一批新式高级经理人，他们被冠以“知识主管”的头衔，其中一项主要职责就是带领组织成员获取知识并最大化利用知识创造效益。芬兰的诺基亚，美国的通用电气、可口可乐等公司，在实行了知识管理后获得了强大的创新能力和良好的经济效益。

4. 组织运行电子化趋势

组织运行电子化即大数据时代的企业数字化转型。随着互联网的普及，数字化消费场景已成为人们生活的常态，信息化、智能化改造等数字化融合场景，持续推动生产力的发展和进步（王化成等，2020）。无论是传统的企业[①]还是专业的互联网公司都正在利用数字化资产提高自身竞争力。组织管理者也深刻认识到，大数据、人工智能技术在获得和保持行业竞争优势中起到了举足轻重的作用。传统零售业巨头沃尔玛在数字经济初期就开始了数字化转型之路，其与 80% 的顾客会员建立了数字化链接，不断积累和分析顾客数据，越来越了解顾客的消费行为，赋能自身品牌的同时不断提升顾客购物体验。

5. 组织结构生态化趋势

生态化的组织就是要关注组织成员接收到的、有可能会对其工作产生影响的一切要素，包括招聘、激励、办公环境、企业文化、工作流程、公司制度、正式和非正式组织关系等，甚至细化到员工的工作和生活习惯、员工座位的间距等（王汉等，2020）。

互联网时代，组织结构的生态化发展已成为趋势。组织之间的竞争，也变为组织生态与生态间的竞争（吴玉玲，2020）。纵观现代许多知名企业，无论是新兴企业还是传统型的企业都具备生态型组织的特点。新兴企业如韩都衣舍、Uber 等在成立时就带有生态型组织的特点；传统型企业如海尔、华为等也通过变革，逐步建立适应新经济环境的生态型组织（长城企业战略研究所，2018）。此外，受新冠肺炎疫情的影响，全球范围内各行各业都受到不同程度的影响，许多企业开始尝试以远程移动办公替代传统的现场工作模式。未来的企业更需要打造适合“新发展格局”环境的生态化组织结构。

① 参阅罗卫华 2018 年在《产业与科技论坛》上发表的《我国汽车产业发展现状与组织结构调整》。

第二节　组织构造主要理论

随着组织构造理论的建立和发展，巴纳德、德鲁克等学者一起丰富和完善了组织构造理论，并在多方面、多层次对组织构造问题进行了研究，逐步建立起一套完整的组织构造理论体系。

一、组织系统理论

（一）组织系统理论演变

1. 巴纳德管理思想的建立

要了解巴纳德的管理思想，首先要了解巴纳德的人性理论。早期管理思想假设人是“经济人”，都是自私自利的。早期学者认为所有的人都是“自利的理性人”，人的一切活动都是被利己行为所支配，即人受个体经济利益的驱动而采取特定行为。与早期学者所持有的观点不同，巴纳德认为，人并不仅仅只有物质和金钱上的需求，很多人还会看重精神上的需要，如社会地位、情感社交等高层次的需要，即人在行动的时候会同时具备经济动机和精神动机。另外，人还有个人的自由意志，具有一定的选择偏好。组织成员为了回避周围环境出现的各种制约因素，最有效的方式就是寻求协作。任何企业或个人一旦参与协作就会加入一个组织，组织中的任何一员都承担着为组织目标服务的职责。此时，个体的思想和行动都要遵守组织的要求，由此巴纳德在前人的人性理论基础之上建立起自己的组织理论。

组织要利用周围环境中对自身有利的因素来实现组织目标，不可避免地会受到内外部环境的约束。因此，这就需要组织充分发挥自身优势，在特定条件范围内将组织目标最大化。组织是与周围环境不可分割的一个系统，基于这个观点，巴纳德对组织的内容进行了分析。他认为，任何组织都存在共同目标、信息联系和协作意愿这三个普遍的环境因素。当组织建立起来后，为了使组织成员的活动能与组织目标一致，则需要进行信息的传达和沟通，从而发挥出组织的基本作用。

2. 巴纳德组织系统理论的形成

巴纳德管理思想的出现是资本主义社会生产发展的必然产物。巴纳德管理思想中的一个基本特点是将系统分析贯穿于理论之中，通过对组织和经理人职能等方面的观察，巴纳德运用系统分析的方法建立了组织系统理论。该理论将社会理解成由无数个小组织相互协作而构成的大系统，组织则是社会系统中的一个小系统。既然存在于社会系统当中，组织必然与系统外部环境有着不可分割的联系，组织的存在与发展也必然要取决于其与社会系统环境关系是否平衡。另外，组织本身就是组织成员之间的协作系统，它的运转也取决于是否具备共同目标、信息联系和协作意愿这三个基本要素。

（二）组织系统理论主要内容

社会的各级组织包括军队、宗教、学术、企业等多种类型。每一个组织都是一个协作的系统，这些正式协作组织都包含三个要素：协作的意愿、共同的目标和信息联系（邹治平、刘艳红[45]，2005）。在一切组织中，都无法避免存在非正式组织，正式组织与非正式组织之间相互依存且相互作用。巴纳德根据组织或系统中相互协作的成员会出现目标不一致的情况，提出组织协作的“有效性”和“效能”两个原则。当组织成员之间协作能力强，能够很好实现组织目标时，组织系统才能体现出“有效性”。有效性原则是组织系统完成既定目标的必要条件。效能指的是组织成员的目标得到了满足，协作率则是组织成员综合协作能力的体现。当系统组织的目标和组织成员的目标能够有效结合在一起，则被称为“组织协作理论”。

1. 组织存在满足三个基本条件

巴纳德认为，无论组织规模如何，必须具备三个条件才能得以更好地生存和发展。

一是明确的目标。首先，任何系统组织在成立之前就已经有了清晰的目标任务，否则组织的作用就无从谈起。其次，系统组织内所有成员必须接受和理解目标任务，目标的接受和理解是相互依存的，否则无法达到决策和行动的一致性。再次，组织目标的理解也可以分成个人理解和协作理解。个人理解指的是系统组织成员从自身利益的角度去完成组织目标。协作性理解指的是组织成员从整体利益的角度理解组织目标。组织管理者的一个重要职能就是让组织成员以协作性理解的立场去看待组织目标。最后，组织目标和组织成员的个人目标必须区分开。组织管理者的另一项重要任务是协调组织目标和组织成员个人目标。此外，组织要获得良好的生存和发展就必须时刻适应环境的变化，组织目标也应随着内外部环境作适当调整。

二是协作意愿。协作意愿是指组织成员在协作过程中所付出的努力程度。组织成员是否具有强烈的协作意愿，取决于组织成员对贡献和诱因的评估。组织成员的贡献指的是成员帮助组织实现既定目标所付出的时间和成本。诱因是指组织成员付出了贡献之后，由组织付给成员的收益。组织成员只有在认为诱因能满足个体需求时，组织个体才会表现出协作意愿。但在组织管理的现实环境中，贡献和诱因很难进行量化，评估方法主要依靠个人的主观判断，且随着组织个体价值观不同而不同。因此，组织管理者需要了解、评估组织成员，针对不同个体所期待的诱因，激发组织成员为组织做出贡献。

三是良好沟通。组织的目标和组织成员的协作意愿只有通过充分的交流，两者相互关联统一才具有意义和效果。

2. 符合两效原则

组织要实现长足发展目标，不仅要包含巴纳德的三个基本条件，而且必须符合组织效率和组织效力两个基本原则。组织效力，亦称组织效果、组织绩效，是指组织如何实现自身目标，是否满足社会期待，有没有长远发展的能力。组织效率既受到内外部管理环境因素的影响，如组织结构的合理性、组织成员的士气、组织之间沟通效果、成员之间人际关系、协调能力、技术手段、成员素质等；也受非管理因素的影响，如科技、市场、资源、一般社会经济与文化环境等（林崇德等[46]，2003）。一个组织是否具有效率，随着组织适应内外部环境的能力而定。组织效率是指组织在完成既定目标时所消耗的资源比例，如人、财、物等要素之间的比例，是管理者管理能力的体现（张同钦[47]，2011）。

3. 权威来自自上而下的认可

组织是 2 人或 2 人以上，用人类意识加以协调而成的活动或力量系统（马仁杰、王荣科、左雪梅[42]，2013）。巴纳德的组织系统理论强调组织成员的行为，组织成员和组织整体活动之间是一个相互作用的系统。他认为组织管理者是决定组织任务能否完成的最重要因素，组织管理者的协调能力较强时，才能使组织形成一个“相互合作”的系统。巴纳德认为组织管理者的三个主要职能是：① 制定并维持一套信息传递系统；② 促使组织中每个人都能做出重要的贡献；③ 阐明并确定本组织的目标（马仁杰，王荣科，左雪梅[42]，2013）。

巴纳德还认为，组织管理者的权威并非来自上下级之间的关系，管理者的权威性通常来自组织成员之间自下而上的认可。管理者指挥能力的大小，很大程度取决于组织成员接受指令的意愿，仅仅通过授权发号施令无法获得组织成员的认可和支持。

（三）组织系统理论评价

巴纳德是现代组织理论奠基者，其组织管理理论的开创为后来学者提供了理论基础。如德鲁克、孔茨、明茨伯格、西蒙等人的理论在一定程度上都极大受益于巴纳德的组织系统理论，并在不同方向上获得发展。在对组织结构的改造方面，巴纳德作为一个职业经理人的贡献尤为突出。传统企业偏重非正式组织和非结构化的形式，在沟通和决策机制等方面也不完善。要将传统组织改造为现代组织，首先要明确组织目标、组织结构类型、权力机制和任务分配决策机制。其次要设定组织的激励机制及信息沟通方式。

巴纳德的组织系统理论也并非完美无缺，在组织平衡理论中，巴纳德认为组织生存及发展的基础之一是做好诱因和贡献的平衡，但该理论并没有提出具体的或可测量的平衡尺度，以至陷入循环论中；巴纳德的组织决策论中决策的概念轻视了高层管理人员面向外部环境的决策任务等（丁煌[48]，2004）。

二、资源基础理论

（一）资源基础理论演变

1984 年，伯格 · 沃纳菲尔特（Birger Wernerfelt）第一次将资源基础理论发表在《企业资源基础理论》杂志上。其后，经过 Peteraf（1993）、Barney（1986，1991，2002）、Rumelt（1995）、Grant（1996）等学者对资源基础理论的深化和发展，该理论形成了一个较为系统的组织管理理论。

核心能力理论、企业知识观和动态能力理论，产生于早期学者构建的资源基础理论之上，并经过不断演化和发展而来。Foss（1996）认为资源是一个组织的核心竞争力，同时也属于社会资本。组织核心竞争能力能够使组织有效利用所拥有的资源并进行有机整合。企业知识观对企业本质和竞争优势的探讨不同于资源基础理论，该观点认为知识是存储载体，存在的意义在于节约沟通和协调成本（Prahalad 和 Hamel[49]，1990）。Teece（1997）将动态能力定义为组织的一种机制，组织通过这种机制可以较好适应、整合和重构组织的资源和能力，以适应变化的环境。

（二）资源基础理论主要内容

沃纳菲尔特提出资源基础理论的假设是任何组织都具有不同的资源，无论是有形还是无形。这些属于组织的资源是不可流动且难以复制的，独特的资源甚至有可能是企业独特的竞争力。

资源基础理论认为组织是各种资源的集合，由于组织之间存在着天然的差异，拥有的资源也各不相同，这种差异化的特性决定了组织的竞争力。总体上，资源基础理论主要包括以下三个方面的内容。

一是组织竞争优势源自特殊的异质资源。资源基础理论认为每一种资源都具有多种用途。组织的经营决策也可以理解为组织充分发挥所拥有的资源（人、财、物等）制定决策，以完成组织的目标。

二是组织竞争中所拥有的资源具备不可模仿性。组织竞争优势源自企业具有特殊的资源优势，这些资源优势能给组织带来经济效益。在经济效益的驱动下，没有资源优势的组织会对其他具备资源优势的组织进行效仿，但模仿很难达到预期效果。

三是组织可以借用自身所拥有的资源作为战略方向。组织可对所拥有的特殊资源进行培育，作为一种长期战略优势。在大数据时代，所有的信息对任何企业几乎都是透明可见的，获取成本也相对较低。不同组织之间的差异化往往表现在如何利用所拥有的特殊资源。

资源基础理论的基本观点是组织利用自身所拥有的资源，作为一种优势与其他组织进行竞争。组织可以通过产品、资源、能力和替代品的相似性来识别竞争对手（Peteraf 和 Walter[50]，2002）。该理论假定组织选择和积累资源的决策是理性的，之所以产生不同的绩效结果，是因为受到了有限的信息、偏见及因果模糊性的影响（Oliver，1997），因果模糊性意味着资源对于不同水平绩效的作用后果很难被清晰地预测。

（三）资源基础理论评价

资源基础理论是 20 世纪 80 年代市场研究者们所热捧和关注的一个话题（Wernerfelt，1884），该理论的核心思想是企业的全部资源并非都对企业的绩效具有同等重要地位，也不是所有的资源都具有为公司创造持续竞争力的潜力（Barney，1986；Wernerfelt，1984）。因此，资源的优化意味着组织能够更好利用组织所拥有的资源，实现更合理的配置，而这一类资源往往具有以下两个特点：首先，资源的不可复制性，比如企业文化、团队协作等；其次，该类资源实现效益和效率的主要途径是满足更多的顾客需求、让顾客满意。具有为企业创造竞争优势的资源的第二个特征引发了市场研究者们对市场导向的关注，因此，有关市场导向的研究主要从顾客和市场的角度出发，研究企业在市场方面配置的资源对企业的效益和效率产生的影响（Narver 和 Slater[51]，1990）。

根据资源基础理论，一个企业可以同时拥有许多的资源类型，包括生产性资源和市场资源，而这些资源类型并不是处于同等地位，只有那些具有不易被竞争对手复制和模仿的资源才更有可能为企业带来竞争优势（Wernerfelt，1984）。如大宗商品贸易企业所关注和强调生产设备、厂房等生产资源，具有可复制的特性，大宗商品贸易企业为了保持一定时期绩效的增长，会非常注重生产资源的开发。但从长久效应来看，仅仅关注生产资源开发并不能确保企业在竞争中保持长久、持续的优势。与快速消费品不同的是，大宗商品很难摆脱同质性的困扰。有学者指出，大宗商品在品牌发展中最重要的一点就是要避免被贴上“大众化”的标签（McQuistion，2003）。

与生产资源相比，掌握市场资源的组织能够拥有更好的客户基础，并根据客户的需求调整产品结构。因此，以市场为导向的企业会具有更多的客户价值（Narver 和 Slater[51]，1990）。市场资源不易被同行业的竞争对手模仿和复制，相对于生产资源，它更能够带来一种长期的、持续的竞争优势。

资源基础理论在我国的研究从 21 世纪以来呈递增趋势。在中国知网上以“资源基础”为关键词进行检索，检索时间截至 2020 年 12 月 31 日，对 CNKI 中核心期刊和 CSSCI 来源期刊的文章数量进行统计，资源基础理论相关研究发文数量及趋势如图 2-2 所示。

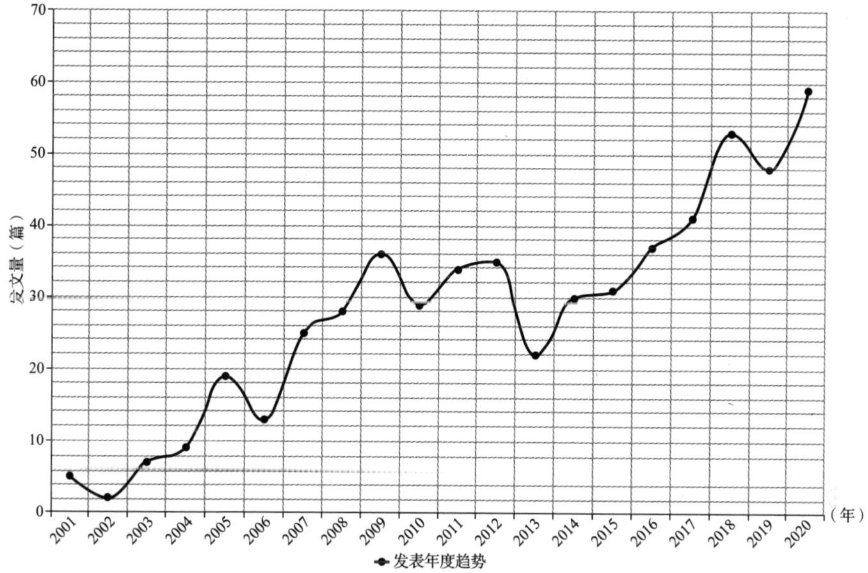

图 2-2　资源基础理论相关研究发文数量及趋势

三、动态能力理论

（一）动态能力理论演变

20 世纪 80 年代初期，战略管理理论中占主导地位的是波特的产业组织理论，随着时代演变和组织理论的发展，核心能力理论出现了一些局限性。但在动态变化的竞争环境中，能力资源看似是一个组织的竞争力，也可能成为组织的“包袱”。由此，能力理论的发展遇到了阻碍。在现有理论体系无法解释组织在动态市场中如何获得或保持长久竞争力的情况下，蒂斯（Teece）等学者提出了更有效的动态能力理论。动态能力是指组织在竞争环境中，构建、整合、重新配置内部和外部资源以应对快速环境变化的能力，反映了一个组织在给定路径依赖和市场地位下为实现新的、创新形式的竞争优势的能力（Leonard-Barton，1992）。组织通过运用、吸收和整合自有资源并通过知识管理等方法提升自我创新能力，是组织在复杂、不确定的环境下持续保持竞争优势的方法。Wang 和 Ahmed（2007）认为动态能力包括吸收能力、适应能力和创新能力三个维度。其中，吸收能力是指企业基于现有的知识基础识别外部信息的价值，并将吸收和转化的知识应用于商业实践的能力；适应能力是指企业辨别和利用市场机会的能力，具有较高适应能力的企业，能够快速识别和抓住机会并对企业资源进行重新分配；创新能力是指企业在开发新产品和新市场方面的能力，主要关注企业的资源和能力及其与产品市场的联系（杨林、和欣、顾红芳[52]，2020）。

纵观组织发展的历史，相关学者在组织竞争优势来源方面的研究经历了一个由内至外，再由外及内的循环过程。在整个理论发展过程中，以产业组织理论学派和资源基础观（Resource-Based View，RBV）最具代表性。竞争优势理论认为组织战略的目的在于通过恰当的自身定位，让组织在市场交易过程中获得更高的议价能力，同时也能借此建立起行业壁垒，阻碍组织潜在和现有的竞争对手威胁到组织的现有优势。资源基础观认为，特殊的异质资源是组织的竞争优势，通过拥有和利用资源价值制定战略，能够帮助组织在市场竞争中获得更好的优势。产业组织理论学派主要以市场定位为基本假设，资源基础观认为企业内部的特定资源才是在市场竞争的根本来源。

20 世纪 90 年代，在资源基础观基本理论框架内，核心能力理论流派逐步兴起。普拉哈拉德（C.K.Praharad）和哈梅尔（G.Hamel）认为组织的核心能力只有具备了适用性、价值性、难模仿等特性，才能成为组织竞争优势。

（二）动态能力理论主要内容

在战略管理领域现有文献中，对动态能力概念的理解还未达成共识。按照蒂斯等（1997）的观点，“动态能力”是企业对内外部资源和能力进行整合、构建及重新配置的能力，以适应内外部动荡的环境。动态能力分析框架，包括组织和管理过程（Processes）、位势（Positions）和路径（Paths）。

1. 组织和管理过程

组织运营中的管理方式是决定组织是否具备持续竞争优势的关键，一个组织的管理过程的优劣可以从三个方面加以衡量。一是如何协调整合资源。组织的架构和管理模式是决定组织之间优劣差异的根本原因，而组织协调能力和资源的利用能力则体现出组织管理者的领导力。当组织的管理方式和过程具有独特性且难以复制时，该组织在管理者的带领下具有较好的竞争力。二是组织学习能力的作用。组织和个人的学习过程是不断实验和重复的过程，提高组织和个人的学习能力除了能更好完成组织目标，还能帮助组织挖掘新的机会。组织的学习能力包括组织学习能力和个人学习能力两个方面，具有社会属性和集体属性，组织通过学习所获得的知识体现在组织活动范式或新的组织逻辑当中。三是组织内部重构和转变的作用。在内外部环境的迅速变化中，为了发掘重构组织资产结构的效果，要求组织对市场和技术变化有较好警觉性的同时，也要采取最佳的实践手段。如果发挥重构带来优势，也是组织学习能力的一种表现，标杆竞争作为实现组织目标的手段极具价值。

2. 资产特点

组织制定战略需要考虑两个方面的因素，一是组织构建的过程，二是组织自身所持有的资源和资产（包括有形资产和无形资产），如技术、财力、制度、声誉和市场等多方面的资产。总体而言，组织将所拥有的资源作为特定资产，在大多数情况下组织的资源和资产是组织在构建初期或运营过程中逐渐积累起来的，属于组织内生竞争力。

3. 发展路径

组织发展路径影响其能力的作用是通过路径依赖来实现的。组织的战略定位，受制于该组织所在位置和未来的路径，而路径一定程度上会影响组织短期所处的位置。一个组织先前的投资和该组织持有的行动管理会制约未来的行为，这是因为发展是一个不断反馈和评估的动态过程，也是在局部出现的。因此，发展的路径围绕着组织已有的经验，先从组织的局部开始体现，由于路径依赖的影响，组织投资和获得回报的进程会影响到组织能力和发展的方向。

（三）动态能力理论评价

动态能力理论解释了组织如何持续利用所拥有资源优势，以实现快速竞争的一种能力，它帮助组织通过适应内外部环境的变化培养出独特的适应能力，以此应对市场和客户日益增长的需求。学者研究发现，组织所掌握的资源被有效利用并与相关业务结合时，会促进组织的发展，为组织带来超额的回报。

动态能力理论应用到企业实际运营中最大的挑战来自如何有效应对内外部环境的变化。在动态环境下，组织如何拥有持续竞争优势的方法已经发生了转变，从如何获取持续的收益转向如何短暂地获取竞争优势。在激烈的市场竞争环境下，组织所拥有的部分资源优势不可避免地会被日新月异的新技术所替代。因此，组织必须快速适应内外部的环境变化，及时调整现有的资源优势。动态能力理论通过继承和发展基础资源而实现了快速发展。

动态能力理论在我国的研究及应用从 21 世纪初以来呈递增趋势，并在 2008 年陡增。在中国知网上以“动态能力”为关键词进行检索，检索时间截至 2020 年 12 月 31 日，对 CNKI 中核心期刊和

CSSCI 来源期刊的文章数量进行统计，动态能力理论相关研究发文数量及趋势如图 2-3 所示。

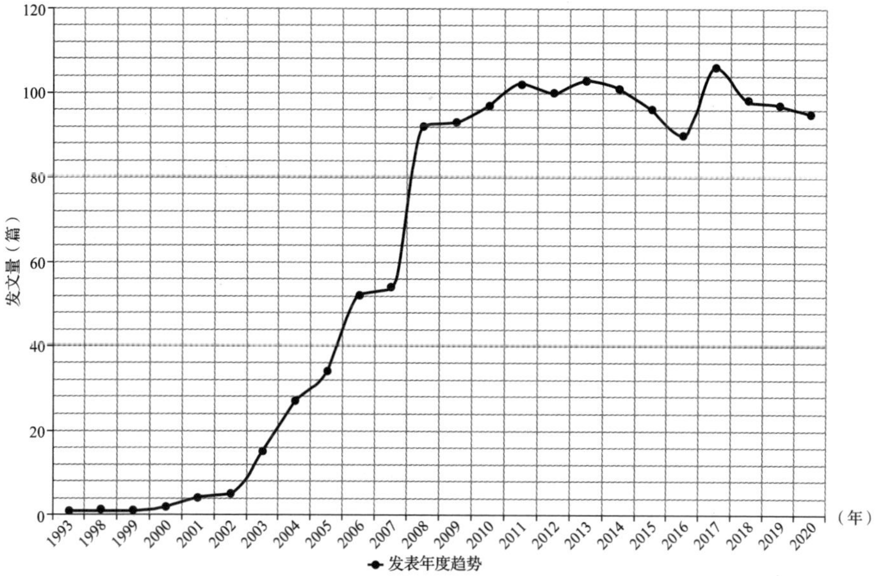

图 2-3　动态能力理论相关研究发文数量及趋势

第三节 小结与评述

组织构造理论研究的是有关组织要素、组织架构及其相互关系，因此本章研究的主要内容是组织要素包括组织目标、组织结构等内容的发展演变，并且重点探讨组织系统理论、资源基础理论和动态能力理论的发展演变与主要内容。

分析组织理论的发展演变，可以看出，传统组织理论与现代组织理论关注的重点不同，传统组织理论关注的是组织目标，现代组织理论关注的是组织生存和发展，因此传统组织要素与现代组织要素的内涵也明显不同。以韦伯为代表的古典组织要素理论把权力和权力的源泉——制度当作最基本的构成要素，权力是基础、隐性的要素，而规章制度是根本、显性的要素。这种理论对要素的划分强调了制度的作用，但是具有一定的局限性，它把组织当作一个封闭式的系统，只注重组织的内部适应能力，并且只关注正式组织，忽视了组织成员的高层次的需求。20 世纪 30 年代末，巴纳德摒弃了在组织理论中占长期统治地位的理性方法，提出权力不是领导者强加而是由普通成员的监督产生。其组织行为研究方法是以一种“决策人”的假设作为前提。个人并不像传统管理理论所说的那样是一种“机器的附属物”，也不是单纯接受命令的“被动的生产工具”（朱国云，2014），德鲁克、孔茨、明茨伯格、西蒙、马奇、李克特等人的理论都受益于巴纳德思想。但是巴纳德的组织管理理论对“组织效力”和“组织效率”的概念缺乏清晰的说明。随着组织理论的发展，组织是与外界不断进行信息、能量等交换的开放系统成为共识，组织资源、组织文化、组织环境等成为组织要素，如卡斯特和罗森茨韦克的系统管理理论把组织分为目标与价值、技术、社会心理、组织结构和管理 5 个子系统，这也从目标与价值等多方面界定了组织的要素。

资源是组织生存和发展的基本要素，动态能力是组织竞争优势的来源。沃纳菲尔特在资源基础理论中提出，组织和企业的各种资源具有多种用途。组织所拥有的资源将限制、影响每一步的决策，也为组织的长远发展和决策指明了方向。资源基础理论认为资源具有不可模仿性，组织竞争优势的根源在于组织的资源。沃纳菲尔特的资源基础理论正处于发展之中，组织在复杂的动态决策过程中也存在不确定性，我们无法从资源基础理论中得到如何获取资源的实践方法。资源基础理论也不可避免地存在着缺陷，其过分夸大组织内部而忽略对组织外部的重视，忽略了动态的分析，造成组织战略无法适应外部动态环境的变化。蒂斯和皮萨诺（1994）针对资源基础观和核心能力理论的弊端提出了动态能力理论，动态能力是演化视角和资源基础观的有益结合，并建立了路径、位势和过程的战略分析框架。动态能力理论强调对资源和能力的整合，建立动态管理的方案，整合、重构企业内外部所有资源，以适应不断变化的内外部环境。

西方的组织构造理论是西方发达国家的组织管理者和学者基于组织设计、运行和发展的实践，在探究组织的结构、运行及其变革、发展规律的过程中所产生和积累起来的、以知识形态为表现的理想思维的产物。作为正处于百年未有之大变局的我国实践界和理论界，应当运用历史与逻辑相统一的方法、比较分析的方法来学习、借鉴西方的组织要素、组织设计、组织资源和组织能力等理论，并与中国特色社会主义的伟大实践相结合，不断创新，促进有中国特色的现代组织管理理论构建和发展。

第三章

组织环境理论的形成与发展

▲

CHAPTER 3

第一节 组织环境理论发展演进史

从20世纪初古典管理理论形成至今，组织管理理论已走过百年历程，在管理理论的发展过程中，组织环境理论既催生了管理理论，又伴随着管理理论的发展不断深化。随着组织管理研究视角的转变，组织与环境的研究重点也随之迁移，概括起来，组织环境理论的产生与深化大体经历了萌芽、发展、融合三个阶段（赵锡斌[53]，2006），如图3-1所示。

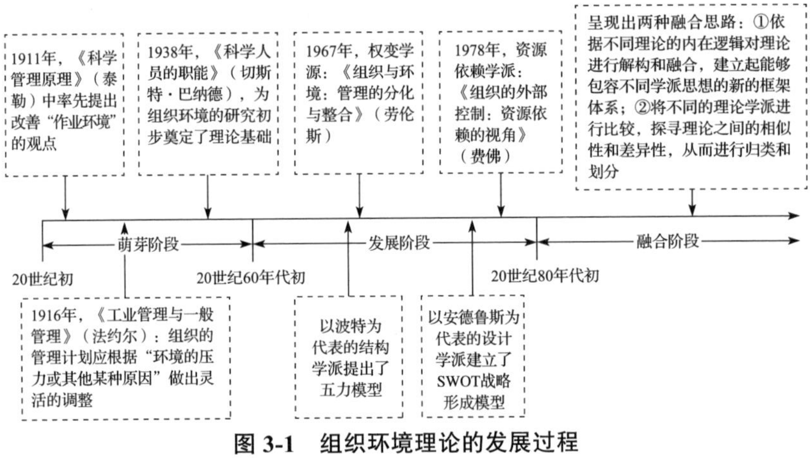

图3-1 组织环境理论的发展过程

一、组织环境理论的萌芽阶段

在古典管理理论阶段，资本主义工业处于起步阶段，社会情境较为单一，组织面临的外部环境比较简单，外部环境对组织革新的驱动力较弱。因此，以泰勒、法约尔为代表的古典管理理论学者主要是把组织作为一个封闭的系统，从封闭系统观的视角对组织的内部管理展开探索，劳动效率的提高是这一阶段组织管理研究的核心问题。但仍有一系列对于组织环境问题的研究思想诞生，为此，这一阶段也被称为是组织环境理论的萌芽阶段。

1911 年，泰勒提出了要改善“作业环境”的观点，当然他所指的仅是组织的内部环境。1916 年，法约尔认为组织的管理方式应当根据“环境的压力或其他某种原因”进行合适的调整，法约尔的思想已经暗含了组织环境对组织管理的调节和驱动。

20 世纪 30 年代，传统的管理学对组织的封闭研究已经无法适应激变的外部环境，在资本主义经济危机的影响下，管理学界需要从新的研究视角出发，构建起一个更全面、多元、丰富的管理理论体系，以便科学地指导在经济危机影响下的组织生存和发展问题。在这种思想影响下，1938 年，美国管理学家切斯特·巴纳德出版了《经理人员的职能》一书，虽然该著作关注的重点仍是组织内部管理，但其对于组织环境的探讨已经星罗棋布般分散在全书的各个章节，将这些对于组织环境的论述提炼并归纳就可以发现巴纳德在组织环境的内涵、影响要素、组织管理与组织环境的关系等方面提出了一系列具有创新性和突破性的观点，他甚至以一个章节的篇幅专门分析决策的环境。因此，巴纳德为组织环境的研究初步奠定了理论基础（赵锡斌[53]，2006）。但此后很长一段时间，组织环境的研究都出现了“空窗期”，缺乏足够的关注和重视，研究进展也停滞不前。

二、组织环境理论的发展阶段

20 世纪 60 年代，资本主义经济发展进入黄金时期，经济、政治、文化等外部环境对组织的影响逐渐加深，在此背景下，学者们开始从更加开放的视角研究组织的管理问题，对组织外部环境的探讨受到了学术界的广泛关注。这一阶段被称为组织管理理论的丛林阶段，众多的理论学派随之产生。与之对应的，“管理既是环境的产物，也贯穿其发展历程”（赵锡斌[53]，2006），组织环境研究也随之发展并收获了丰硕的理论研究成果。在权变理论研究领域，劳伦斯在其著作《组织与环境：管理的分化与整合》（1967）中运用系统理论和权变理论，对不同环境状态下应如何选择管理方式以提高组织管理效率做了大量探讨。该书的出版标志着组织行为领域的研究范式实现了新的转变，从单一的“什么是组织管理”转向研究“在不同的组织环境背景下，组织应当选择何种管理方式”（赵锡斌[53]，2006），即探讨组织与其所处环境的适应性。在资源依赖理论研究领域，费佛的著作《组织的外部控制：资源依赖的视角》（1978）主要探讨了组织环境对组织的约束和限制及组织对于环境的适应和调节。他指出组织与环境之间，除了组织被动地依赖和适应环境外，组织也可以主动操控和改造环境，费佛意识到组织与环境关系中组织的主动性和选择权，这是组织理论研究的一大进展。以安德鲁斯为代表的设计学派认为组织战略最重要的因素是组织外部因素和内部环境的相互匹配，并由此建立了 SWOT 战略形成模型，模型中的外部评价代表组织面临的外部机遇和威胁，内部评价代表组织自身的优势和劣势。以波特为代表的结构学派提出了现有竞争对手、进入者威胁、替代威胁、买方和供方的讨价还价能力五种行业竞争力量，以此综合分析组织外部环境状况，简称五力模型。

总之，组织环境理论与组织管理理论伴随而生、伴随而兴，SWOT、五力模型等环境分析方法也被提出并广泛应用。20 世纪 60 年代初到 90 年代初是组织环境理论的快速发展阶段。

三、组织环境理论的融合阶段

随着研究的不断深入，从20世纪80年代初开始，许多学者开始尝试将不同学派的理论相互融合，这种融合的趋势呈现出两种思路（费显政[54]，2006）。① 对现有的理论进行剖析，重新构建一个综合性的理论体系以兼容不同学派的管理思想。如乌尔里希等对比分析了资源依赖理论、交易成本理论和种群生态学理论的内涵，综合这三者的理论思想，从研究层次、资源的稀缺性和组织生存三个层面构建了一个新的组织环境研究框架。② 对比不同学派的管理思想，探寻理论之间的相似性和差异性，从而进行归类和划分。如阿斯特利等从分析单位的差别以及人性自由意志的假设两个角度出发，将当代组织管理理论划分为自然选择观、系统结构观、集体行动观和战略选择观四类。又如奥利弗总结了组织关系的6个决定性要素，并据此分析了6种组织间关系的类型。因此，虽然管理理论层出不穷，不断发展，但理论之间的融合与借鉴已然成为一种新的研究趋势。

第二节　组织环境的主要理论

一、交易成本理论

（一）交易成本理论的演变过程

交易成本理论的演变过程（见图 3-2）可划分为萌芽和发展两个阶段。

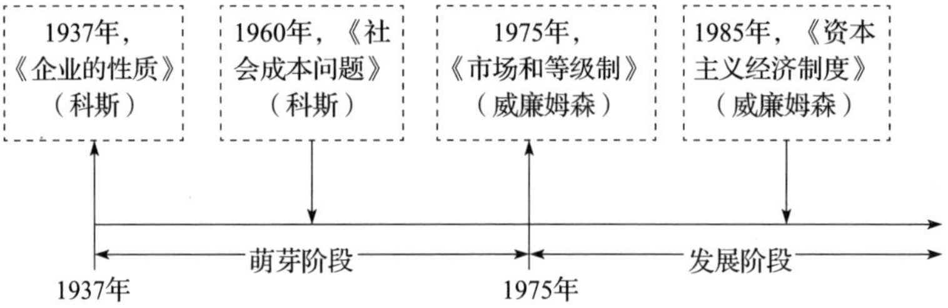

图 3-2　交易成本理论的演变过程

1. 交易成本理论的提出

西方传统经济学认为，组织的生存和发展完全由市场所决定，在市场这只“看不见的手”的作用下，社会资源能够得到充分的配置，组织和个人也能收获最大的利润和效用。这一思想长久地统治着西方经济学界，直到 20 世纪中叶，诺贝尔经济学奖得主罗纳德·科斯教授对这种观点提出了质疑，科斯认为传统的经济学理论忽略了对市场配置资源过程的探索，在这个中间环节里，交易成本是不可忽视的重要力量。组织或个人在市场交易的过程中均需付出一定的代价，组织并不是完全由均衡价格所决定的生产机器，不同的市场交易活动和组织形式均会对交易过程和交易成本产生影响（牛晓帆、安一民[55]，2003）。

1937 年，科斯发表了《企业的性质》一文，创造性地提出了交易费用这一概念，这意味着科斯将交易成本正式引入经济分析中，开辟了经济分析的新视角。1960 年，科斯发表了《社会成本问题》一文，进一步明确了交易成本的内涵，他把交易成本定义为获得准确的市场信息所付出的成本及谈判和订立契约的费用。交易成本的理念合理地解释了组织存在的原因，提出了影响组织规模和边界的新要素。虽然科斯是交易成本理论的开创者，但他并未对交易成本进行更深入的探讨，未能搭建起系统性的理论结构，后续的学者如威廉姆森等人在科斯的肩膀上进一步深化了交易成本理论的内涵。

2. 交易成本理论的发展

20 世纪七八十年代威廉姆森在科斯的基础上对交易成本理论进行了全面深化，赋予了交易成本理论新的内涵，使其成了一个系统性的理论体系。威廉姆森认为科斯的思想虽然具有开创性，但他并未阐明交易费用的决定因素，这就决定了他的研究欠缺操作性和应用性。因此，威廉姆森将研究重点放在了交易成本的具体内容和形式上，先后出版了《市场和等级制》（1975）和《资本主义经济制度》（1985）两部著作，在著作中威廉姆森明确了交易成本的分析方法，阐明了各种具体的交易形式及其选择条件，构建了系统的理论体系，交易成本理论从此在组织管理理论中占据了重要地位。因此，尽管科斯是交易成本理论的开创者，但提到交易成本理论，人们总会想到威廉姆森。

（二）交易成本理论的主要内容

交易成本理论虽然是经济学领域的经典理论，但在组织管理领域也被广泛应用，目前已经成为组织管理的主要理论基础之一（刘汉民、郑丽、康丽群[56]，2014）。所以我们将从组织管理的视角阐述交易成本理论的相关内容。不少学者认为，组织理论研究的核心问题有三个，即组织是什么、组织为何存在、如何确定组织的规模和边界。其中如何确定组织的规模和边界问题更是早已成为组织研究的核心问题（龚晓瑾、叶祥松[57]，2010）。

科斯最先明确地提出了组织的边界问题，科斯认为组织的本质就是作为价格机制的替代物，因此组织存在的逻辑就是为了节约市场交易费用。当组织想要扩张时，其内部的管理成本也会随之上升，管理成本的增加抑制了组织边界的无限拓展，因此，组织规模与包含交易成本和管理成本的组织成本的关系会如同抛物线一般在某个点达到平衡，只有在这个均衡点上，才能实现组织利益和效用的最大化。

威廉姆森在科斯的基础上进一步深化组织边界和规模的理论内涵，他认为资产专用性、不确定性和交易频率三个因素决定了组织的边界和规模，而这三个因素都涉及交易成本的变化。当资产专用性较低时，采用市场治理的方式能够最大限度地获得市场竞争的好处而又不会受到机会主义风险的困扰，而采用企业治理则只会徒增行政成本，故而此时应当采用市场方式控制成本，例如并购。当资产专用性上升时，市场交易费用也会随之增加，采用企业自治的形式能够更好地协调各方利益冲突。当资产专用性达到一定程度时，就形成了市场方式和企业自治两种成本控制形式的分界点。资产专用性高于该平衡点，应当选择企业自治；低于该平衡点，应当选择市场方式。因此，资产的专用性就以交易成本的形式影响了组织与外部环境的关系。交易的不确定性会影响组织对于交易的选择。当资产的投资回报乃至资产遭受损失后能够弥补的程度存在较大风险时，组织就会放弃此项交易。但是市场交易总是复杂多样的，挑战与机遇共存，为了最大程度规避风险，组织会积极地与其他组织缔结合作关系，为某个共同的目标协调资源联手努力，因此市场交易中原先的强、弱势局面则转为了合作协议中相互协作、相互制衡的关系，交易的不确定性则由此影响了组织与外部环境的关系。交易频率是交易发生的次数，与一次交易相比，多次交易更能抵消治理结构的运转成本。威廉姆森从资产专用性、不确定性和交易频率三个方面对交易成本进行了量化，通过研究组织边界问题使交易成本理论与组织战略相联结，组织为了降低交易成本，会更倾向于选择纵向一体化，而在这个过程中，组织与外部环境的交互关系也逐渐确立。

（三）交易成本理论的评价

威廉姆森引入了资产专用性和交易频率两个变量，丰富了交易成本的统计测量指标，通过探究不同的交易类型对组织形式和效率的影响建立起了交易成本的预测模型。威廉姆森对交易成本理论的发展扫清了实证研究的关键障碍，此后对于交易成本的测量不再需要进行企业间或市场间的直接对比，为微观层面对交易成本的度量提供了方法论指导（袁庆明、刘洋[58]，2004）。

但20世纪90年代后，在经济全球化浪潮的影响下，交易成本的不确定性日渐增强，企业的边界也不断缩小，这与交易成本的理论范式产生冲突。在新的时代背景下，当组织面临较高的成本不确定性时，会更倾向于采取外包、战略联盟等中间组织形态来压缩交易成本（龚晓瑾、叶祥松[57]，2010），而不一定选择内部化模式，这对威廉姆森利用交易成本理论对组织纵向一体化的理论解释产生冲击。因此，交易成本理论的局限性使其既不能逻辑自洽地解释组织边界的动态变化，也不能合理地回应现实中面临相似交易成本的两个企业却选择不同的一体化方式的事实（龚晓瑾、叶祥松[57]，2010）。

交易成本理论在我国的研究于 21 世纪初进入热点。在中国知网上以“交易成本”为关键词进行检索，检索时间截至 2020 年 12 月 31 日，对 CNKI 中核心期刊和 CSSCI 来源期刊的文章数量进行统计，交易成本理论相关研究发文数量及趋势如图 3-3 所示。

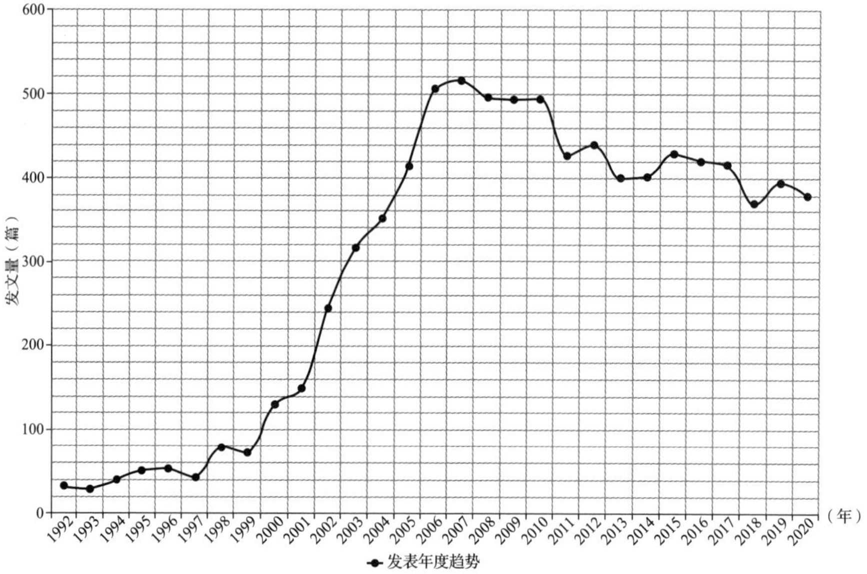

图 3-3　交易成本理论相关研究发文数量及趋势

二、资源依赖理论

早期的管理理论主要聚焦于组织的内部管理，缺乏对组织与外部环境的交互关系的思考，属于封闭的组织观。20 世纪 60 年代以后，环境对于组织的作用日益显著，学者们的研究视角从封闭的组织观转向将外部环境考虑在内的开放性的组织管理模式，其中资源依赖学派因为率先对组织与外部环境之间的信息和物质交换关系开展了系统性、综合性的探究，从而在组织环境管理问题中占据了重要地位。

(一) 资源依赖理论的发展过程

资源依赖理论的发展过程上可划分为萌芽、诞生和发展三个阶段，其发展过程如图 3-4 所示。

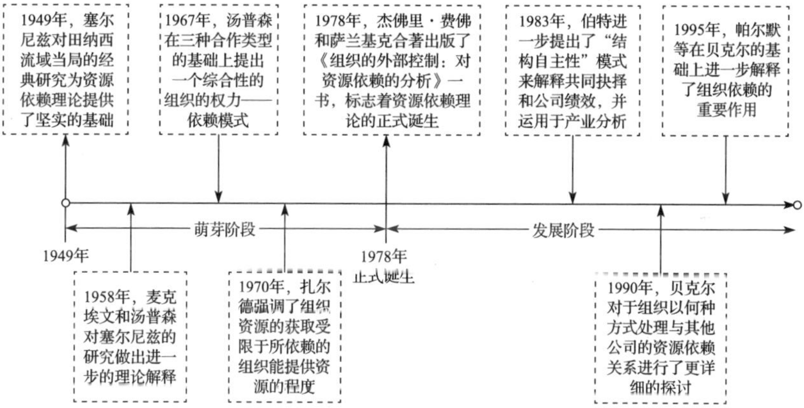

图 3-4　资源依赖理论的发展过程

1. 资源依赖理论的萌芽

20 世纪 30 年代，作为罗斯福新政的产物，美国当局在田纳西流域建成了全美最大的公共系统，在田纳西工程的建设和运转过程中，田纳西流域当局发现自己依赖于当地精英，于是就邀请这些地方精英加入到政府的决策结构中，塞尔尼兹把这一吸纳过程称为“共同抉择”。虽然共同抉择可能会影响组织的权力集中程度，但它也可能只是一种象征性的策略。组织间关系分析的一个重要争议就是“共同抉择”过程中不同组织之间的权力如何平衡（马迎贤[59]，2005）。1949年，塞尔尼兹对田纳西流域当局的经典研究为资源依赖理论的发展奠定了理论基础。

1958年，麦克埃文和汤普森在塞尔尼兹的研究基础上对组织合作的关系进行了探讨，并确立了组织合作的三种模式——联盟、商议和共同抉择。1967年，汤普森又从依赖的角度新增了一个组织合作类型——组织的权力—依赖模式。汤普森认为，A组织对于B组织的依赖程度与B组织提供资源的权力成正比，而与能提供相同资源的B组织的替代组织的权力成反比。顺着汤普森的研究思路，扎尔德从“政治经济”的视角出发，提出用组织的政治结构解释组织的内外变化。与汤普森的观点相似，扎尔德（1970）也强调了依赖关系对组织的影响，组织资源的获取受限于所依赖的组织能提供资源的程度。为了缓解资源获取的约束，组织只能投身于各个联盟中，增强横向、纵向的联系以提高自己的话语权和控制权。横向联系是在同一市场的参与者之间产生，包括收购、垄断、参股等手段；纵向联系产生于消费者、供应商、分销商等不同市场的参与者之间，包括合资、上市等。扎尔德认为企业可以通过与正式组织或非正式组织建立恰当的联系以增强组织的独立性和自主性。

2. 资源依赖理论的诞生

虽然上述组织研究已经脱离了封闭系统观，考虑了外部因素对组织运行的影响，但是直到20世纪70年代，组织分析的重点才明确转向开放系统观。1978年，杰佛里·费佛和萨兰基克是资源依赖理论的集大成者，在二人共同出版的著作《组织的外部控制：对资源依赖的分析》中，费佛和萨兰基克着重分析了不同的组织关系的形成和演化，组织与外部环境的相互作用关系，他们指出组织必须和外部环境建立联系，实现共同抉择，并不断地从外部环境中获取资源，才能保持长期存在和不断地成长，该理论的提出标志着资源依赖理论的正式诞生。

3. 资源依赖理论的发展

20 世纪 80 年代后，资源依赖理论得到了进一步的发展，在杰佛里·费佛和萨兰基克的研究基础上，伯特（1983）提出了结构自主性模式并运用于产业分析。伯特认为在社会网络结构中，如果某个产业比较集中，而其他产业在购买或销售上高度依赖这个产业，那么这个产业就有较大的盈利空间，因此身处社会网络中的组织成员应该尽量集中自身优势并及早占据相对宽松的非竞争性位置。

随后，贝克尔（1990）对公司与投资银行之间的关系进行了实证调查，更进一步地探讨了当依赖关系形成后，组织会如何处理这种依赖关系。当组织在融资、资本信息等重要资源上高度依赖投资银行时，组织会努力与这些银行建立密切的、稳定的联系，而当这种依赖程度较低时，组织与银行的关系则变得短暂和波动。在依赖方式上，公司会利用一家最重要的银行来处理零散的交易业务，而利用这家银行的竞争对手来处理日常的交易业务。贝克尔的研究证明了组织与其所依赖的组织之间存在着直接的关联，且二者的关系是动态的，组织会视依赖程度的高低主动处理二者的关系。这一发现在依赖和共同抉择的相关研究上实现了新的突破（马迎贤[59]，2005）。

为了检验贝克尔的发现，帕尔默等（1995）对 20 世纪 60 年代的一项并购进行调查，结果显示依赖的程度会影响组织被收购的形式，与银行建立了深刻的依赖关系的公司通常能友好地被兼并，相反，未建立良好依赖关系的公司往往会遭遇掠夺性的收购。这一发现在贝克尔研究的基础上，进一步解释了组织依赖的重要作用，即与社会精英组织建立良好的关系可以防止一家公司被恶意接管，这也与杰佛里·费佛和萨兰基克的共同抉择可以避免环境威胁的观点相印证。

在经过近三十年的发展后，资源依赖理论逐渐发展成为一个系统性的理论体系，在组织管理领域具有重要的地位。

（二）资源依赖理论的主要内容

组织间的依赖关系是资源依赖理论的研究基础，外部环境的变化会影响依赖关系的建立以及建立后的依赖程度，而不同的组织掌握着不同的资源，不同的资源会催生出不同的依赖关系，因此资源依赖理论研究的着眼点和落脚点是组织，最关注组织外部环境的变化，最强调组织所拥有的资源。

1. 资源依赖理论最关注的是外部环境

资源依赖学派扎根于开放系统理论，主张从组织与环境的关系角度来解释组织行为。在该理论视阈下，组织是一个开放的系统，其生存和发展根植于各种相互联系的网络中，在这种社会网络结构下组织必须要与外部环境建立联系以获取必需的关键资源，具体而言包括以下几个方面：① 生存所需的材料资源，包括原材料、劳动力等；②发展所需的信息资源，包括市场变化情况、政策导向等，这类信息较为关键，会影响组织的发展方向、发展空间和发展进程；③ 稳固所需的社会支持和政治联系，即合法性的支持。因此，组织不仅会受外部环境的影响，而且这种影响更大程度上体现为对环境的依赖，这种依赖性通常包括三层含义：① 组织与环境相互牵绊、相互作用；② 组织对环境的认识通常是一个行为过程；③ 组织与环境的关系并不是单一的服从关系，组织可以通过其他选择，调整对环境的依赖程度。这三层依赖的含义对于解释组织行为有着重要的意义，反映了组织与环境的关系是动态的，组织具有一定的选择权和控制权，当外部环境发生变化，组织的发展策略就会发生变化，组织间关系也会随之改变，这也引出了资源依赖理论的第二种思想。

2. 资源依赖理论最核心的是环境中的组织

资源依赖理论的一个重要特点是依赖可以是相互的，依赖性是权力的对应面（林文鼎、王俊如[60]，2006），资源依赖的强弱将直接影响组织间的权力关系。当某个组织强烈依赖其他组织时，权力的天平向被依赖者倾斜，依赖者就会失去主动性，受制于人。基于此，杰佛里·费佛和萨兰基克提出了组织依赖的两种形式：竞争相依和共生相依（Pfeffer 和 Salancik[61]，1978）。当参与者都需要一致的资源时，竞争关系就会存在，使用不同的或互补的资源，则会产生共生关系。共生关系是一种有福同享有难同当的关系，当各方的利益诉求高度相关时，组织中的成员受益，则其他成员共同受益；相反，当某个组织出现不利情况时，其他组织也会受到影响。这种共生关系常见于企业与其相关的产业链的上下游之间。虽然从表面上看，共生相依体现的是互利互惠，但一旦这种依赖关系过深且地位不对等时，也会转变为一种权力关系。例如当某家企业过于依赖某个供货商，且市场上没有更好的替代者时，这种不对等的依存关系便在一定程度上转化为控制权，这家供货商对该组织拥有了至高无上的影响力，组织从此掉入了被剥削的泥淖之中。因此，根据资源依赖理论的观点，即使是相互依存的共生关系，组织仍然应该避免过度依赖而丧失主动权，组织应该加强与外部环境的联系，建立多种合作关系，构建一个稳定、平衡的权力结构。竞争相依是一种“一山不容二虎”的关系，当多个组织都需要某种资源时，这种资源就带有稀缺性和竞争性，当某个组织获取资源时，其他组织就必须减少该资源的使用。这种相互竞争的依赖关系常见于业务相似的厂商之间，例如汽车厂商对于市场份额和客户资源的竞争，科技公司对于人力资源和融资资源的竞争，制造企业对于原料资源的竞争。当然，这种竞争关系并不一定只出现在同行业内，跨行业之间也会共同争夺同一种资源，例如跨行业、跨厂商之间的人才竞争、市场竞争、资金竞争等。由于共生相依和竞争相依两种依赖关系的存在使得外部资源的获取具有不确定性，因此，为了提高获取竞争性资源的效率，组织必须采取积极的行动战略，与环境中的利益相关群体建立广泛的联系，从而分散资源获取的风险，减少资源对组织的约束和限制。

3. 资源依赖理论最在意的是组织所掌握的资源

资源具有数量的稀缺性、分布的不平衡性和资源间的联系性等特性。资源数量的稀缺性和分布的不平衡性决定了资源不能在市场上完全自由地流动。每个组织拥有的资源有限，组织必须要从外部环境中获取资源进行补充，而每个组织拥有的资源又具有一定的差异。资源与资源间又具有关联性，例如组织生产的产品要转化为实际的利润，必须要依靠经销商的分销和消费者的购买。因此，资源的稀缺性、不平衡性和联系性决定了组织必须要加强与其他组织的联系，资源的交换成为组织与外部环境沟通的桥梁和纽带。随着交换程度的加深，这种交换关系就转化成了组织对资源的依赖关系，组织拥有的资源的稀缺性和重要性决定了组织在外部环境中的地位和权力。因此，资源依赖理论最在意的是组织所掌握的资源，组织资源的差异性是资源交换理论的研究基础和理论核心。

（三）资源依赖理论的评价

组织在与外部环境的联系中会主动地采取行动以增强对环境的

控制，同时组织还会不断地丰富自身所掌握的资源，以削减对外部环境的依赖，这体现了组织与环境的关系并不是简单的被动依赖关系，而是动态的相互依存、相互制约关系（费显政[62]，2005）。资源依赖理论揭示了资源在组织与外部环境中的作用，以及组织与环境之间的依赖关系是如何产生与变化的，是对组织环境理论的重大发展。现今，资源依赖理论的视角从微观演变到宏观，从分析单个组织推广到探讨同一组织内的不同部门、不同组织的同一部门、不同组织间相互对比等各个方面（马迎贤[59]，2005），资源依赖理论已经发展为一个宽广的、系统的研究理论。

然而部分学者认为资源依赖理论虽然已经趋于成熟，但仍有一些关键的问题未被验证，例如：依赖究竟是一种客观存在的现实还是人们主观的感受？如何区分受到依赖关系影响而形成的组织间关系和受到市场经济驱动而形成的组织间关系（马迎贤[59]，2005）？资源依赖理论的核心构念是权力与依赖密切相关，但部分学者对此提出了质疑，他们认为只有在特定的供给和需求条件下，才会产生组织间不对称的依赖关系，当交易完成后，这种顺从关系便会迅速结束，因此，不对等的依赖关系虽然会赋予被依赖者一定的权力，但这种权力往往不具备延续性，组织并不需要过多的考虑依赖的作用（马迎贤[59]，2005）。资源依赖理论过于强调权力与依赖的关系，忽略了市场、交易成本、学习机会等变量的影响，理论视角较为片面，也并未解释清楚在资源交换的过程中组织的能力是如何发展的。

资源依赖理论在我国的研究及应用从21世纪初进入递增阶段，且增速较快。在中国知网上以“资源依赖”为关键词进行检索，检索时间截至2020年12月31日，对CNKI中核心期刊和CSSCI来源期刊的文章数量进行统计，资源依赖理论相关研究发文数量及趋势如图3-5所示。

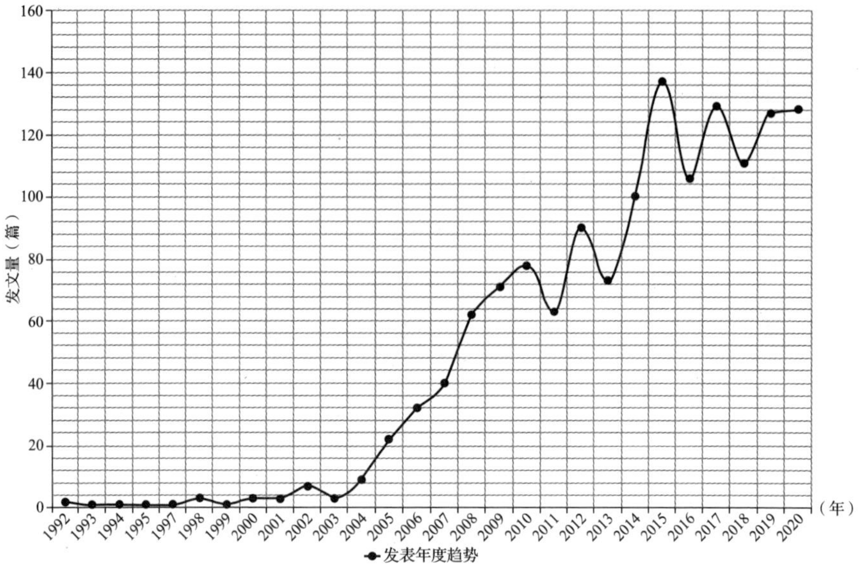

图 3-5　资源依赖理论相关研究发文数量及趋势

三、制度理论

社会环境是组织外部环境的重要组成部分，社会环境包含了教育、宗教、经济发展状况、政府的政策和法律、行业的惯例和观念等方面。身处社会环境中的组织，越来越受到各类团体确定的各种有形或无形的行为模式及规范的影响，这种规范组成了组织的制度环境，对于组织行为的影响愈发显著。因此，众多学者想要寻求一个合理的理论以解释组织与制度环境的关联性以及组织在这种制度压力下的行为模式，制度理论随之诞生。

（一）制度理论的发展过程

制度理论在其发展史上可划分为三个阶段：理论构建、微观化、深化与扩展（湛正群、李非[63]，2006），如图 3-6 所示。

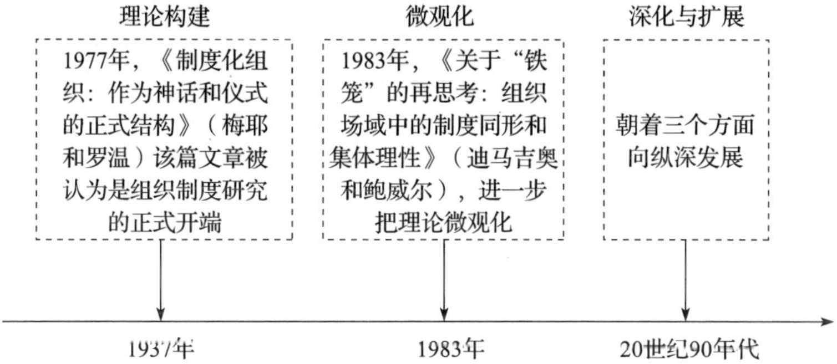

图 3-6 制度理论的发展过程

1. 第一阶段：理论构建

1977 年，梅耶（Meyer）和罗温（Rowan）对美国教育系统的制度和体系展开研究，发现尽管美国的教育制度由各州自行制定，但即便是差别很大的州政府，其教育制度（尤其是在组织结果和成文规定方面）都具有很强的相似性。基于这一发现，梅耶和罗温发表了《制度化组织：作为神话和仪式的正式结构》一文，从合法性机制的角度，解释制度环境对组织的影响，该篇文章被认为是组织制度研究的开端。梅耶和罗温认为制度对环境的影响主要体现在组织趋同和组织模仿两个方面。组织趋同表示在同样的环境下，为了不让自己过于突兀，组织之间会有意识地采取相同的做法。组织模仿表示在同样的环境下，组织会模仿其他组织的行为，从而减轻环境对组织的冲击，提高生存的几率。为了获取在制度环境中的合法性，组织会有意识地产生趋同行为和模仿行为，组织趋同和组织模仿反映了制度对组织的驱动作用。

2. 第二阶段：微观化

梅耶等人从一个宏观的视角（合法性机制）切入来解释另一种宏观现象（组织趋同和组织模仿），因此研究结果过于宏大，缺乏测量性和操作性。为此，迪马吉奥（DiMaggio）和鲍威尔（Powell）从更微观的角度出发，对合法性机制进行解构，将其划分为更具体的要素。1983 年，二人共同发表了《关于“铁笼”的再思考：组织场域中的制度同形和集体理性》一文，在文中，迪马吉奥和鲍威尔对组织趋同现象的作用机制提出了新的见解，他们认为制度环境的变化是组织趋同产生的原因，并提出了推动组织趋同的两个动力：国家制度和专业组织，以及导致组织趋同的三项机制：强迫性机制、模仿机制和规范机制。制度具有强制性，如果违反相关的规定，组织就会受到严厉的制裁，组织因为害怕制裁而不得不在制度划定的范围内采取行动，这就是强迫性机制；制度环境具有动态性，为了最大限度地降低制度的不确定性给组织带来的影响，组织会有意识地模仿其他组织的行为，从而分散风险，这就是模仿性机制；组织在进行专业化学习的过程中，会形成基本的思维模式和行为规范，这种潜移默化的制度化过程，就是规范机制。国家的制度具有强制的约束力，专业组织的存在会对组织产生潜移默化的影响，二者通过强迫、模仿和规范三条路径驱使组织产生趋同行为。

将梅耶和迪马吉奥的研究相比，梅耶等人的研究更强调宏观的制度环境对组织的行为模式的影响，代表一种自上而下的推动过程，而迪马吉奥等人将组织趋同的驱动力进一步细化，重点关注了组织之间的依赖和联系以及组织内部的运行机制，迪马吉奥等人将制度环境对组织的影响机制进一步细化，更贴近组织实际需求，可操作性更强。

3. 第三阶段：深化与扩展

从 1977 年梅耶等人正式提出制度环境的概念开始，组织制度理论在合法性机制的视阈下经历了长期的、深入的探索，20 世纪 90 年代后，制度理论的研究开始朝着多角度、多因素的纵深方向发展，主要表现在以下三个方面。① 在对制度环境的认识上，从单一转向多维、从静态转向动态。传统的制度理论的研究都是在某一种制度框架下开展的，这实质上隐含了一层人为假设，即制度是不变的、组织始终受到一种制度环境的影响。但随着经济的发展和研究的深入，学者们发现组织在实际的运作过程中，通常会面临多种制度相互交织、融合、甚至对抗的情况，例如行业内的“潜规则”与国家法律相悖等，单一的、静态的制度理论在这种混沌的制度环境中已经失去了效用，学者们开始从多角度、动态视角出发，对组织所处的制度环境进行更深入的探讨。② 在解释组织趋同问题上，引入了效率机制的作用，合法性机制和效率机制趋于融合。如霍恩希尔德和米内尔（1997）认为竞争的效益是组织间模仿行为产生的原因，而这里所指的竞争效益就是受到了理性选择的效率机制的影响。③ 在思考的角度上，从制度对组织的影响转变为反思组织对制度环境的反作用力。如保罗（Paul Hirsh，1986）研究了恶意并购这一新的商业手段被制度化的过程，体现了组织行为对于制度环境的影响和再造。

（二）制度理论的主要内容

1. 组织趋同：制度理论研究的主要问题

组织趋同现象是指在同样的环境下，不同类型的组织在结构、行为、规章制度等方面趋向统一，呈现出一定的相似性（Tolbert 和 Zucker[64]，1994）。组织趋同是制度理论的核心，制度理论也为组织趋同现象提供了合理的解释，组织趋同的过程本质上就是制度对组织的约束过程，而趋同是制度化的最终结果和外在反映。迪马吉奥和鲍威尔在《关于“铁笼”的再思考：组织场域中的制度同形和集体理性》（1983）一文中提出导致组织趋同的两个动力——国家制度和专业组织，三项机制——强迫性机制、模仿机制和规范机制。组织趋同现象对于传统的基于理性自由选择的组织战略模型是一个巨大的挑战。组织战略不再是理性自由的选择，而是组织受到外部制度的约束或是主动模仿其他组织成功模式的刻意结果，因此，制度理论对组织战略的研究产生了深远的影响。

2. 合法性机制：制度理论的主要观点

合法性是指在一个由特定的法规、准则、价值观和信念组成的社会体系中，主体的行为被认为是符合大众的心理预期和社会规范的一种心理感知和假设（Mark[65]，1995）。合法性是制度理论中最核心的概念。制度学派认为，组织通常会面临技术和制度两种环境（Meyer 和 Rowan[66]，1977），这两种环境对组织要求各异。技术环境看重企业的利润，要求企业提高生产效率，达成组织利益的最大化，而制度环境更关注组织的合法性，制度环境会约束组织的行为，组织为了获取制度环境中相关群体的认可，不得不采取符合制度环境要求的行为，即使这些行为会损害组织的利益。合法性对组织至关重要，组织对环境有依赖性，组织想要从环境中获取生存和发展所需的重要资源，就必须采取符合制度逻辑的行为以赢得利益相关者的支持。因此，合法性的获取是组织生存和发展的必要条件。

（三）制度理论的评价

制度理论是对开放系统组织观的进一步发展，已经成为分析和解释组织的连续性和变革性的重要理论。权变理论和资源依赖理论关注组织环境中的任务、资源、技术等硬性成分，而制度理论更加强调组织环境中的文化、社会风俗等软性成分，代表了组织环境理论研究视角的进一步拓展。制度理论从合法性获取的角度解释组织趋同现象，也弥补了权变理论解释上的不足。

但制度理论发展至今，仍存在一些不足之处。① 组织趋同现象的研究范畴模糊。制度对组织具有约束力到组织产生趋同行为之间的传导过程十分复杂，可能是多种因素的共同作用，无法完全对其进行界定。因此，在实际的研究中，当某种行为模式或结构体系在同一环境中广泛传播并呈现出一定的相似性时，学者往往会简单地将其归因为制度的影响，但实际上只有组织为了获取制度合法性而产生的趋同行为才是制度理论的研究范畴。② 制度理论认为组织迫于合法性的压迫会遵从制度环境的要求，但是所谓的“遵从”到底是真正的顺从还是一种“脱耦行为”？脱耦行为的内涵是“阳奉阴违”，即组织表面上遵从制度环境的要求，但实际上却采取相悖的措施。这种脱耦行为在制度理论的研究中尚未得到深入的探查，也未与组织趋同的研究相结合。

我国制度理论的研究及应用一直处于递增态势，在中国知网上以“制度理论”为关键词进行检索，检索时间截至 2020 年 12 月 31 日，对 CNKI 中核心期刊和 CSSCI 来源期刊的文章数量进行统计，制度理论相关研究的发文数量及趋势如图 3-7 所示。

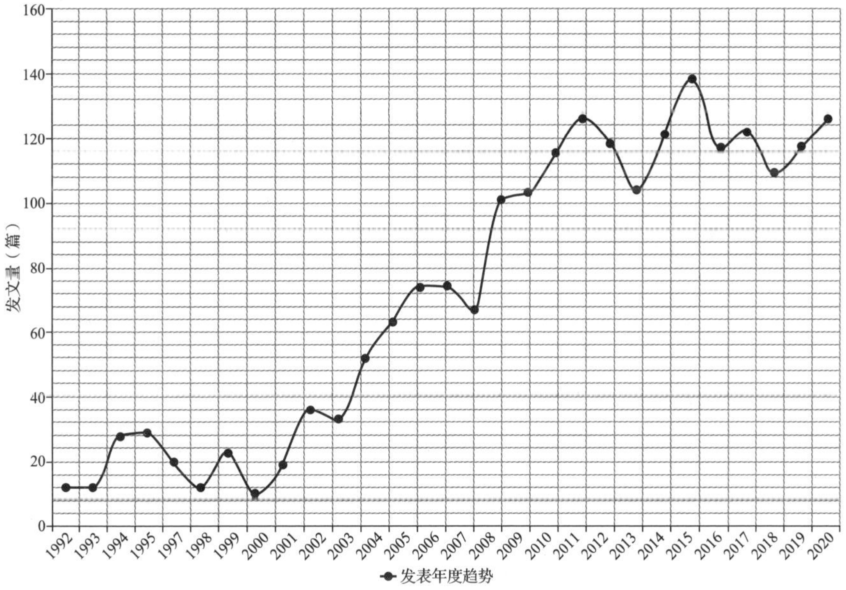

图 3-7　制度理论相关研究的发文数量及趋势

四、组织生态理论

近年来，随着经济全球化的发展和技术创新速度的加快，环境的变化对组织的作用日益显著，组织的生存环境得到了管理学界广泛的关注。组织生态的概念源自生物学中的生态系统理论，从以生物为研究对象扩展到以组织为研究对象。因此，组织生态学研究领域的学者在学科专业、研究角度和研究方法等方面存在差异，时至今日学术界也尚未就组织生态的具体内涵、研究领域、研究方法达成共识。

（一）组织生态理论的发展过程

组织生态理论公认的开山之作是在1977年由汉南和弗里曼发表的论文《组织种群生态学》，汉南和弗里曼首次将达尔文进化论中的“物竞天择，适者生存”的思想运用到组织研究中，掀开了组织生态理论研究的序幕（梁磊[67]，2004）。此后，组织生态学的研究不断扩展，研究对象从组织内单元发展至组织种群、组织群落、组织生态系统、组织演化等各个方面，形成了一个渐进式的研究层次，其发展过程可以分为以下四个阶段（姚耀、骆守俭[68]，2006），如图3-8所示。

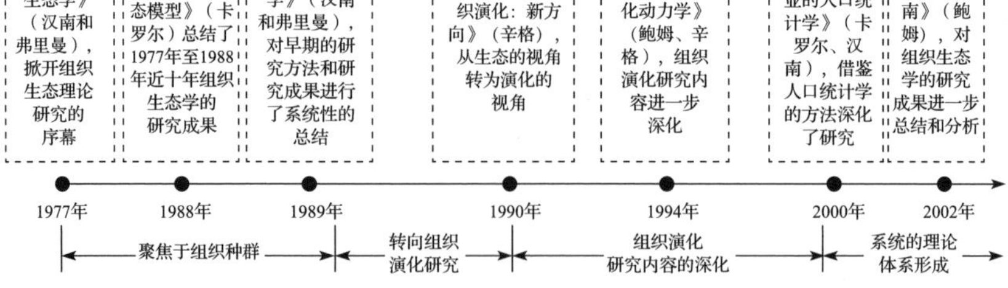

图3-8 组织生态理论的发展过程

1. 第一阶段：聚焦于组织种群

1988年，格伦·卡罗尔主编出版了《组织的生态模型》一书，书中收纳了12篇组织生态学方面的经典文章，总结了1977年至1988年十年间组织生态学的研究成果及研究变化。卡罗尔指出在这十年中，组织生态的研究主要聚焦于组织进入率和退出率，传统的组织理论往往忽视了组织的生存率和死亡率。因此，组织生态理论在这一阶段的最主要的贡献就是对这两个重要现象进行了合理的解释。1989年，汉南和弗里曼的著作《组织生态学》也对早期组织生态理论的相关研究方法和研究成果进行了总结。汉南和弗里曼认为传统的组织生态研究秉持组织聚焦观，分析对象囿于单一的组织层次，缺乏对组织种群的思考，未来组织生态理论的研究应该转为探索某一特定类型的组织群体的活动。因此，该书的内容是按照组织和种群的边界、结构惯性和组织变革、竞争与生态位、组织种群动态模型这样一条主线来展开的（梁磊、邢欣[69]，2003）。总而言之，这一阶段组织生态学关注的重点仍然是组织种群的问题。

2. 第二阶段：转向组织演化研究

该阶段的标志性成果是1990年吉坦德拉·辛格出版的《组织演化：新方向》一书。虽然辛格的成果与第一阶段卡罗尔、汉南等人的著作只相隔了一两年，但是两者从实质上有着较大的差别。区别于卡罗尔把组织的进入率和退出率作为研究的重点，辛格把组织生态研究的中心任务划定为对环境如何决定组织的形态、组织的出生率与死亡率，以及组织形态的变化进行的调查（姚耀、骆守俭[68]，2006）。辛格的书名已经明确地表明了组织演化是他的研究焦点。以这本著作为起点，组织生态学的研究开始从生态的视角转为演化的视角。

3. 第三阶段：组织演化研究内容的深化

1994年，鲍姆和辛格合著出版了《组织的演化动力学》，对组织演化的层级本质展开探讨，并将组织生态学相关的研究成果划分为四个递进的层次，即组织内演化、组织演化、种群演化和群落演化。如果说《组织演化：新方向》是组织生态演化研究的起点，那么《组织的演化动力学》则是组织生态演化研究的进一步发展。在这一阶段，从组织演化视角，诞生了一系列代表性的理论成果，如卡罗尔和汉南的著作《产业中的组织：战略，结构与选择》（1995）、奥尔德里奇的著作《组织演化》（1999）等。在此阶段学者的研究都是从组织演化的角度出发，对组织生态理论进一步丰富和完善。

4. 第四阶段：系统的理论体系形成

2000年，卡罗尔和汉南采用人口统计学的研究方法对组织生态进行了多样的探索，并合著出版了《公司与产业的人口统计学》。随后，2002年鲍姆在《组织的演化动力学》中提出的组织演化四层次的基础上，将组织生态学的研究划分为组织内部、组织自身、组织之间三个视角，并总结了相关的研究成果，出版了著作《组织指南》。这两本书被认为是组织生态理论第四阶段的代表性成果，标志着组织生态理论系统性的研究体系形成。

（二）组织生态理论的主要内容

层次性是组织复杂性最自然的本质之一（Herbert[70]，1962）。因此，要划定组织生态理论的研究界限，首先就要确定组织的层级结构。根据汉南和弗里曼（1997）发表的《组织种群生态学》，可以将组织分为以下五个递进的层级：① 组织内单元；② 组织；③ 组织种群；④ 组织群落；⑤ 组织生态系统。这五个层级刚好对应组织生态理论研究的四个方面。

1. 组织个体生态学

它是以单个组织为研究对象，把企业与自然生命体相类比，重点探究构成组织生态系统的各个内部要素对组织架构、行为和战略的影响。鲍姆在《组织指南》中提出了组织生态学的三种类别，其中，组织内生态学的内涵与组织个体生态学一致。以爱迪思为代表的众多学者提出了企业生命周期理论，该理论以组织个体为研究对象，借用生物体的成长和死亡类比组织的发展和衰退，认为企业同生物体一样，都会经历一个从生到死、由盛转衰的生命周期。处在不同的生命周期的企业会采取不同的组织形式，因此企业生命周期理论可以合理地解释组织内部的变革机制。

2. 组织种群生态学

种群是拥有相同的组织形式并存在资源竞争关系的组织集合（胡伟[71]，2007）。鲍姆在《组织指南》中提出的组织生态学的内涵与组织个体生态学一致。组织种群生态学的研究关注组织的生存率和死亡率，认为组织种群可以通过变种、选择和保留三个过程不断产生新的组织，实现组织生态的动态演进。在这三个阶段中，变种是开端，组织种群不断创建、分化新的组织（罗珉[72]，2001）。选择是发展过程，有的变种是有益的，能够在复杂的市场环境中占据自己的领地并从外部环境中获得所需的资源。而有的变种是无意义的，可能由于其产生的时机不对，缺乏生产发展的市场空间，也可能是其与外部环境形成了较强的竞争关系，遭到了其他组织的打压和破坏。总之，选择是一个优胜劣汰的过程，只有能够适应环境变化，顺应市场发展的组织才能够保留下来。因此，保留是组织种群演化过程的最终结果。

3. 组织群落生态学

组织群落生态学以种群为基本分析单位，重点研究种群之间联系、影响和作用以及种群与环境之间的交互关系（梁磊、邢欣[69]，2003）。鲍姆在《组织指南》中提到的组织间生态学，其重点就是组织群落生态学。组织群落生态学包含并补充了种群生态学的观点（胡伟[71]，2007）。从静态的角度来看，群落生态是不同的种群聚集在一起而形成的特定生态环境；从动态的角度来看，不同的种群聚集在一起，会相互交融、排斥，种群之间的这种动态变化形成了特定的群落生态系统结构。构成种群的组织不同、构成群落的种群也不同，因此，群落也具有异质性。为了正确地处理这种异质性，汉南与弗里曼（1984）建议学者在对组织群落的研究过程中区分组织的核心属性和外延属性。核心属性包括发展目标、核心技术、战略方向等，外延属性包括所属单位的数量和规模、沟通方式、战略联盟等（梁磊、邢欣[69]，2003）。

4. 组织生态系统

组织的生态系统是指在一定的时空范围内，组织群落与外部环境通过各种资源的传递、流动、循环，形成的一个相互联系、制约并能自我调节的复合体。组织生态系统学就是研究组织生态系统的组成要素、结构与功能、发展与演替以及自我调控机制的生态科学。

（三）组织生态理论的评价

组织生态学最为重要的理论贡献之一就是对组织环境的内生作用开始关注（姚耀、骆守俭[68]，2006），强调了环境对组织的影响。组织生态理论对组织间关系的认识经历了从竞争到合作与竞争并存的发展过程，由此对组织与环境的关系的解释视角开始从静态向动态转变（马永斌[73]，2010）。组织生态理论以独特的视角、分析方式以及研究对象对组织理论的发展产生深远的影响，并与交易成本理论、制度理论和资源依赖理论并列为20世纪70年代四种极具影响力和开创性的组织理论（梁磊[67]，2004）。

然而在组织生态学的研究中，组织生态系统这一层次的研究进程较为迟缓，缺乏代表性的理论成果。现今组织生态学的研究主要集中在个体、种群和群落三个层次之中，但是组织环境是一个宏观的范围，并不仅仅局限于某个特定产业或区域，而这三个层次都有特定的研究范畴，因此，这三个层级的研究都无法全面地反映组织的生态环境。在全球化的大背景下，学术界势必要以一个更高的战略视角来全面地分析人类社会所面临的社会、经济、技术等问题，因此，组织生态系统的研究将会是未来组织研究的必然选择。

组织生态理论在我国的研究及应用开始进入热点，在中国知网上以“组织生态”为关键词进行检索，检索时间截至 2020 年 12 月 31 日，对 CNKI 中核心期刊和 CSSCI 来源期刊的文章数量进行统计，组织生态理论相关研究的发文数量及趋势如图 3-9 所示。

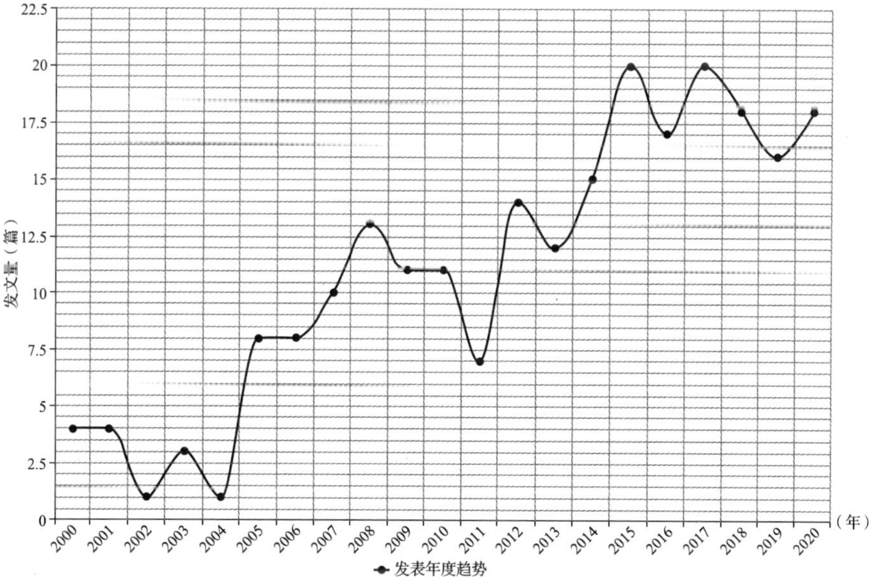

图 3-9　组织生态理论相关研究的发文数量及趋势

五、利益相关者理论

(一) 利益相关者理论的起源与发展

20 世纪 60 年代以前，西方企业界长期施行股东利益至上的管理模式，然而管理学界对这种唯股东论的管理理念发出了质疑，学者们发现消费者、供应商、股东、员工等企业的相关群体或个人都会对企业的发展方向、组织结构、战略目标等产生影响甚至起决定性的作用，企业的发展情况也会影响这些群体的收益。因此，学术界需要一个更加新颖、更具综合性的理念以解释这类群体与企业之间的作用关系。在这种观念的影响下，利益相关者一词被斯坦福研究院创造出来，后经由安索夫、弗里曼、卡拉克森等人的发展，其内涵逐渐丰富，并形成了一个完整的理论体系，成为管理学和经济学等领域中的经典理论。

纵观利益相关者理论的发展过程，“谁是利益相关者”这个问题一直是学者关注的重点，对利益相关者的界定和划分是利益相关者理论的起源和基石。沿着这条研究思路，以 20 世纪 80 年代弗里曼的研究为分水岭，可以将利益相关者的发展过程分为二个阶段，分别是早期探索阶段和对于利益相关者的界定阶段，如图 3-10 所示。

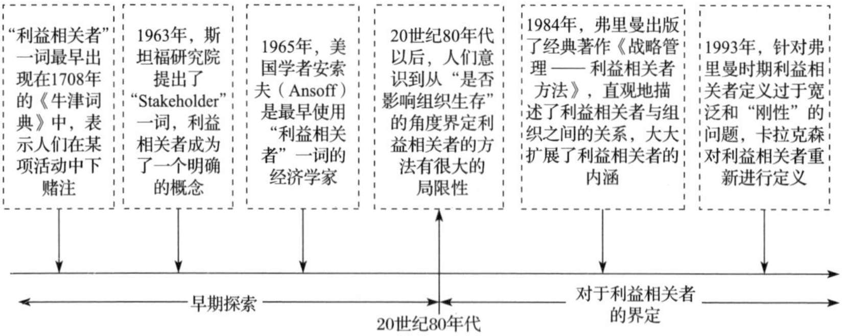

图 3-10 利益相关者理论发展过程

1. 20 世纪 80 年代前：对于利益相关者的早期探索

1963 年，斯坦福研究院的学者受到“Shareholder（股东）”一词的影响，提出了“Stakeholder（利益相关者）”一词，用以指代与企业相关联的群体，利益相关者被正式确立为一个明确、具体的概念。斯坦福研究院将利益相关者定义为企业生存和发展的必要群体，这种界定的理念仅从企业生存的角度看待利益相关者，内涵过于狭隘，但不可否认的是，它已经开始打破长久盘踞在西方企业管理中唯股东论的思想，利益相关者的概念使人们开始意识到股东并不是企业的唯一，实际上企业需要对其生存和发展过程中的所有群体负责。因此，斯坦福研究院的研究是利益相关者理论的启蒙和开端。

1965 年，美国学者安索夫从公司计划的角度对利益相关者展开探讨，他认为利益相关者会制约组织的自由发展，管理层在制订和实施组织计划时，应当重视利益相关者的作用，平衡利益相关者的诉求，在不违背各方意愿的基础上实现组织收益的最大化。安索夫对于利益相关者的见解隐含了要求企业具体问题具体分析的思想，即要在对利益相关者进行全面分析的基础上采取对应的企业行动。安索夫已经充分意识到了利益相关者对企业发展的影响，这在当时具有十足的进步意义，但是他将利益相关者视为企业发展的障碍，理论视角过于偏颇，此外也并未对利益相关者的内涵、分类进行详细的探究。因此，在这个阶段，学术界已经认识到了利益相关者的重要性，并把它视为制定组织战略的必备因素，但缺乏对利益相关者的深入研究，利益相关者的类型、运用和治理等问题仍需要进一步探讨。

2. 20 世纪 80 年代后：对于利益相关者的界定

20 世纪 80 年代以后，对利益相关者的简单划分已经无法适应经济全球化背景下日益剧烈的企业竞争，人们意识到仅从是否影响组织生存的角度划分利益相关者有很大的局限性。1984年，弗里曼首次将利益相关者引入组织战略管理中，并出版了经典著作《战略管理——利益相关者方法》，他将利益相关者定义为能够影响一个组织目标的实现，或者会受到组织目标实现过程影响的人。这个概念直观地描述了利益相关者与组织之间双向的作用关系，深化了利益相关者的内涵，成了20世纪80年代利益相关者研究的一个标准范式。沿着弗里曼的思路，学术界的研究重点转向了对利益相关者和组织之间的双向作用的探讨，强调组织战略管理中利益相关者的参与，开启了利益相关者研究的新阶段（李洋、王辉[74]，2004）。

虽然弗里曼对利益相关者的描述在学术界有着划时代的意义，但他对利益相关者的界定过于宽泛，不仅将股东、管理者、员工、供应商等与组织有直接关系的群体视为利益相关者，还将社区、媒体、政府等与组织存在间接关系的群体囊括其中。学者们发现使用弗里曼的分类方法对利益相关者进行量化研究十分困难。因此，针对弗里曼时期利益相关者定义过于宽泛和“刚性”的问题，1993年，以卡拉克森为首的学者在加拿大多伦多大学专门召开了探讨利益相关者管理问题的国际学术会议，与会学者经过激烈的讨论后，普遍赞同卡拉克森的观点，即利益相关者是在企业中投入了资金、人力、材料等许多有价值的资本并由此承担了企业活动带来的某些风险的群体。卡拉克森的定义排除了媒体、社区、政府等过于宽泛的群体（任海云[75]，2007），加强了企业与利益相关者的联系，使利益相关者的内涵更加明确、具体。此后，学者们顺着卡拉克森的研究思路，从多个角度对利益相关者进行划分，利益相关者的研究开始从更全面、广阔的视角进行新的探索（贾生华、陈宏辉[76]，2002）。

（二）利益相关者的划分

对利益相关者的划分和界定是利益相关者理论的研究基础和前提，只有弄清楚哪些群体属于利益相关者，才能进一步开展基于利益相关者共同参与的组织管理研究。目前，对于利益相关者的划分主要有多维细分法和米切尔评分法两种类型，多维细分法又分为查克汉姆、卡克森、威勒等人的分类方法。

多维细分法对利益相关者的划分主要有以下几种方式。①根据组织与相关利益群体之间是否存在交易合同关系，可分为公众型与契约型（Charkham[77]，1992）。②根据相关利益群体是主动向组织提供资金、人力、材料等许多有价值的资本并自愿承担组织经营活动带来的风险，还是被迫提供人力、物力等投资并被动承担相关风险，可以分为自愿型和非自愿型。还可以根据企业与利益群体的关系的紧密程度分为主要和次要利益相关者（Clarkson[78]，1995）。③根据相关利益群体与企业关系的紧密程度，可以分为首要型和次要型，首要型利益相关者与企业有直接的关联，次要型利益相关者通过社会活动与企业建立间接的联系。随后，威勒将社会性维度引入分类标准中，根据是否与具体的人发生联系，在首要型和次要型的基础上将利益相关者进一步划分为首要的社会型、次要的社会型、首要的非社会型、次要的非社会型四种类型。首要的社会型是供应商、消费者、投资者等与企业直接关联并有具体的主体参与的群体；次要的社会型是其他企业、团体、居民等与企业形成间接关系并有主体参与的群体；首要的非社会型是自然环境、人类后代等与企业直接关联，但不和具体的主体发生联系的群体；次要的非社会型是非人物种等与企业形成间接关系，但不和具体的主体发生联系的群体（Wheeler 和 Sillanpaa[79]，1998）。

多维细分法主要是从利益相关者的内涵出发，对其属性进行划分，缺乏实证研究中的可操作性。因此，美国学者米切尔另辟蹊径，采取赋分的方法来对利益相关者进行归类，米切尔提出了利益相关者的三种属性——合法性、紧急性和权力性。合法性代表对企业拥有合法的索取权，紧急性代表能够引起高层的关注和重视，权力性代表能对企业的决策施加影响。米切尔认为要成为某个组织的利益相关者，必须要拥有其中一条或者多条属性，因此，在判断某个群体是否为利益相关者、是哪一类利益相关者时，首先要对这三种属性进行赋分，根据分值的高低将其归类，可归纳为确定型、预期型和潜在型三种利益相关者类型。其中，确定型同时拥有合法性、权力性和紧急性三种属性，预期型拥有其中的两种属性，潜在型只拥有一种属性。米切尔提出的评分方法极大地提高了利益相关者界定的可操作性，具有较高的实践价值，是利益相关者界定和分类中最常用的方法（任海云[75]，2007）。

（三）利益相关者理论的评价

利益相关者理论经历了从窄定义到宽认识、从多角度细分到属性评分的渐进式发展过程，并逐渐与组织治理、战略管理、市场营销等多个管理理论相融合，具有较大的普适性和科学性（李洋、王辉[74]，2004）。将利益相关者纳入企业管理中，可以帮助企业正确认识利益群体与组织发展的关系，平衡利益相关者的诉求，为企业战略的制定打下基础，是企业持续、高效、长远发展的前提。

但是，利益相关者理论的研究也存在着一些不足。首先，该理论对利益相关者的定义和划分过于笼统，缺乏对企业环境异质性的考虑。在不同的外部环境下，利益相关者也会表现出不同的特点，不能一概而论。其次，现有的研究普遍停留在理论层面，缺乏对利益相关者利益的量化研究（任海云[75]，2007）。哪种类型的利益相关者参与公司治理能够影响组织绩效？这种影响是正向的还是负向的？企业如何削弱或增强利益相关者对公司绩效的影响？这些实证方面的研究和评价标准都还存在明显的欠缺（李洋、王辉[74]，2004）。

利益相关者理论在我国的研究及应用始于21世纪初。在中国知网上以“利益相关者”为关键词进行检索，检索时间截至2020年12月31日，对CNKI中核心期刊和CSSCI来源期刊的文章数量进行统计，利益相关者理论相关研究的发文数量及趋势如图3-11所示。

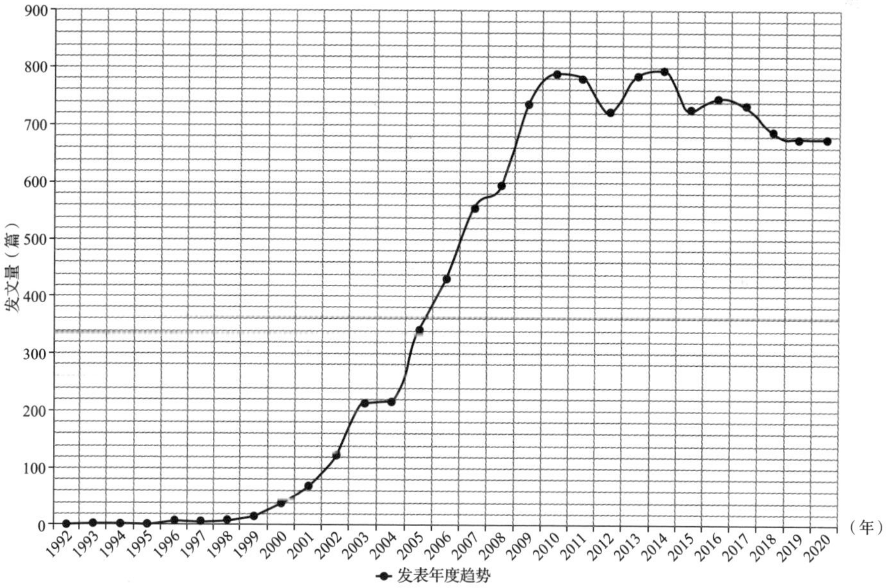

图3-11 利益相关者理论相关研究的发文数量及趋势

第三节　小结与评述

组织是环境中的组织，与特定的内外部环境相联系，并不断产生资源、信息和物质的交流与转换，组织与环境的交互关系正是开放系统观下的组织的基本特征。对这一特征的认识和研究经历了很长的一段时间，在这个过程中，众多学者从不同的角度和学科对这一特性进行探索和研究，形成了一系列精彩纷呈的组织与环境关系的理论和模型[①]。因此本章回顾了组织与环境理论的发展历程并归纳为产生、发展、融合三个阶段，重点论述了交易成本理论、资源依赖理论、制度理论、组织生态理论和利益相关者理论的起源、发展与内涵并进行了理论评析，以有效理解和把握组织环境的发展脉络、理论基础和研究边界。

交易成本理论产生的时间最早，是研究企业边界决策最为重要的理论。1937 年，科斯首次将交易成本的概念引入经济分析中，从交易成本的角度分析了组织存在的原因以及不同的组织形式对交易活动的影响，对组织管理思想的发展具有重要的意义。但是交易成本理论过多地注重交易效率的提高和交易费用的控制，忽视了对政策、文化、资源等因素的考虑，而这些因素在组织与外界的交互过程中发挥重要的作用，因此，交易成本理论的实践意义有所欠缺[②]。资源依赖理

① 张延锋，刘益，李垣. 国内外战略联盟理论阐述评述［J］. 科学学研究，2003（1）：75-79.

② 陈淑伟. 开放系统组织研究的历史与理论［J］. 山东社会科学，2007（3）：146-149.

论、制度理论和组织生态理论是20世纪70年代并线发展的三个重要理论，其侧重点有所不同。在交易成本理论中，经济学家们假定企业都是同质的，缺乏对企业资源能力的异质性的考虑。而组织边界的确定、组织的成长与发展、外部环境中竞争优势的获取等都会受到组织资源的异质性影响。因此，资源交换理论可以解释企业在外部环境中的纵向整合行为[①]。但是交易成本理论和资源依赖理论都假定了组织在生产经营活动过程中所面临的制度建设是完善的，这一点与经济全球化和政治多极化背景下复杂、动态、多元的制度环境不符。而制度理论从制度环境的强制性、规范性以及模仿性角度研究组织的趋同性问题，并试图回答为什么不同组织间会呈现出相似特征这个问题。制度理论更加明确地阐述了环境是如何影响组织行为，特别是以什么样的方式来主导组织的战略选择。但是制度理论认为组织在制度环境的约束下只能进行组织趋同从而规避风险，其组织趋同的概念过于强调组织的被动性[②]。但是实际上组织与制度环境的关系并不是简单的被动和主动关系，制度环境虽然可以影响组织的生存和发展，但是组织也可以根据自身所拥有的资源对制度环境的压力做出积极的应对，乃至控制制度环境[③]。资源依赖理论和制度理论都是从组织的角度出发，强调组织对于环境的适应性，而组织生态理论则是从环境的角度出发，强调环境对组织的选择性。早期的组织生态理论秉承达尔文的自然选择观点，着眼于整个组织群体或产业，强调环境通过资源的稀缺性和优胜劣汰原则来完成对组织群体的选择过程。作为一种极端的认识，早期的组织生态理论认为组织战略管理好坏对企业发展没有任何

① 吴小节，陈小梅，谭晓霞，等. 企业纵向整合战略理论视角研究述评［J］. 管理学报，2020，17（3）：456-466.

② 邓吉. 基于新制度组织理论的战略管理研究综述［J］. 中国商贸，2013（13）：171-173.

③ Christine Oliver. Strategic responses to institutional processes［J］. The Acadenry of Management Review，1991，16（1）：145-179.

差别，组织只能适应环境而无法影响和改变环境。但随着研究的进一步深入，卡罗尔等人指出制度、政治、文化等一系列社会标准都可以对组织生态选择的过程做出合理的解释，这一思想解释了环境对组织的选择方式，暗含了组织可以通过对社会标准的遵从从而符合环境的选择标准，在这个意义上组织生态学与制度理论的界限就逐渐模糊。因此，资源依赖理论、制度理论和组织生态理论虽然侧重点不同，但都有相互交叉、融合的部分。从学科视角来看，交易成本理论和资源依赖理论都是利用经济学的原理解释组织关系，制度理论则着眼于行为科学，利益相关者理论恰好介于二者之间（马永斌[73]，2010）。从经济学的角度来看，组织是利益相关者之间进行利益协调的工具，组织为了降低交易成本、获取资源会积极地与利益相关者建立联系，制度理论则帮助组织从行为的角度判断与某一组织或个体建立联系是否合适。从内涵上看，利益相关者的概念暗含于其他所有组织环境理论当中，利益相关者包括所有能够影响组织活动或是受到组织活动影响的群体，组织的存在不是孤立的，其生产经营活动必然会涉及利益相关者的概念。

这五种理论模型在看待组织关系的视角上，从原先的完全的静态视角——单纯地强调竞争或合作，逐渐转变为动态的视角——竞争与合作并存并相互转化。这一转变使得组织与环境的关系构建更加多元化，组织环境理论也得到更深入的发展。

第四章

组织文化理论形成与发展

▲

CHAPTER 4

第一节　组织文化发展演变

一、组织文化的萌芽

组织文化这一概念产生的时间不长，在19世纪70年代以前，与文化相关的研究仍囿于社会学、历史学等人文学科的范畴。但每一种新的理论和思想的诞生，都是对传统理论的批驳或发展。追溯组织文化的理论渊源，不难发现组织文化理论也同样是管理理论自然演进的产物（张亚萍[80]，1998）。

在以泰勒、韦伯、法约尔为代表的古典管理理论阶段，虽然主要强调的是理性管理和提高生产效率，但其思想中已经有对组织文化的要素或特征的初步认识。其中，最具代表性的是泰勒的科学管理理论及其实践机制——泰勒制。泰勒提出的著名的科学管理理论四原则中提到要进行工作挑选的科学化和劳资协作的科学化。工人挑选科学化是注重对工人科学的挑选和培训。泰勒工人挑选科学化的主张的出发点虽然是为了提高企业生产效率，但伴随着企业利益提高，员工个人的职业素养和能力也通过培训得以提高。企业和员工双向收益，符合组织文化的特征，可以被认定为一种鼓励型的组织文化。除了针对工人本身来进行科学管理之外，泰勒还对管理过程中必然涉及的管理者和被管理者之间的关系进行了明确，并提出了劳资科学协作化原则。与传统管理模式中对立的劳资关系不同，泰勒认为劳资双方的利益是一致的、可以进行相互协调的。在泰勒看来，既然双方的利益是一致的，那么实现亲密的劳资协作就是可能的，泰勒的劳资科学协作化原则的内涵是企业在追求利润最大化的同时，要改善内部工作环境，与员工建立良好的合作关系。虽然泰勒对员工关系的认识十分粗浅，并且机械性地把各司其职看作是员工关系的协调，缺乏对管理柔性化的认识，但毕竟其思想内涵已经注意到了人的因素并提出了劳资双方要进行一场精神革命的号召，所以这在当时仍具有一定的进步意义。

由于古典管理理论缺乏对员工情感的了解和重视，将人视为机器的附属物，在这种情况下，劳资矛盾愈发尖锐，古典管理理论的弊端日益明显。由此，在20世纪30年代，行为科学便应运而生。行为科学阶段开始正式关注组织中人性问题和员工的个人需求，尽管仍没有跳出理性管理的思维框架，但对组织中员工关系的认识迈进了一个新的阶段，其中最具代表性的是梅奥的霍桑实验。首先，梅奥认为人是“社会人”，人拥有复杂的社会关系，这种社会性要求组织除了满足人在物质方面的需求外，还需提高人在社会方面和精神方面的满足感。在组织中需要建立一种共同的价值观念来维系管理者与员工之间的情感联系，而这种价值观念就是我们通常意义上的企业文化。其次，梅奥认为企业的生产效率取决于员工的工作态度和工作积极性，也就是通常意义上的员工士气和工作情绪。而员工士气又和工作满足程度正相关，因此，提高生产效率的恰当方式应该是提高员工的工作满足感，工作满足度的提高需要对员工进行精神激励，这种激励也是企业文化的一种建设方式。最后，梅奥认为管理者重视非正式组织的作用，非正式组织与正式组织的区别在于联络的方式不同，正式组织以工作效率联络组织成员，而非正式组织则是利用情感联络组织成员。这种非正式组织实际上正是企业文化的一种载体，管理者可以融入非正式组织并对组织中的行为进行引导，从而建立一种管理者所提倡的组织情感。总之，行为科学管理理论强调组织管理中人的因素，认为行动是人的思想、情感、经历的外在表现。行为科学管理理论对组织管理产生了重要的影响，为组织文化的产生做出了铺垫。此后，管理学步入了一个发展、创新、分化、共存的新阶段，诸多管理学派从不同的角度对组织管理进行探讨，管理学界呈现出百家争鸣的态势。

20 世纪 60 至 80 年代，随着管理科学的进一步发展，企业管理再没有像泰勒的科学管理理论或行为科学理论时期那样定于一尊，这个阶段也被称为管理理论的丛林阶段。这一时期产生的主要管理流派有以下四个。① 以西蒙为代表的决策管理学派，该理论十分强调决策职能在管理中的重要地位，认为管理者应该集中研究决策问题，管理的过程就是决策的过程，管理的核心就是决策，要以有限理性的人替代有绝对理性的人。这种有限理性的观点实际上已经向传统的完全理性发起了挑战。② 以德鲁克为代表的经验管理学派，该理论提出要实施目标管理，主张将工作和个人发展相结合，使员工在自我管理和控制的过程中实现组织的发展目标。德鲁克认为“管理是一门科学又是一门文化。它受到文化的影响，又影响文化和社会的形成。”这实际上已经为组织文化理论的产生做了铺垫。③ 以巴纳德为代表的社会系统学派，该学派从社会学的视角下将组织视为在文化环境的推动和社会冲突的压迫下形成的社会有机体，巴纳德对组织内存在的非正式组织的作用给予了肯定，认为非正式的组织具有相互协作、共同目标、信息沟通三个基本要素。这种观点已经具有了很浓的文化气息。④ 以卢桑斯为代表的权变理论学派。该理论认为人是很复杂的，每个人的需求内容和需求层次都不尽相同。这要求管理者具体问题具体分析，根据企业所处的内外部环境随机应变、采取灵活多样的管理方式。该流派提出的复杂人假设理念和权变思想已经为企业文化的发展铺上台阶。

在管理理论丛林阶段，多种管理学派并存，管理科学在此阶段趋于成熟。此阶段将计算机科学、系统论、控制论等最新研究成果引入组织管理理论中，对组织管理采用定量分析的方法，强调统计分析和数学建模。定量分析工具在管理研究中的广泛应用反映了管理研究走向了理性化和科学化。但另一方面，组织管理在此阶段呈现出了过度的理性热潮，过分提倡自然科学的研究，忽略了对社会科学的探索；强调理性的思考，忽视了情感的作用；崇拜逻辑和推理，贬低了热情和人性。定量分析本是研究工作中必不可少的工具，但一旦对其过于强调和依赖，便会陷入偏颇，产生各种弊端。正是上述的管理思想的三大缺陷给当时的管理学界带来了组织理论危机，人们开始思索如何重塑组织管理理论，建立一个更复杂、更完备、更有说服力的组织管理模型（李成彦[81]，2006）。

二、组织文化的产生

1970 年，美国波士顿大学教授戴维斯在《比较管理——组织文化的展望》中率先提出了组织文化的概念，并将其应用于组织管理研究（John[82]，2000）。1954 年美国著名管理学家彼得·德鲁克在《管理的实践》中，把管理与文化直接相联，提出了管理也是文化的论点（彼得·德鲁克[83]，2018）。遗憾的是，戴维斯和德鲁克对于组织文化的论述并未引起较大的关注。直到 20 世纪 70 年代后期，日本企业飞速发展，抢占了美国企业的国际市场，成为第二次世界大战后势头最猛的国际竞争者，给美国学术界和企业界带来了极大的冲击和震撼，管理学界由此掀起了日本研究热潮。在对比美日两国组织的相关差异后，美国学者把目光锁定在组织文化上，以组织文化为研究对象的管理革命正式开始（祁文祖[84]，1990）。

第二次世界大战后，国力强盛的美国并未高度重视战败国日本，曾任美国驻日大使的赖肖尔曾经评价“日本的经济未来极为暗淡”（祁文祖[84]，1990）。但是1956年后，日本经济的快速腾飞给西方国家带了巨大的思想冲击。1966—1970年间日本实体经济增长率均保持在10%以上。特别是在20世纪70年代后期，在石油危机的冲击下，美国陷入了严重的通货膨胀和经济停滞的滞胀时期，然而高度依赖石油进口的日本的经济并未受到影响，经济仍然保持上行趋势，生产不断扩大的同时通货膨胀率却始终保持在较低水平。1980年，日本一跃成为仅次于美国的世界排名第二的经济强国，并在各个领域对美国经济形成威胁。如此长时间、高质量的经济增长给以美国为首的西方国家带来了极大的冲击，促使美国开始反思为什么美国企业会落后于日本企业。与美国的管理制度相比，日本的组织管理可谓“毫无章法”，它没有详细的员工绩效指标、没有专业的劳动分工、没有明确的组织架构，甚至采取终身雇佣制、迟缓晋级和评价含糊的年功序列制。面对日本种种“混乱”的管理模式，美国学者脱离管理方式本身，从精神层面对日本的组织管理展开了研究，最终得出的结论是日本企业发展壮大的关键是其十分重视组织文化建设。在日本研究热的背景下，帕斯卡和阿瑟斯的《日本的管理艺术》（1981）、威廉·大内的《Z理论——美国企业界怎样迎接日本的挑战》（1981）、特雷斯·迪尔和艾兰·肯尼迪的《企业文化》（1982）以及彼得斯和沃特曼的《成功之路》（1982）四本著作诞生，标志着组织文化研究的正式兴起，在管理理论的研究史上具有划时代的意义（陈宏[85]，2006）。

除了日本经济奇迹给西方国家带来的竞争危机外，组织文化的兴起还伴随着西方国家的社会危机，也就是我们现在所称的西方后现代社会综合症。20世纪60年代后，伴随着技术革新和资本主义的发展，劳动性质和劳动力结构发生了巨大的变化。现代企业中体力劳动的比例逐渐减少，脑力劳动的比例逐渐增大，这就要求员工不断地学习新技能、分享新观念，劳动性质的变化使得管理者必须去思考如何调动员工的工作积极性，引导员工主动进行创造性思考。与劳动性质变化对应的是劳动力结构中蓝领工人的比例下降，白领工人的比重上升。这些知识型员工具有较高的个人素养和更强的自我独立性，更注重精神奖励，不能按照传统管理模式对其进行严格的监督和管控。科学技术的发展引致的劳动性质和劳动力结构的变化要求管理者顺应时代的浪潮，对管理方式和管理理念有全新的认识，必须学会在企业中树立一套新的文化体系，以价值观念引领现实世界。与此同时，资本主义的发展也使得资本家开始凭借资本剥削劳工、控制国家政权、主导社会意识形态。在这种背景下，后现代主义思想兴起，猛烈抨击现代化过程中产生的剥夺人的主体性、抑制人的思想、把人视为生产的机器等现象（汪辉勇[86]，2014）。后现代主义的无中心意识和多元价值取向使人们开始抛弃传统的封闭价值观念，从思想上进行彻底的解放，更加注重自我需求的满足和个人价值的提升。虽然在批判和反思的过程中存在着一定程度上的矫枉过正，但后现代主义思潮所高扬的对人的价值和尊严的追求的大旗，无疑为以员工的精神世界为研究主体的企业文化开辟了前行的道路。在社会结构和意识导向的双重压力下，管理学界开始重视员工管理中的情感因素，重新把目光聚焦到组织文化上。

综上所述，组织文化的兴起，是理论、企业和社会三个层面现实的需要（李成彦[81]，2006）：一是组织理论的危机。传统的理论虽然已经开始关注组织中人的因素，但其核心观念仍聚焦于工作绩效、薪资福利、培训开发等组织结构方面，这样的理论过于浅显，不符合时代的发展，理论界亟需寻找一个能综合考虑社会意识、符号处理以及政治体系的模型以重新阐明组织发展的驱动力。二是竞争的危机。战后日本创造的经济奇迹，给以美国为首的西方国家带来了强烈的危机感和落差感，他们迫切需要寻找新的工具，以提高自身的竞争优势。而组织文化恰好是日本企业制胜的关键。三是社会危机，是社会价值观导向和人们思想层面的深层次危机。后现代主义的兴起促使着人们对自我的认知更加深刻、清晰，思想观念得到彻底的解放，传统的物质激励已经无法满足员工的心理需求，劳工结构和意识形态的变化迫使管理者开始思索如何从精神层面调动员工的工作积极性。这三种危机的叠加促使美国学者把研究目光锁定在组织文化上，并开始着手重塑美国的管理理论体系。随后，1980 年，美国《管理评论》《商业周刊》《哈佛商业周刊》等商业期刊和学术期刊都以显著的标题、着重的篇幅介绍了组织文化的管理，组织文化从此成为组织领域研究的主流议题（张亚萍[80]，1998）。

三、组织文化的发展

（一）组织文化的内涵

20 世纪 80 年代起，组织文化是组织管理研究领域的重要议题之一。管理学家从不同的角度对组织文化进行定义，至今仍没有一种统一的标准，诸如认为组织文化是一种心智模式（古尔特・霍夫斯泰德，1980）、组织的哲学（威廉・大内，1981）、价值优势（特雷斯・迪尔和艾兰・肯尼迪，1982）、基本假设（沙因，1985）、价值总和（丹尼尔・丹尼森，1990）、经营实践的反映（约翰・科特和詹姆斯·赫斯克特，1992）等（李成彦[81]，2006），如表 4-1 所示。

表 4-1　国外学者对文化内涵的理解

研究作者	分析角度	文化内涵
吉尔特·霍夫斯泰德（1980）	心智模式	组织文化是生活在同一个环境下的人们所共有的心理程序
威廉·大内（1981）	组织哲学	组织的传统和气氛构成了一家组织的文化
特雷斯·迪尔和艾兰·肯尼迪（1982）	文化构成	组织文化就是通过培养价值观念、创造英雄形象、规定习俗仪式、了解文化网络这一系列措施来统一、同化员工的行为
沙因（1985）	基本假设	组织文化是一种由基本假设构成的模式
丹尼尔·丹尼森（1990）	价值观差异	组织文化是全体组织成员共同遵循的价值观念、职业道德、行为规范和准则的总和
约翰·科特和詹姆斯·赫斯克特（1992）	企业文化对市场环境的适应程度	组织文化可以分为强力型、策略合理型和灵活适应型三种类型

资料来源：李成彦. 组织文化研究综述［J］. 学术交流，2006（6）：183-185.

在西方的这些众多研究中，最为管理学界所认可的是沙因对于组织文化的定义，沙因的著作《组织文化与领导》（1985）一度被视为组织文化学派创立的标志。沙因认为将组织文化仅仅视作组织成员共同遵循的某种准则或信念的这种观点只揭示了组织文化的部分含义，缺乏对组织文化本质的探究。沙因认为文化应该是组织成员共同认可的一种基本假设，代表一种无意识的、潜移默化的思维和价值信念，是个人或群体在实践过程中逐渐形成、发展和内化的，会随着个人经历或外在环境的变化而发展。如果熟知基本假设的演进过程，就可以尝试改变文化（李成彦[81]，2006）。

我国学者对于组织文化的界定基本上是借鉴了国外学者的观点，

并进行适当的本土化，由此产生了一系列具有代表性的学说，如表 4-2 所示。虽然学者们从不同的研究角度和概括方式上对组织文化做出了不同的界定，但其基本内涵都有相通之处，可以归纳为以下三个观点。

① 多因素组合观点。该观点认为组织文化是实体器物、企业章程、价值观念等多种因素共同组成的产物。

② 行为准则观点。该观点认为组织文化是员工在实践中形成的，会共同遵守的行为规范，对员工的行为具有约束和导向作用。

③ 精神现象观点。该观点认为组织文化是企业多种精神现象的总和，代表着企业最高的意识形态。

表 4-2 中国学者对企业文化内涵的理解

类别	学说	企业文化的内涵阐述
多因素组合观点	同心圆说	企业文化是同一圆心的三个文化圆。外圆为物质文化，包括企业的产品、硬件设施、内部装潢等客观物质；中圆为制度文化，包括员工准则、工作条例等制度规范；内圆为精神文化，包括企业的价值观、风气等精神形态内容
	总和说	企业文化是物质文化与精神文化的总和。物质文化是显性文化，如企业的实体器物；精神文化是隐性文化，如企业风气、习俗等
	成果说	公司文化是企业发展到一定程度后生产技术和经营方式现代化程度的体现，体现了企业物质文明和精神文明建设的成果
行为准则观点	群体意识说	企业文化是员工在实践中产生的群体意识以及由此引起的行为规范
	群体规范说	企业文化是指企业员工共同遵守的、无形的群体规范
精神现象观点	组织意识形态说	企业文化是企业的上层建筑，代表企业最高的意识形态，包括风格、艺术等众多意识活动产物
	精神文化说	企业文化是以价值观念为核心的思维方式和行为规范的多种精神现象的总和
	力量说	企业文化是指集中全公司的力量于某一方向后形成的某种共同的精神文化

资料来源：陈影. 组织文化与组织公民行为的关系研究［D］. 杭州：浙江工商大学，2008.

（二）组织文化的测量

恰当的测量工具是对组织文化进行深入研究的前提。20 世纪 80 年代，关于组织文化测量方法的研究出现了两大学派：以沙因为代表的定性研究学派和以奎因为代表的定量研究学派（陈影[87]，2008）。定性测评往往深入到具体情景中，能够比较全面地了解组织文化的各个维度，但其结果具有一定的主观性，易受到测评环境的影响，缺乏普适性；定量测评使用的是预先设定的标准，与具体的情境无关，测评过程更加严谨，但其结论缺乏整体性，通常只能表达组织文化的部分维度，缺乏对行为意义的反馈。与定性测评相比，定量测评能够对组织文化进行更加严谨、科学、规范的评估和诊断，可操作性更强，更容易在企业实践中推广，因此越来越受到理论界的关注，众多的学者纷纷对组织文化的测评方法进行设计和完善（韩巍、张含宇[88]，2003），由此产生了多种广泛使用的组织文化测量量表，其中具有代表性的有 OCI 量表、OCP 量表、OCQ 量表和 OCAI 量表。

1. 组织文化清单（Organizational Culture Inventory，简称 OCI 量表）

该量表通过测量与组织成员共享的信仰和价值观相关的行为标准和期望来评价组织文化，并指出有 12 类标准化信仰和分享行为期望会影响组织成员的思考和行动，进而形成三种组织文化。标准化信仰是指当个人融入到某个团体或组织中后，团体或组织中的其他人对他的行为的期望，分享行为期望是组织成员所共有的标准化信仰，这 12 套标准化信仰和分享行为期望分别是接受成员、认可、惯例、依赖、避免、反对、权力、竞争、完美、成功、自我实现和激励。三类组织文化是建设型文化、被动防御型文化和主动防御型文化（曾昊、陈春花、乐国林[89]，2009）。

2. 组织文化剖面图（Organization Culture Profile，简称 OCP 量表）

加州大学的查特曼等人从人—组织的契合度和个体的有效性两个方面划定了 54 个测量条目，组成了 7 个测评维度测量组织的价值观念，分别是稳定性、革新性、团队导向、结果导向、注重细节、尊重员工、进取性（Charles 等[90]，1991）。

3. 组织文化问卷（Organization Culture Questionnaire，简称 OCQ 量表）

美国学者丹尼森没有划分组织文化的具体类型，而是从组织有效性角度出发，依据内部整合—外部适应、变化—稳定两个指标，将组织文化分为适应性、使命感、一致性、参与性四个维度，构建了一个能描述有效组织的文化特质理论模型（Denison 和 Mishra[91]，1995）。

4. 组织文化评价量表（Organization Culture Assessment Instrument，简称 OCAI 量表）

OCAI 量表的理论基础是奎因等人早期构建的竞争价值模型，该模型从灵活性—稳定性和关注内部—关注外部两个维度将组织文化划分为团队型、灵活型、层级型、市场型四种类型。早期的竞争价值模型作为一个理解组织有效性的框架被运用到组织研究的多个领域，经过大量的实证检验，竞争价值模型的有效性得到广泛认可。基于此，卡梅隆和奎因在竞争价值模型的基础上，从组织绩效表现的影响因素中提炼出了 24 个组织文化的测量题项，从主导特征、领导风格、员工管理、组织凝聚、战略重点和成功准则 6 个方面对组织文化进行评价。与其他组织文化测评量表相比，OCAI 量表既有坚实的理论基础，又经过了大量的实证检验，以其直观性、便捷性和普适性受到组织管理人员的广泛推崇，成为组织文化研究领域最具影响力和代表性的测评工具（邹常春、陈洪玮[92]，2008）。

与国外组织文化研究的兴起时间相当，我国学术界对于组织文化的关注同样始于20世纪80年代的第一次组织文化研究热潮，但彼时我国内地的学科力量和科研条件较为薄弱，缺乏与外界的广泛交流，因此，早期我国内地对于组织文化的研究范式未能与国际接轨，缺乏定量的分析工具，而港澳台地区与国际的联系更为密切，其研究方法和研究理念也更加国际化。台湾大学的郑伯壎教授是我国最早对组织文化进行量化研究的学者，他结合中国的本土情景和沙因的组织文化思想，开发出了组织文化价值观量表（Valuable Organizational Culture Scale，VOCS）（郑伯壎[93]，1990），VOCS量表包含科学求真、顾客取向、卓越创新、甘苦与共、团队精神、正直诚信、表现绩效、社会责任和敦亲睦邻九个维度。郑伯壎对这九个维度进行因子分析后得到了两个更高阶的维度：外部适应价值和内部整合价值。VOCS量表是中国第一个完全本土化的量表，在组织文化测量方面具有划时代的意义。1998年，王重鸣等人引入了港台学者对组织文化的研究成果，把国际上流行的对于组织文化研究的定量分析方法推广至内地，为内地的组织文化研究提供了新的分析工具和理论视角（曾昊、陈春花、乐国林[89]，2009）。占德干和张炳林运用霍夫斯泰德的研究方法和分析框架对企业文化进行了定量的实证性探索，该研究是20世纪90年代内地学术界在企业文化方面为数不多的定量研究（占德干、张炳林[94]，1996）。陈春花运用沙因的文化层次模型对两家文化氛围迥异的企业展开分析并对企业文化的定义、要素和功能进行了界定（陈春花[95]，1999）。进入20世纪后，我国的组织文化研究呈现出了百花齐放的蓬勃态势，众多的学者充分吸收了国外先进的组织文化研究理念，结合本土情景开发出新的测评量表。如王国顺等人对OCQ量表的假设进行改进，重新归纳出了企业意识、员工意识、团队意识、创新意识、核心价值观、顾客意识、目标愿景七个维度，使之更贴合中国国情（王国顺、张仕璟、邵留国[96]，2006）。戴化勇等借鉴了OCAI量表和OCQ量表，在充分考虑到国内企业和国外企业文化特征差异性的基础上，提出了组织文化的8个测评维度（戴化勇、鲍升华、陈金波[97]，2010）。但是总体来说，我国对于组织文化测量的研究主要是在国外的相关理论基础上进行本土化的改造，理论的创新性和开拓性较为欠缺，也并未在国内外产生较大影响。

第二节　组织文化主要理论

20 世纪 80 年代后，组织文化成为了西方管理学界的热门议题，产生了一系列有代表性的理论成果，如迪尔和肯尼迪的企业文化五因素论、帕斯卡和阿瑟斯的 7S 管理框架、大内的 Z 理论、沙因的组织文化理论、霍夫斯泰德的文化维度理论和丹尼森的组织文化理论等。

一、迪尔和肯尼迪的企业文化五因素论

（一）企业文化五因素论的产生背景

20 世纪 80 年代，第二次世界大战后日本企业迅猛发展给美国企业造成了强力冲击，组织文化管理由此兴起。在此背景下，1981 年，特雷斯·迪尔和阿伦·肯尼迪合著出版了《企业文化——现代企业的精神支柱》，这是组织文化理论诞生的标志之一。

（二）企业文化五因素论的主要内容

特雷斯·迪尔和艾兰·肯尼迪提出了组织文化的五个构成要素，分别是企业环境、英雄人物、习俗和礼仪、文化网络、价值观，这五个要素在组织文化的缔造过程中分别发挥不同的效用。企业环境的外延较为宽广，涵盖了企业生产经营活动过程中面临的一切社会、制度、市场、内部管理等内外环境，对象从企业员工、管理层扩展至

消费者、经销商、政府等一切社会行为主体（韩文辉、吴威威[98]，2000）。英雄人物是组织文化的人格化，是组织成员效仿的典范。习俗和礼仪是组织文化的外在表现，是在组织的日常活动中经常出现的、众所周知的但又没有明文规定的东西，例如入职仪式、部门团建、庆功典礼、研讨会等。文化网络代表的是组织中信息传播的非正式渠道，例如小道消息、流言蜚语等。价值观是组织长期实践经验的概括，是组织文化的核心和基石，也是组织文化建设的最终目标。

在组织文化五因素的基础上，迪尔和肯尼迪以组织对风险的承受程度和反馈的速度两个维度为基础，进一步把组织文化归纳为四种类型："拼命干、尽情玩"型、强悍型、按部就班型和赌注型，如图 4-1 所示。其中，"拼命干、尽情玩"型文化常见于运转灵活、生机勃勃的销售行业和服务行业，强悍型文化常见于风险较大的行业，按部就班型文化常见于金融、保险以及事业单位，赌注型文化往往见于实力雄厚的大型企业，其丰厚的财力、物力和人力使得其容错率较高，能够接受高风险、慢回报的投资决策。

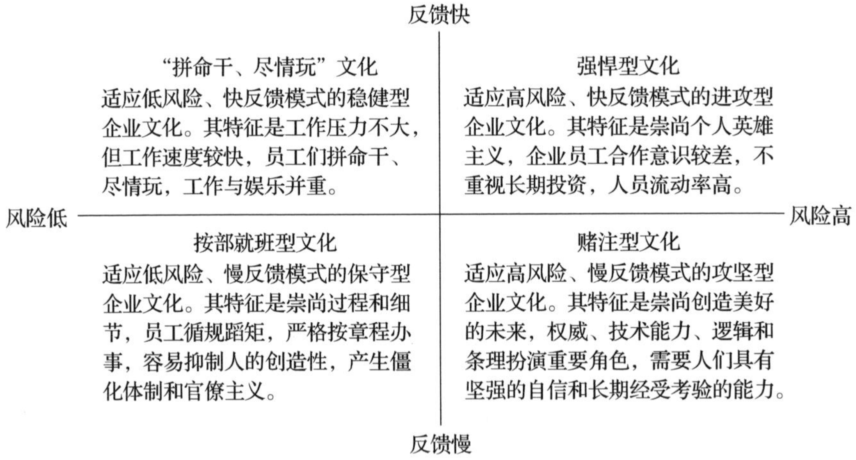

图 4-1　迪尔和肯尼迪的组织文化类型

资料来源：陈影. 组织文化与组织公民行为的关系研究［D］. 杭州：浙江工商大学，2008.

（三）企业文化五因素论的评价

迪尔和肯尼迪的组织文化理论层层递进，从最外显的企业环境逐步深入到最核心的组织价值观念，并都做出深刻而具体的阐述，迪尔和肯尼迪将组织文化作为一门理论加以系统化，在组织文化理论的研究中占据了重要地位（韩文辉、吴威威[98]，2000）。

但美中不足的是迪尔和肯尼迪的组织文化因素虽然概括了组织文化形成的过程，但仅仅只归纳了五个因素，略显单薄。随着时代的发展和跨国组织的形成，组织文化的构成更加复杂，存在许多的亚文化和潜文化，迪尔和肯尼迪的组织文化五要素已然不能全面反映如今的组织文化现状。其次，迪尔和肯尼迪对组织文化类型的划分缺乏具体的检测指标，无法定量分析何种组织属于何种文化类型，欠缺实证性和可操作性。

二、帕斯卡和阿瑟斯的 7S 管理框架

（一）7S 管理框架的产生背景

20 世纪 80 年代，在日本战后经济奇迹的影响下，美国管理学界开始从各个角度探索日本企业成功的奥秘。在这一背景下，1980 年，华特曼、彼得斯和菲利普斯三位学者联合发表了《结构不是组织》一文，首次对 7S 管理框架做出了详细的论述，然而该论文仅仅是发表在美国一所大学的研究生院院刊上，研究内容也较为浅显和粗略，因此未能在管理学界引起较大的反响。与此同时，斯坦福大学的理查德·帕斯卡和哈佛大学的安东尼·阿瑟斯两位学者正在创作《日本企业管理艺术》一书，帕斯卡和阿瑟斯二人用了 6 年的时间，调查了 34 家日美企业，在该书中运用 7S 模型成功地分析了西方

组织管理与日本组织管理的差别，归纳了日本组织管理模式的核心要素（李丽明[99]，2014）。该书于 1981 年出版，并取得了巨大的成功，7S 模型也因此一举成名。

（二）7S 管理框架的主要内容

所谓 7S 管理框架，就是组织管理中需要注重的七个要素，分别是战略（Strategy）、结构（Structure）、制度（System）、人员（Staff）、技能（Skill）、作风（Style）、共同价值观（Shared values），如表 4-3 所示。

表 4-3 7S 管理框架的主要内容

要素	内涵
战略	用于分配组织资源的计划和措施，以达成组织的预定目标
结构	组织的架构体系，例如部门安排、权力分配等
制度	规定的工作程序、报告方式等，规定了组织正式信息传递的方式
人员	组织内重要的人员的详细履历，例如工程师、高层管理者、会计师等
技能	组织内重要员工乃至整个组织所具备的独特能力
作风	管理人员为达成目标而采取的手段，代表组织的行事风格
共同价值观	组织传递给员工的、能激励其将个人目标与组织目标相结合的重要思想或价值观念

资料来源：韩文辉，吴威威. 国外企业文化理论主要流派述评［J］. 哈尔滨工业大学学报（社会科学版），2000（4）：121-125.

在七个因素中，前三个因素是硬性管理因素，后四个因素是柔性管理因素。此前，管理学界对于组织文化的研究过分强调逻辑性和系统性，普遍采用定量研究的“硬性”方式对战略、结构和制度三个因素进行解构，缺乏定性的、抽象的、概念化的“柔性”思维，忽略了对组织柔性管理因素的探索。而在组织的实际管理中，只有硬性因素和柔性因素相辅相成、共同作用，组织才能得到长久的发展。在帕斯卡和阿瑟斯的管理框架中，这七种因素是相互关联、相互融合的，组成了一种互补的管理系统，其中最高目标是最核心的因素，能够联接、统筹其他六个因素，具体关系如图 4-2 所示。

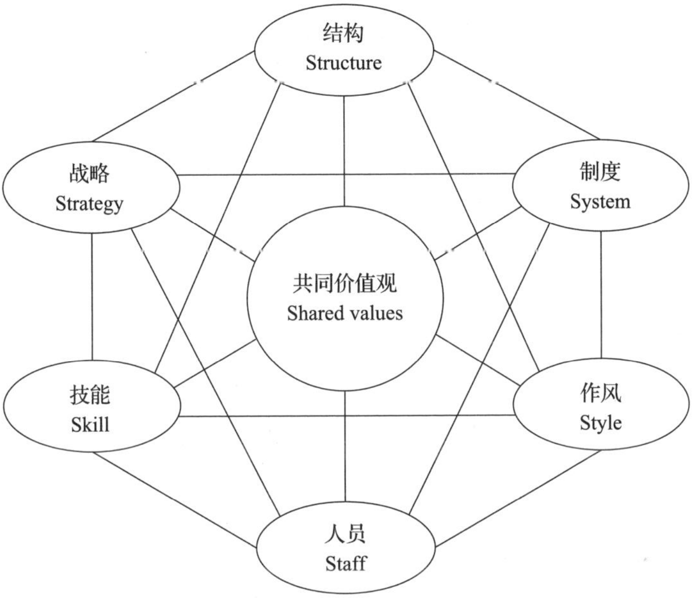

图 4-2　组织文化七要素关系

资料来源：张正平. 7S 模型的历史和今天. 2012.

（三）7S 管理框架的评价

7S 管理框架作为经典的管理学模型，应用于组织文化的研究中，具有运用广泛性、派生性和灵活性等优点，七个元素之间相互作用、相互融合，使得它可以对组织文化建设过程中产生的问题进行多层次的分析，当应用于其他研究中时，也可以对框架进行动态调整，根据不同研究的需求补充、完善相应的指标。7S 模型为学术研究和企业咨询都提供了一个全面分析组织现状的研究框架，成为了后续深入研究的出发点，这种普适性、便捷性和基础性是 7S 模型能够广为流传的经典之处。

但随着组织理论的进一步发展，到了20世纪90年代，帕斯卡在其1991年出版的著作《刀口上的管理》中提出了新的观点，他认为对一个成功的组织应具备的要素仅仅做出简单的概括是远远不够的。帕斯卡的观点代表了20世纪90年代新的理论研究方向，对一个组织现象做出简单的回答已经落后于时代，取而代之的是对各种组织形态的研究，例如波士顿矩阵模型运用四象限对组织产品进行更综合性的分析。因此，7S管理框架也随着时代的发展而逐渐失去了影响力。

三、大内的Z理论

（一）Z理论的产生背景

20世纪80年代，日本创造的战后经济奇迹使美国管理学界感受到了强烈的危机感和落差感，由此掀起了一股日本企业研究浪潮。在此背景下，美国加利福尼亚大学洛杉矶分校管理学院的威廉·大内在比对了美、日企业管理方式异同点的基础上，参照了麦格雷戈的X理论和Y理论，将典型的美国管理模式称为A（American）型，典型的日本管理模式称为J（Japan）型，而把少数带有日本管理特点的美国企业（如IBM公司、P&G公司）的管理模式称为Z型，如表4-4所示。随后大内在其著作《Z理论——美国企业界怎样迎接日本的挑战》中系统性地总结了Z理论的基本内容，Z理论由此诞生。

表4-4 三种管理模式对比

类别	J型	A型	Z型
决策方式	集体决策	个人决策	集体决策
责任制度	集体负责	个人负责	个人负责

续表

类别	J 型	A 型	Z 型
控制管理方式	含蓄控制方式	明确的控制方式	明确与含蓄之间的平衡
员工参与管理	广泛参与	专注自身	广泛参与
员工关怀	全面关心	局部关心	全面关心
劳动制度	长期雇佣	相对较短的雇佣期限	长期雇佣制
考核制度	缓慢晋升和长期考核	迅速的评价和升级	缓慢晋升和长期考核
生产发展道路	非专业化	专业化	一定程度的专业化

资料来源：严汇. 企业文化研究路径的新探讨——《Z 理论》方法论的应用［J］. 山东行政学院山东省经济管理干部学院学报，2006（4）：68-71.

（二）Z 理论的主要内容

大内主张美国企业应当学习日本企业的管理模式，在结合美国本土情况的基础上取长补短、兼容并包，形成一种吸收美、日企业管理模式中积极方面的管理方法。大内将这种带有日本管理色彩的美国式管理称为 Z 型管理，并对这种管理模式进行理论概括，称为 Z 理论。Z 理论的具体内容如下。

第一，实施长期雇佣制。Z 型管理模式推崇日本的长期雇佣制，这种长期的雇佣关系能够给员工带来职业安全感，不必担心过早地遭遇职业危机，员工的归属感和忠诚度得到了显著的提高。长期雇佣制也使得员工更加关注组织的长远发展，将个人利益和组织利益相结合，员工与企业实现了同荣辱、共命运。

第二，推崇长期考核机制。长期雇佣制使组织更关注员工职业能力的提升，而不是短期的绩效表现，因此组织会对员工实行长期考核并采取逐步提升制度。这种长期考评方式更加全面、科学，能够激励员工的长远发展。

第三，注重员工技能的培养。Z 型公司的员工经常轮岗，在岗位调换过程中，员工能够更全面地了解公司的组织结构，明确个人的职业兴趣，提高个人的职业技能，在设计、生产和分配过程中与组织的关系更加密切、协调，从而培养出能够适应各种工作环境的多专多能人才。

第四，注重集体决策。Z 型公司的决策方式既吸收了 A 型公司的个人负责制度，又融合了 J 型公司的集体参与制。首先，Z 型管理模式将权力充分下放，基层管理者对组织内部的决策有充分的知情权和处理权，中层管理者在基层与高层的沟通之中起到了承上启下的作用，这大大提高了基层员工对组织决策的参与度。其次，在 Z 型管理中，虽然采用集体决策的形式，但最终的责任由主要领导人承担。这种集体决策和个人负责相结合的决策方式既增强了员工的参与感和归属感，又营造了平等、互信、共通的价值氛围。

第五，将明确控制和含蓄引导相结合。Z 型公司吸收了 A 型公司现代化的管理方式，如明确的财务制度、人事系统、成本控制、岗位设置等，但 Z 型公司使用这类现代化的控制方法的目的是获取相关资源，并没有将其运用于企业决策中。在 Z 型公司中，既要运用具体的手段管控员工，又要注重对员工进行精神上的激励，例如利用企业内存在的非正式组织等潜在机制对员工进行潜移默化的启发和诱导。在明确的控制和隐性的引导中，二者达成了一种微妙的平衡，为企业刻板的管理手段增添了一份人性化色彩。

第六，强调内部平等沟通。在 J 型公司中，人们的集体意识十分牢固，员工之间相互信任、平等互助。Z 型公司吸收了 J 型公司在员工关系方面的特点，在集体决策制的影响下，下级员工享有充分的知情权和沟通权，企业内部萦绕着一种强烈的平等气氛。

第七，有清晰的、共同的价值观念。Z 型公司的管理方式更带有人性化的色彩，更加关注企业内一致的价值观的培养和内化。获取利润不是企业创立的最终目的，而是企业保持竞争性的手段。如果员工在组织中实现了职业发展和个人技能的提高，那么利润就是员工对组织的回报。因此，Z 型公司与其他公司最特殊的地方在于 Z 型公司并没有把企业的价值观视为企业的“装饰物”，而将其视为生产经营的最终目的和判定企业发展方向的准绳。

(三) Z 理论的评价

Z 理论作为管理学领域的经典理论，具有较高的理论意义和实践意义。在理论方面，大内对美日企业采取实证的比较研究方法，拓展管理科学研究的方法和思路（严汇[100]，2006）。Z 理论强调文化对组织的作用，为管理理论的构建提供了新的视角。在实践方面，Z 理论促使企业更加关注组织中人的因素，推动了美国管理制度的革新，助力美国企业的发展。

但是 Z 理论也不可避免地具有一定的局限性。首先，Z 理论无法大面积推广应用。大内虽然对 Z 型组织进行了详细的阐述，但没有构建起实际的组织模式，其中平等的组织氛围、含蓄引导、清晰明确的价值观等 Z 型管理的基本特征无法在现实中进行推广和复制，从 A 型组织到 Z 型组织的转变缺乏可操作性。其次，大内缺乏对日本企业管理模式的辩证态度，对日本企业有先入为主的乐观倾向，忽略了这种管理方式的时代性及其本身的局限性。大内提出的 Z 型组织带有明显的日本企业的非内部竞争性、长期雇佣等特征，但是日本有其特定的民族文化和社会氛围，美国及其他国家并没有适合这种文化产生的土壤，其适用性和客观性有待商榷（李沫[101]，2012）。

四、沙因的组织文化理论

沙因（Edgar H.Schein）是美国麻省理工学院斯隆管理学院教授，

组织文化理论学派的重要代表人物。有“商界教皇”之称的管理大师汤姆·彼得斯曾评价沙因“是对组织文化进行反思和深度分析的第一人”（伲永贵[102]，2015）。沙因对组织文化进行了深度的剖析，在组织文化领域做出了卓越的贡献，被后人誉为组织文化理论之父。

（一）沙因组织文化管理理论的前提——复杂人假设

人性假设理论作为管理理论的基石，伴随着管理理论的变化而变化，从经验管理时期的工具人假设、古典管理理论时期的经济人假设、行为科学理论时期的社会人假设，到现代管理理论阶段的自我实现的人假设，人性假设理论的演进与管理理论的发展脉络相契合，顺应着时代和社会进步的浪潮。伴随着科学技术革命和资本主义的高度发展，20 世纪 60 年代开始，西方社会步入后现代主义社会时代，人的自我主体意识不断加强，情感更加丰富、需求更为多元，在这种背景下，管理学家开始意识到无论是经济人假设、社会人假设还是自我实现人假设，它们仅仅可以在某种程度、某个范围上对人性进行解释，都缺乏一种普适性和动态性。因此，沙因以管理思想中其他人性假设为理论基础，以科学、文化、教育、资本发展状况为现实基础，从全新的视角开启了人性的异质性内涵的新思路，据此提出了复杂人假设。以复杂人假设为前提，沙因在管理实践活动中用更新颖、更动态、更综合的观点去构建组织文化理论模型。

1965 年，沙因在其著作《组织心理学》中详细地阐述了复杂人假设。其总结的复杂人假设特点如下：① 人的需求多种多样、复杂多变，因人而异；② 人的需求和动机会在同一时间出现，经过相互作用和结合后，驱动着个体动机模式的产生；③ 需求是动态变化的，不同的组织环境或领导氛围会催生出不同的个体需求；④ 管理者必须根据员工需求的不同和能力的差异实施不同的管理办法，没有一套能够通行于所有组织的管理模式。复杂人假设作为沙因组织文化模型的理论基础，成功地支撑起了沙因整个组织文化理论体系架构，以人的复杂性特质为前提，沙因组织文化理论呈现出权变性和普适性，在功能作用上可以更好地与组织内外部环境变化相协调。以复杂人假设为基础，超 Y 理论等新的管理理论不断形成，推动着组织理论朝着组织文化方向进行积极的、良性的变革，以组织文化为手段，组织理性偏失症的热潮得到平息。

（二）沙因组织文化理论的核心——“沙因模型”

在沙因的著作《企业文化与领导》（1985）中，沙因由表及里、由浅入深地把组织文化这个混沌的概念进行层层剖析，把组织文化分为人工饰品层、价值观念层和基本假设层三个层次，创建了著名的沙因模型。

人工饰品层也是人们对于组织最直观的感受。例如顾客进入商场，最直观的感受便是来自商场的装潢、产品和服务。同样地，在组织中，组织的空间布局、行政活动的书面报告、组织的规章制度以及组织成员公开的行为，这种基于感官所体验到的一系列经验直观的现象就是组织文化最直观的表象，即人工饰品层。观察物质的表象层比较容易，但要了解人工饰品内在的意义，体会其中的关联，洞悉其更深层次的模式十分困难，沙因认为要对这一层次进行更深入的解读，需要对中心价值观进行分析，也就是组织文化的第二个层面——价值观念层。

在某种意义上，所有人的文化知识都是个人价值观念的体现，区别于事物是什么的客观反映，价值观念是人们对事物应当是什么的主观判断。作为组织成员日常行动的指导原则，价值观念能够体现在组织的战略目标、意识形态和管理方式中。组织价值观念的形成来源于组织的管理者在处理组织遇到的问题时提出的解决方案，在组织内部扩散后可以减轻组织在传播领域的不确定感，在组织内部形成一种能够传达管理者意愿的思想观念。这种价值观念经过实践的反复打磨和修正后，可以巩固员工对组织文化的认知，使员工认可和内化组织的价值观念，从而转变为由理想信念、道德规范和伦理规则支撑的基本假设，也就是组织文化的第三个层面——基本假设层。在管理活动中，基本假设层属于一种约定俗成的潜意识并在组织行动中被明显地阐述，作为组织哲学和组织意识形态的体现，在指导组织成员方面发挥着道德规范、方向引领的作用。

在沙因的组织文化模型中，基本假设层是最核心和最深入的因素，组织文化的假设主要体现在五个方面。① 人与自然的关系，包括从属关系、支配关系、协调关系等。人与自然的关系要求管理者能够根据环境的变化及时调整组织的战略，体现了环境对组织的调节性和组织对环境的适应性。② 客观现实和真理的本质。如何界定事实，进而发现真理，是组织文化关心的重要问题。对客观现实和理论的正确分析，能够帮助组织成员摆脱唯心主义，开展符合实际情况的行动。③ 人性的本质。对于人性的假设，是组织文化理论的前提所在。沙因认为人性是复杂的、动态的，需要用权变的方法去看待人性。④ 人类活动的本质。组织作为群体的集合，必须通过组织活动与外部环境建立联系才能得以生存。沙因认为人类想要在自然活动中生存，面临着支配性、被动性、共生性三种行动取向，支配导向性关注组织任务，强调工作效率和主动探索；被动导向性强调顺应自然，关注个人乐趣，秉持着得过且过的态度；共生导向性介于二者之间，追求人与自然和谐共生、共同发展。⑤ 人际关系的本质。人类活动本质的假设解决了群体与外部环境的问题，人际关系本质的假设讨论的是群体的本质以及组织的内部整合问题。不同的文化孕育着不同的人际关系，竞争性的文化突出个人的角色和成就，刻画英雄主义；集体主义文化更关注集体步调的一致性，淹没个人的作用。不同的人际关系决定不同的领导方式。在竞争性人际关系下的管理者更倾向于任务分配，减少群体合作，以避免责任扩散；在集体协作人际关系下的管理者更倾向于以团队协作的方式解决问题。不同的管理风格会反映在组织的发展方向、人事架构、薪酬体系之中，最终决定组织的文化。

（三）沙因组织文化理论的评价

沙因的组织文化理论作为组织文化研究的经典理论，不仅拓宽了管理的理解视域，还有效地解决了主客观对立的问题，弘扬了人的主体创新精神。沙因认为组织文化解决了组织的两个基本问题：一是生存并适应外部环境；二是为确保继续生存和适应能力的内部过程整合。相对于以往的组织文化理论来说，沙因的思想是一种巨大的超越，有着重要的理论意义和深刻的实践价值。

但沙因的组织文化理论仍不可避免地存在一些缺陷。首先，沙因的组织文化理论过于庞大，缺少针对性。荷兰文化管理学家霍夫斯泰德（Hofstede）指出，沙因组织文化理论虽然科学地定义了组织文化的概念，但是在不同的国家、地区、部落和家庭中，组织文化究竟指的是什么，并不能一概而论。对于这些不同的组织实体，沙因并未指出组织文化的独特作用（Geert[103]，1986）。其次，沙因的组织文化理论过分强调领导的作用，忽略了组织文化的负面功能。沙因认为领导者是组织文化变革的关键，其实质是把组织文化的成败归咎于个人，完全忽略了文化中存在的客观社会因素。组织文化作为积极功能和消极功能并存的功能性的统一体，当其无法适应组织内外部环境变化时，也会阻碍组织的变革和发展。沙因的组织文化理论没有提出解决组织文化僵化的办法，这就在很大程度上削减了组织的创新能力（殷蒙蒙[104]，2019）。

五、霍夫斯泰德的文化维度理论

（一）文化维度理论的产生背景

1967—1973年间，荷兰心理学家吉尔特·霍夫斯泰德及其团队使用二十几种不同语言对IBM（国际商业机器公司）在72个国家的分公司进行了为期两轮的大规模抽样调查，旨在探究不同国别员工的文化价值观差异。在11.6万名IBM员工的调查数据基础上，霍夫斯泰德出版了巨著《文化的结局——工作的国际差异》（1980），并在此书中提出了文化差异的四个维度：权力距离、不确定性避免、个人主义—集体主义和男性度—女性度。这四个维度虽然在学术界引起了一定的反响，但也遭到了部分学者的质疑。针对这些质疑，10年后，霍夫斯泰德又进行了重复研究，并出版了《文化与组织》（1991）一书。这次的研究不仅再次证实了这四个跨文化维度的存在，还将彭麦克等华人学者对中国儒家文化影响下的跨文化研究思想纳入其中，形成了跨文化交流的第五个维度——长期导向与短期导向维度（王玥[105]，2012），霍夫斯泰德的组织文化模型得到了进一步的丰富和完善。

（二）文化维度理论的主要内容

霍夫斯泰德提出了影响组织管理的民族文化差异的五个维度：权力距离、不确定性避免、个人主义—集体主义、男性度—女性度、长期导向与短期导向。

第一个维度为权利距离。这个维度表示地位较低的人对于组织中权力不平等分配的接受程度，可以通过上级的决策方式，上下级发生冲突时下级的心理恐惧程度等因素进行测量。在这个维度上，每个国家由于其自身民族文化的差异，权力距离的显著程度也有较大的差别。例如中东国家比较关注个人的权力和地位，上下级之间的权力距离较远，整个国家的权力氛围浓厚，而美国的民族文化更崇尚自由和平等，对权力的追求明显要弱于中东国家。

第二个维度为不确定性避免。这是指当社会受到不确定性事件的影响和模糊的环境情景威胁时，社会是否能够发挥规章制度的作用从而控制和削弱这种社会不确定性。规章制度制定较为完备的组织往往具有更高的回避程度，能够为员工提供更高的职业安全感，但高回避也意味着对权威、对专家的绝对肯定，这在一定程度上会限制员工的创造力和想象力，使组织缺乏创新活力。而低不确定性回避的组织，其制度化和标准化程度更低，对超常的思想和行为的接受程度更高，但过于宽松的制度管理也使员工产生迟到、早退、不服从组织管理等负面行为。

第三个维度为个人主义—集体主义。个人主义代表着一种松散的人际关系，秉持个人主义观念的群体往往只关注自身的利益，强调的是“我”。与之相反，集体主义则代表一种密切的人际关系，更加关注组织和社会的利益，对组织的忠诚度较高、奉献感较强，强调的是“我们”。不同的个人倾向决定了不同的管理方式。在强调个人主义的国家，倾向于工作分工和责任集中；在强调集体主义的国家，以部门或小组为单位进行工作设计，所有的组员共同承担责任并分享任务的成果。

第四个维度为男性度—女性度，这个维度反映的是社会更加关注男性特质还是女性特质。男性特质包括竞争性、自信、金钱、独断等，女性特质如谦虚、关怀、互助等。霍夫斯泰德用不同的价值观倾向代表不同的性别特质，并赋定其相应的分数，通过计算综合得分（MAS）判断该组织是偏向男性维度还是女性维度。结果显示高

MAS得分的社会其男性气质也更强，低MAS的社会其女性气质更强，因此男性气质在文化的评价中更占优势。

第五个维度为长期导向与短期导向。长期导向和短期导向反映组织成员对于延迟其物质、情感、社会需求的满足所能接受的程度。在儒家文化的影响下，中国和日本更倾向于长期导向，提倡宽忍利他，看重未来的发展，延迟满足感较强，不急于求成，而美国属于短期导向国家，更加关注社会责任的履行，认为此时此刻才是最重要的，乐观地把未来看作是过去的发展。

（三）文化维度理论的评价

霍夫斯泰德把文化分解成易于辨识的要素特质，为人们提供了观察不同文化差异性的“坐标系”，也为人们分析不同背景下文化的差异性提供了有力的理论支撑，是社会科学类文献引用最多的理论之一（王玥[105]，2012）。霍夫斯泰德的文化维度理论因其经典性、综合性和基础性，已经成为一个国际公认的标准，在跨文化研究领域得到广泛的运用（李文娟[106]，2009）。

但是，霍夫斯泰德的跨文化理论也存在一定的缺陷。首先，从研究对象上来说，霍夫斯泰德在前期四个维度的研究中主要的调查对象是IBM公司的员工，虽然第二次的调查对象扩展到了飞行员、公务员、高端市场的顾客和商业精英，但是其研究对象始终都普遍是中上阶层，缺乏对普通群众的调查。因此，从某种程度上讲，他的研究不具有广泛的代表性。其次，从研究的视角来看，霍夫斯泰德并不是完全的跨文化，霍夫斯泰德的研究范畴始终在西方价值观的框架内，尽管在后期霍夫斯泰德引入了彭麦克等人提出的代表儒家文化价值观的第五维度，但其理论的外延仍然过于狭隘（彭世勇[107]，2004）。最后，从研究的适用性角度来看，对于拥有强大亚文化或不同种族的国家，霍夫斯泰德的文化维度理论的解释力度会略显单薄。随着经济全球化的推进和交通工具的发展，人口流动的速度加快，不同的文化在碰撞和融合中重塑出新的价值理念。不断加深的文化差异性和复杂性给霍夫斯泰德文化维度理论的应用和发展带来了新的挑战（李文娟[106]，2009）。

六、丹尼森组织文化模型

（一）丹尼森组织文化模型的产生背景

伴随着20世纪七八十年代日本企业的崛起，组织文化的概念在组织理论研究中占据一席之地，而企业文化中传递出的企业信息与组织发展战略和经营理念息息相关，能直接影响到组织中的个人行为。基于此，组织文化的内涵以及组织文化如何影响企业的经营业绩变得十分重要。在这种背景下，瑞士洛桑国际管理学院著名教授丹尼尔·丹尼森以全球范围内的组织作为样本，对大、中、小型跨国组织展开了调查，样本的地域跨度涉及到北美洲、南美洲、亚洲、欧洲及澳大利亚等多个地区，行业跨度涉及到公共服务、基础教育、金融、卫生等多个领域，时间跨度长达15年，总共的调查样本约1000多家企业和4万多名员工（贺景锋、凌秋英、王丽芝[108]，2011）。在详实的数据调查基础上，丹尼森创建了著名的丹尼森组织文化模型，并提出了组织文化的四种特质。

（二）丹尼森组织文化模型的主要内容

丹尼森在分析了组织文化特质与组织有效性关系的基础上提出了组织文化的四种特质：参与性、一致性、使命感、适应性，每一种文化特质都包含三个维度，如图4-3所示。

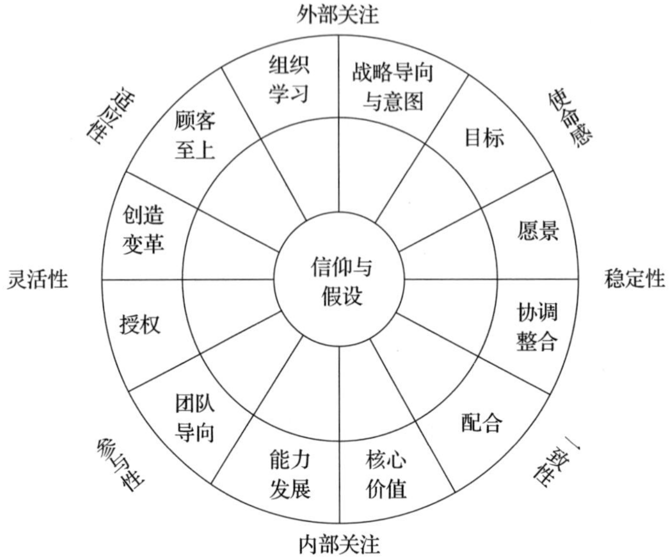

图 4-3　丹尼森组织文化模型

资料来源：李敏. 丹尼森组织文化理论在护理文化中的应用研究［D］. 太原：山西医科大学，2013.

参与性考察的是组织内部对员工的管理，包括授权、团队导向和能力发展三方面。授权反映的是组织是否授予了员工充足的个人权限，员工能否对自己的工作进行自我管理并承担责任；团队导向反映的是组织是否提倡团队合作，组织内部的价值观念秉持的是集体主义还是个人主义；发展能力评价的是组织是否投入了足够的资源以促进员工个人能力的提升。

一致性是用于判断组织的凝聚力和团队精神，包括核心价值观、配合、协调整合三个方面。核心价值观表示组织内部是否存在共同的信念，对组织抱有共同的期许，这种信念体现在公司的决策、发展方向和日常管理中；配合代表组织的管理者是否有能力让组织成员在思想、行动和决策上达成一致，组织的行动能否受到组织成员的认可和拥护；协调整合是当某个行动需要不同部门或团队相互配合时，部门或团队能否摒弃相互间的成见和界限，能否为了组织目标同心协力、通力合作。

适应性评判的是组织能否根据外部环境的变化及时调整发展战略和行动方针，这种见机而行的能力依托于组织对消费者、供应商、股东等利益相关者的各种直接、间接信号的捕捉能力和预判能力，主要包括组织学习、顾客至上、创造变革三个维度。组织学习是组织能否从动态的外部环境中抓住激励创新、吸收新知识的机会；顾客至上评价组织以顾客需求为目标的导向程度；创造变革是组织是否愿意承担变革带来的风险，能否根据市场环境的变化快速做出反应，组织的变革策略还需带有一定的预见性和前瞻性。

使命感用于判断公司是注重短期利益还是长期发展，是否具有清晰的发展规划，包括愿景、战略导向与意图、目标三个维度。愿景涵盖了核心价值观反映的组织成员对于组织未来发展状况的设想，对组织的发展方向和战略计划的制订起到指引作用。战略导向与意图反映组织对能在所处行业中占据何种地位的期望，是处于行业龙头地位还是行业中流位置。目标是组织是否设定了清晰的、实际的发展目标以实现组织的愿景和战略意图。

这四个特质也可以进一步归纳，适应性和使命感都是组织对于外部环境做出的反应，体现组织的灵活性；参与性和一致性都是组织的内部的自我管理，体现组织的稳定性。

（三）丹尼森组织文化模型的评价

在众多的组织文化模型中，丹尼森组织文化模型的时间跨度更长、行业和地域覆盖更全面，不仅具有较高的学术价值，还具有很强的实践指导作用，能够对企业的生产和发展提出建设性意见。例如丹尼森组织文化模型利用定量的方法证实了强势文化与一些重要的企业绩效指标（如销售利润率和投资回报率）之间具有较强的相关性。因此，丹尼森组织文化模型被视为文化特质理论的集大成者（李海、张德[109]，2005），是最具实用性的组织文化模型之一。

但丹尼森研究的主要缺陷是所使用的数据与研究目的不匹配。丹尼森模型以样本收集的时间长、范围广、地域覆盖全面而被学术界赞誉，但其模型的不足之处也恰在于此。首先，丹尼森在数据收集中，样本的覆盖面有较大的差异，最多的覆盖了企业的所有部门、团队和员工，最少的只有一个团队和22名员工。其次，丹尼森在数据收集中使用了两种问卷和五个不同的版本，但是这些问卷本身并非针对组织文化研究的需要来设计的。因此，丹尼森将调查数据用于组织文化的分析中，其效度存在一定的缺陷（李海、张德[109]，2005）。

组织文化在我国的研究在21世纪初开始兴起，在中国知网上以“组织文化”或“企业文化”作为关键词进行检索，检索时间截至2020年12月31日，对CNKI中核心期刊和CSSCI来源期刊的文章数量进行统计，组织文化相关研究发文数量及趋势如图4-4所示。

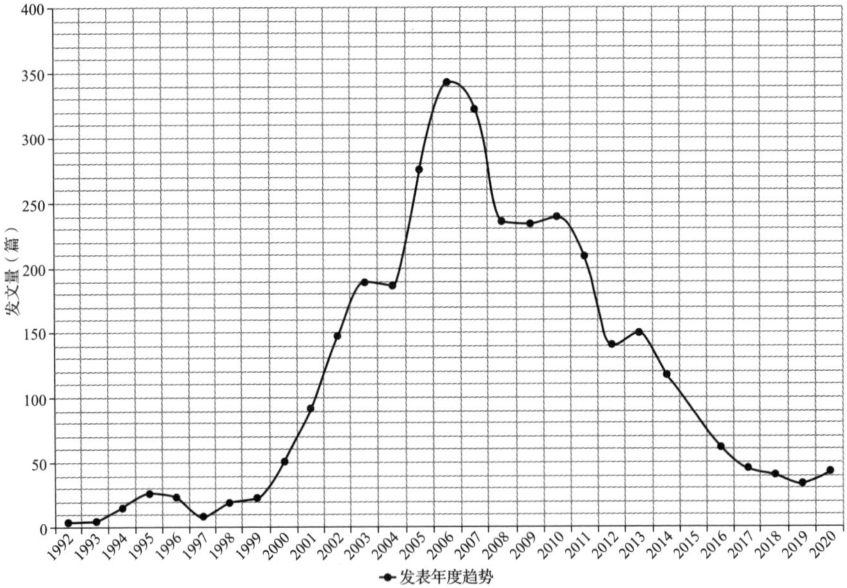

图4-4　组织文化相关研究发文数量与趋势

第三节 小结与评述

20 世纪 80 年代，企业竞争的国际化和日本战后经济腾飞给以美国为首的西方国家带来了强烈的危机感和落差感，迫使美国管理学界开始反思传统组织管理模式的有效性，力图创新组织管理理论。在这一背景下，众多学者对美国和日本的管理模式展开了对比分析，从组织文化的角度提出了众多有创新性和实用性的组织文化理论。因此本章回顾了组织文化理论的发展历程，梳理了国内外对于组织文化的界定、内涵及测量方式并进行了中外对比分析，重点论述了帕斯卡和阿瑟斯的组织文化 7S 管理框架，迪尔和肯尼迪的企业文化五因素论、大内的 Z 理论、沙因的组织文化理论、霍夫斯泰德的文化维度理论和丹尼森组织文化模型，并进行了理论评析，对有效理解和把握组织文化的发展脉络、理论基础和研究边界有一定的帮助。

从研究内容来看，20 世纪 80 年代初期，组织文化领域的相关学者都对文化的构成要素及其层次展开了广泛的、深刻的讨论，但是大部分的学者在对组织文化进行划分时，都把价值观念作为组织文化最核心和最深层次的概念。例如帕斯卡和阿瑟斯构建的 7S 管理框架中共同的价值观念居于 7 要素的核心，迪尔和肯尼迪的企业文化五要素论将组织的价值观念置于最深层次的位置。然而对此，沙因却提出了不同的看法，沙因对价值观念背后的含义进行探究，将组织文化分为人工饰品层、价值观念层和基本假设层三个层次，他认为企业装潢等人工饰品是价值观念的外在体现，而价值观念是基本假设的外在体现，基本假设与价值观念的区别在于基本假设是一种潜意识，是人们在解决某个事物时，不需要思考、直接从心底里认为的一种理所应当的解决方式。因此，帕斯卡、肯尼迪等人对组织文化要素的概括虽然简洁明了，但只展示了文化的表象，不能真正描述出文化的本质，缺少层次性和丰富性，沙因将基本假设层居于组织文化的核心地位，是对传统的“文化要素说”的巨大超越，使管理者认识到除了组织内的价值观念、行为准则和思维方式外，还会受到文化深层次的影响。

从研究的方法来看，沙因（1996）认为基本假设是组织成员的一种潜意识，很难进行量化测量，问卷调查等定量的研究方法只能观测出其外在表象，因此沙因采用了现场观察、访谈及文化评估等定性研究方法对组织文化进行测评（Schein 和 Fdgar[110]，1996）。沙因的这种定性研究方法在管理学界也受到了广泛的支持，部分学者秉持“量化研究无用论”，认为定量的测评无法反映组织文化最深层次的内涵，他们倾向于使用归纳演绎、访谈法、观察法等定性研究方法对组织文化开展调查。然而，霍夫斯泰德等（1990）通过实证发现，在文化具有独立的向度且这种向度具有操作性定义的情况下，对组织文化进行量化研究仍然是合适的。霍夫斯泰德的组织文化模型的相关要素均有具体的测量维度，为跨文化差异的研究提供了可操作的指标，后来的学者在霍夫斯泰德理论的基础上对组织文化的测量提出了一系列新颖的见解，因此霍氏理论具有很强的实证性和前瞻性。

20 世纪 90 年代，伴随着学术界对组织文化研究的深入，企业界也越来越意识到规范的组织文化对组织的成长和发展具有举足轻重的意义，管理者急需能够对组织文化进行合理诊断的有力工具。因此，组织文化的研究朝着应用型研究方向飞速发展，丹尼森组织文化模型在此阶段应运而生。丹尼森组织文化模型的研究样本涵盖了1000多家企业和4万多名员工，且进行长达15年的追踪研究，不仅具有较高的学术意义，还具有很强的实践性和可操作性，是组织文化最有效、最实用的模型之一。此后，随着国内外组织文化定量测量研究的不断深入，组织文化测量量表层出不穷，出现了"组织文化测度量表丛林"现象（赵曙明、毛智勇[111]，1993）。

今天的组织文化已经被作为管理理论体系中的一个重要变量来研究。因此，越来越多的组织文化研究者致力于探讨组织文化与其他管理要素、管理过程和管理结果的关系。其中，组织目标、组织环境、组织制度等方面的研究可以归属为管理要素研究。组织文化与管理结果关系的研究可以分为组织层面和个体层面，前者涉及组织效能、组织绩效、竞争力等，而后者则如员工满意度、认同度、忠诚度、凝聚力和效率等（曾昊、陈春花、乐国林[89]，2009）。组织文化已经发展为一个包容多种研究视角和范式的富有生命力的宽广领域。

第五章

组织行为理论形成与发展

▲

CHAPTER 5

第一节　组织行为理论发展史

一、组织行为的早期探索

生产劳动是人类社会存在和发展的基础，劳动推动了人类社会的不断发展与演进，因此，劳动关系是人类社会中非常重要的关系之一。在资本主义发展的早期尤其是资本的原始积累时期，劳资矛盾相当突出。为了在劳资关系的矛盾斗争中寻求现实有效的解决办法，对于组织行为的探索研究也随之起步并逐渐深入。在生产过程中，资方追求生产效益，劳方期望得到能够满足生活及人性方面的需求。在这样一种组织环境中，劳资矛盾的加剧不可避免，从而使得劳资双方两败俱伤。

经济学中的经济人假设将不受情感因素影响，以精明、理性的思维做出决断的行为者称作理性人，这里有一个基本假设，即把对象看作绝对自利并试图获取尽可能多的利益的个体（亚当·斯密[112]，2009）。这一假设可以追溯至18世纪，由英国经济学家亚当·斯密（Adam Smith，1723—1790）最先提出。亚当·斯密在他所创作的《国富论》一书中将人们的利己动机与社会秩序及经济效益联系起来，而其真正的理论基础则隐藏在《道德情操论》一书中。其中有关经济人假设的阐释缺乏对个体间复杂因素的考虑，以及这些因素对于人之本性潜移默化的影响（亚当·斯密[113]，1972）。人性假设虽然存在着一定的局限性，但斯密将其引入经济研究框架中，为分析和解决组织管理活动中所存在的各种问题提供了理论依据，为组织管理乃至组织行为学的萌芽及发展奠定了理论基础。

英国剑桥大学数学教授、著名发明家、数学家查尔斯·巴贝奇（Charles Babbage，1791—1871）在管理方面进一步补充了亚当·斯密关于组织和社会从劳动分工中获益的观点并提出了一些关于生产组织系统和经济学方面的建设性问题。1832 年，他在《论机器和制造业的经济》中表达了对亚当·斯密劳动分工观点的肯定，对组织中人的作用非常重视。他针对相关产业进行了典型调查，以数学家的眼光将组织中的完整生产流程划分为几个基本的操作工序，按照不同工序的劳动强度和难易程度雇佣专门的员工，并按照员工工作性质的不同向其支付相应的薪酬。巴贝奇的劳动分工制度节省了员工培训和工人学习的成本，由于每个工人工作的内容变得更加简单，经常重复一种操作工序，工人的技术熟练度和工作效率都得到了有效提高。

罗伯特·欧文（Robert Owen，1771—1858）是英国著名的空想社会主义者、企业家，因其在管理研究方面的贡献被人称为现代人事管理之父、人本管理的先驱。在 19 世纪初，身为企业家的欧文曾在英国苏格兰经营纺织厂展开了基于员工福利的试验（本·巴鲁克·塞利格曼[114]，1975）。在那个时期，工人们普遍被看作没有情感的生产机器和工具，而欧文则站在法国唯物主义者的视角提出了“人是环境的产物”这样一种极具突破性的思想，欧文花费了六周的时间对工人在组织中的各种活动进行观察和分析，觉察到环境对自己和他人所产生的种种影响，随后推行出自己制定的相应举措，改善了工人们的工作条件，降低工人们的工作强度，着力为员工提供工作之外的各种福利，出色的管理也收获了较高的管理绩效。良好的工作环境能够促使工人形成良好的工作行为，而糟糕的环境则会造成较明显的负面作用。但单纯依赖这种通过提高福利来换取工作效益的方法也存在一定的局限性：首先，通过福利提高工作效率的前提是员工切切实实存在困难以及对福利的需求。其次，这种管理方法较容易导致员工对福利的要求逐渐提高，反而造成利润效益的降低，难以维持。过多强调解决人们的困难而没有很好地将人的潜力充分挖掘，因而这种管理办法更适合作为一种辅助性的方法。

雨果·孟斯特伯格（Hugo Münsterberg，1863—1916）是最早在工业领域引进心理学方法的学者，他根据实际情况挑选不同能力和素质的人配备到相应的工作岗位上。20 世纪初，雨果和他的研究团队便渗透于各种工厂和工业组织内开展心理学的应用实验，并于 1912 年将其实验成果整合成《心理学和工业生产率》（Psychology and Industrial Efficiency）一书，孟斯特伯格在书中强调要重视管理的科学性，尤其是能更有效地在工业中解释并应用到心理学的相关原理（汉默顿[115]，2005）。这一成果为工业心理学的发展开辟了新的领域。《心理学与工业效率》创新性地将心理学原理应用到管理当中，随着心理学应用领域的逐渐扩大，工业心理学的研究对象和方向也开始明确，组织行为学的雏形开始显现。

二、组织行为学的发展阶段

组织行为学作为一门独立的、专门研究组织系统及人的心理和行为规律的科学，其产生和发展存在着理论基础和实践基础，具体表现在组织管理思想发展的各个阶段。

（一）古典理论时期——初始阶段

在美国南北战争后不久的资本主义蓬勃发展时期，社会企业资本积累飞速提高，新兴产业和技术不断发展革新并得以应用，组织的规模逐步扩大，然而，组织管理依旧在遵循传统的经验方法办事，员工怠工、合谋对抗的现象普遍存在，企业生产效率低下，组织生产要素的潜力没能被充分开发。在这种局面下，要达到提高劳动生产率的目的就需要找到合理有效的组织生产方式，提升管理水平。1911 年，泰勒（Frederick Winslow Taylor，1856—1915）以自己的实践经验和研究成果为依据，发表了《科学管理原理》这一著作。泰勒认为劳资双方不应该为了很小的一部分利益而争得不可开交，更应该关注的是如何提高生产效率，促进生产和提升利润，从而进一步提高工资和改善工作条件。如此，双方便可以从过去的心理对抗转变为心理协同。泰勒运用“时间—动作分析”进行了大量的试验，并根据实验成果拟定了一套科学管理原则和规范，如劳动定额、工时定额、工作程序和计件工资制度等，这一实践在相当大程度上调动了员工工作的积极性，提高了生产效率（占部都美[116]，1984）。之后，仍有许多的研究者对泰勒制产生了批判的声音，对泰勒将经济上的需要看做是员工的唯一需要这一论断表示怀疑。不过孔茨等人则认为，在当时的生产力水平下，泰勒传达出来的是强烈的人道主义。在他看来，要严格专业地选人、用人并加以培训，使他们都能做最适合自己的工作。将制度化思想引入管理实践是泰勒科学管理原理最大的贡献。

与科学管理原理相辅相成的是古典组织理论。该理论强调对组织中行政管理方面问题的研究。在这方面有代表性的学者是法约尔和韦伯。法国管理实践家、管理学家、地质学家、国务活动家法约尔（Henri Fayol，1841—1925）是首位提出关于管理和协调的一系列组织原则的学者，因此被称作“现代经营管理之父”。与泰勒着重强调工人个体不同，法约尔更关注的是对高层管理问题的研究。法约尔管理理论的核心是统一指挥和权力等级链（法约尔跳板）（亨利·法约尔[117]，1998）。尤其是法约尔所提出的跳板原理，使组织的跨部门沟通更加便捷高效，增进了双方的协调性，避免或缓解了冲突带来的问题，既提高了管理效率又维护了组织秩序，这很好地解释了管理效率和管理制度之间所存在的相关性。泰勒的科学管理原理在可应用的领域存在着较明显的局限性，而法约尔的组织管理理论不仅可应用于各类社会组织，还为军政体系和宗教机构提供了一定的管理指导思想，有着相当高的普适性（陆小成[118]，2003）。从这些角度来看泰勒与法约尔的观点似乎是对立的，然而从古典管理理论整体发展的角度来看却是互补的、统一的。

被称为"组织管理之父"的德国学者马克斯·韦伯（Max Weber，1864—1920）提出了对当时的德国社会政治产生较大影响的"理想化的行政组织体系"。韦伯主张的是建立一种结构化程度较高的、形成规范的、制度化的"理想的行政组织体系"，这种管理模式可以对个体起到严格的控制效果，进而达到提高效率的目的，并且相较于其他的管理模式有着更佳的系统性、规范性、稳定性和可靠性（卢盛华[119]，2003）。韦伯的主要著作有《社会组织和经济组织理论》《新教伦理与资本主义精神》《政治作为一种职业》《经济和社会》等。一般来说，家族世袭的观念、组织派生出的非结构化人际关系、感情等并不应存在于理想化的行政组织系统中，而严格的行政组织和规范则是理想化的一种表现。当时的德国还处于封建社会向资本主义社会过渡的时期，这种理想化的行政组织系统，恰好迎合了工业化社会发展的需求，在一定程度上推动了封建家族世袭模式向新式职业化模式的发展。官僚行政组织的理论主张为近现代各类管理组织提供了普适性较高的方法原则，这种理论学说对后世的行政组织有着极其深远的影响和不可替代的作用。然而，韦伯的官僚制在之后却迎来了大量反对和质疑的声音，其理论不规范、效率的缺乏、组织成员的异化、支出升高等问题引发了较多争议。虽然客观上存在很多的问题，但韦伯无疑是一位伟大的组织理论学者，他的官僚行政理论，为行政管理的发展及应用提供了重要的理论基础（屈静茹[120]，2017）。

泰勒、法约尔和韦伯的理论各自代表了当时管理理论的三个重要方面：科学管理理论、计划管理理论和行政组织理论。即使这三种理论探讨的侧重点不尽相同，但它们在一定程度上存在着共性，一方面都力图通过构建严格的管理制度、严密的计划和刚性的组织结构来解决那个时代组织中亟待解决的问题，从而实现劳动生产率的提高；另一方面，皆缺乏或忽视了对组织中人的思想、情感和主观能动性等因素的考虑。

（二）行为科学理论时期——形成阶段

20 世纪 20 年代到 30 年代，美国迎来了空前的经济危机并出现经济大萧条，社会生产力大幅度降低，失业人口暴增，大量的企业和工厂倒闭。在这种局面下，罗斯福开始推行新政，政府对宏观经济进行管控，科学管理在企业中的缺陷越发突出，这使得管理学者们将关注点放在微观层面上研究“硬件”之外的对企业效率产生影响的因素，因此在这一时期，出现了著名的“霍桑实验”。

1924 年，美国研究委员会的研究小组在芝加哥郊外某企业名下的电话交换机制造工厂展开霍桑实验，这次实验的目的是为了弄清楚照明对生产效率产生的影响，但进展并不顺利。1927 年，美国哈佛大学教授乔治·埃尔顿·梅奥（George Elton Mayo）带领的研究团队受邀开始了第二阶段的福利实验，该实验研究的着重点是工作群体的社会态度和相互关系对工作绩效的影响。实验分为四个部分：照明试验、继电器装配小组试验、大规模访谈和对接线板接线工作室调查。根据实验成果，梅奥的团队给出了对应的观点：组织成员并不完全是传统经济学观念中的经济人，而是具有社交属性和复杂感情的社会人；组织内部存在霍桑效应；组织内会出现非正式组织；领导者想要取得理想的效果应该重视员工的满意度（王克敏[121]，2001）。

霍桑效应引起了诸多管理学者对人的行为研究的关注，相应的理论研究也随之扩充为个体行为、群体行为和组织行为。这一时期具有代表性的研究成果主要包括：基于个体发展的内在力量研究的需求层次理论；将企业中影响员工积极性的因素划分为保健因素与激励因素的双因素理论；专门研究企业中人的特性问题的 X 理论 – Y 理论；将“努力—成绩—报酬—满足”的激励过程整合到组织体系中的波特—劳勒模式等。

第二次世界大战之后的 20 世纪 40 到 60 年代，美国综合国力取得了迅猛的提升，随着社会经济文化环境的日益复杂，行为科学的相关研究也逐渐在各个领域落地生根，研究者们都以各自独特的视角提出了组织管理的相应观点。“行为科学”正式出现于 20 世纪 40 年代末至 50 年代初。20 世纪 40 年代，美国许多大学纷纷设立了人际关系研究中心。

（三）系统理论时期——成熟阶段

卡斯特和罗森茨韦克（kast 和 Rosenzweig）是系统管理学派的典型代表人物。约翰逊（Johnson）、卡斯特和罗森茨韦克于 1963 年合著了《系统理论和管理》，该书以组织系统概念为根据，提出了一系列组织管理的系统化范式，在当时无疑是系统管理学派的经典之作（索颖[122]，2000）。他们在组织理论方面的主要观点有两个方面。① 组织是一个人造的开放系统。组织系统自身的运行及发展对于外部环境的资源具有较高的依赖性，同时组织内部会对外部环境提供一定的资源。组织内外的资源交换基于特定的信息反馈体系，这种机制赋予了组织系统在面对环境时的协调和适应能力。② 组织是由若干相互关联的子系统所构成的一个有机整体。组织体系的优化整合实际上也是系统层面的整体优化过程，不能将组织的各个子系统分割开来。

权变理论学派是在 20 世纪 70 年代形成的，其代表人物较多，在组织理论方面主要有汤姆·伯恩斯（Tom Burns）、伍德沃德（Joan Woodward，1916—1971）、劳伦斯（Paul R.Lawrence）和洛希（Jay W. Lorsch）等人。该理论的主要观点是，不存在绝对不变的、普适的、效果最佳的管理原则及方法，任何管理活动都要考虑系统外部的环境状况和内部条件而采取相应的行动。权变理论学派是按权变观念来考察问题的。系统观念为我们了解和分析组织提供了较广泛的、概括性的一般观点；权变观念则更着重于具体组织的特殊性。权变学派主张以充分的实践为依据总结、归纳出各类基本模式，并试图理解这些模式间差异的形成要素，从而构建出更加灵活的理想化管理模式。

（四）组织行为学在中国的发展

中国的历史传统文化中不乏各类与管理相关联的心理学思想，但这类传统的思想大都是基于经验主义的认知。组织行为学的主要理论思想来自西方 20 世纪八九十年代的社会学研究，并且与心理学、工业心理学有着很深的学科渊源。中国正式的工业心理学研究最早发生在 20 世纪 30 年代，清华大学心理学家周先庚和心理研究员陈立组成研究小组，于北平南口机车厂开展针对员工的合理化建议制度的相关访谈和调研，该研究的目的是从心理学视角探索企业员工工作积极性的影响机制。陈立以实践调研和分析结果为依据于1935年出版了《工业心理学概观》一书，这是我国最早基于工作情境、劳累、休息、工作方式、事故及效率乃至工业组织、激励和动机等诸多要素，将心理学引入工业管理实践当中的系统理论著作（刘秋梅、刘东霞[123]，2010）。在20世纪中期，中国在工程心理学、劳动心理学等领域的探索脚步开始向新时代迈进，但管理心理学的起步时间还相对滞后。在20世纪60年代，因受“文化大革命”影响，中国学者对当时西方社会学所关注的工业与组织心理学方面研究的了解相当有限。在其后的十年里，中国提出了以经济建设为中心的发展路径，心理学在工业领域的实践应用得到了研究者的重视，如何充分调动组织管理者及员工在工作中的积极性成为普遍性的问题，心理学界亦试图与生产管理领域对接并进行心理学的相关性研究，我国的管理心理学也在这样一种处在变革阶段的经济社会背景下得以发展。20世纪80年代，随着中国心理学会工业心理专业委员会正式成立，我国组织行为学的研究真正迈上了更加系统、规范的发展路径。

第二节 组织行为的主要理论

组织行为学的研究对象有个体、群体、组织和领导。现实中的组织行为总是发生在一定的个体身上。因此，个体心理与行为是群体心理与行为、组织心理与行为、领导心理与行为的基础。个体心理过程包括个性倾向和个性心理特征，管理实践中的个体行为包括学习和决策。

一、个体行为理论

（一）人格

1. 人格理论的发展演变

人格是个体内在差异研究的重要方面，而关于人格方面成体系的理论始于 19 世纪，并在 20 世纪逐步发展并成熟。就不同文化、不同环境、不同个体等诸多条件下的人格理论研究，西方的学者们也存在着较多争论，形成了如精神分析理论、人本论、特质论等等具有代表性的流派，人格理论代表人物及主要观点如表 5-1 所示。

表 5-1 人格理论代表人物及主要观点

理论名称	代表人物	主要观点
人格结构理论	西格蒙德·弗洛伊德（Sigmund Freud，1923）	完整的人格结构包括三个部分：本我（本能的我）；自我（面对现实的我）；超我（道德化的我）

续表

理论名称	代表人物	主要观点
人本论	亚伯拉罕·马斯洛（Abraham Maslow，1945）	合适的环境条件有利于人类潜能的释放和人性的充分发展
人格特质论	戈登·奥尔波特（Gordon Allport，1937）	特质是人格构造单位，是真实存在于人内心的“一般倾向”，是对个别行为习惯整合的结果
	雷蒙德·卡特尔（Raymond Catell，1945）	通过对一个人的人格特点和情境因素的考量，可以预测出其行为反应的性质甚至量值
	汉斯·艾森克（Hans Eysenck，1953）	人格特质具有三个基本维度：内倾—外倾（内外倾的差异）；神经质（情绪稳定性的差异）；精神质（负面人格特质）
人格五因素	科斯塔和麦克雷（Costa 和 McCrae，1985）	人格结构包括五个维度因素：神经质（N）、外倾性（E）、经验开放性（O）、宜人性（A）、认真性（C）

资料来源：笔者整理。

2. MBTI 人格理论

美国心理学者布里格斯·迈尔斯（Briggs Myers）及其母亲凯瑟琳·布里格斯（Katharine Briggs）在荣格的八种人格类型基础上提出了四个层面来反映和理解人的心理因素：① 外倾与内倾；② 感觉与直觉；③ 思考与情感；④ 判断与知觉。四个维度可以组合成 16 种不同类型的性格，在结合指标分析之后可以找到每个人的性格特性或偏好。在几十年的发展与改进中，人格类型理论及其量表逐步成熟、完善，作为目前世界上最权威且应用最为普遍的人格类型测量工具，MBTI 较多地被应用于职场、家庭、教育、临床、宗教等领域。

企业管理者的创新能力在 21 世纪一直是组织行为的热点话题，MBTI 人格类型显示了中层管理者的创新性表现与其自身人格之间的影响作用。中层管理者具有 ESTJ、ISTJ、INTJ 三种具有代表性的职业人格类型。有相关研究指出，ESTJ、INTJ 两种类型的人格与创新行为之间存在显著正向相关的关系，而 ISTJ 类型与创新行为存在显著负向相关的关系，关于中层管理者创新行为的人格类型研究也为组织管理拓宽了研究视角和研究领域（王飞、郝旭光、赵春霞等[124]，2017）。

MBTI 表明了不同人格类型的学生在学习方法、学习习惯、思维方式和行为模式等方面具有较大差异。作为教师需要了解学生的这些行为表现，从而有效地管理课堂。如对于我国高职学生的自身认知能力普遍较差的现象，如何结合个体特质为学生提供更加符合认知能力的标准化、专业化教育并挖掘每个学生的专长是在新时代进行职业教育的难点也是重点；而在医学院中，以 MBTI 人格测试指标为依据，通过制定相应的实践教学方案，培养医学生医患沟通能力等。

MBTI 于 20 世纪末进入我国学者关注视野，在中国知网上以“MBTI”为关键词进行检索，检索时间截至 2020 年 12 月 31 日，对 CNKI 中核心期刊和 CSSCI 来源期刊的文章数量进行统计，其发文数量及趋势，如图 5-1 所示。

（二）动机

1. 动机理论的发展演变

关于动机理论的研究历史并不久远，20 世纪 30 年代，与动机有关的问题开始正式成为心理学界研究的一个主要领域。自 20 世纪 30 年代起，各种类型的动机研究得以快速发展，如本能论、驱力论、诱因论、需要论、自我决定论、认知一致论、自我效能论、成就动机论、预言论、归因论以及自我调节论，基于这样一种现实的发展进程，我们可以看到有关动机理论的探究视角逐渐由对系统个体的本能性质移向复杂的外部情境因素，由外部激励到内部激励，同时看重个体在系统中的调节能力（刘娟娟[125]，2004）。即 20 世纪中前

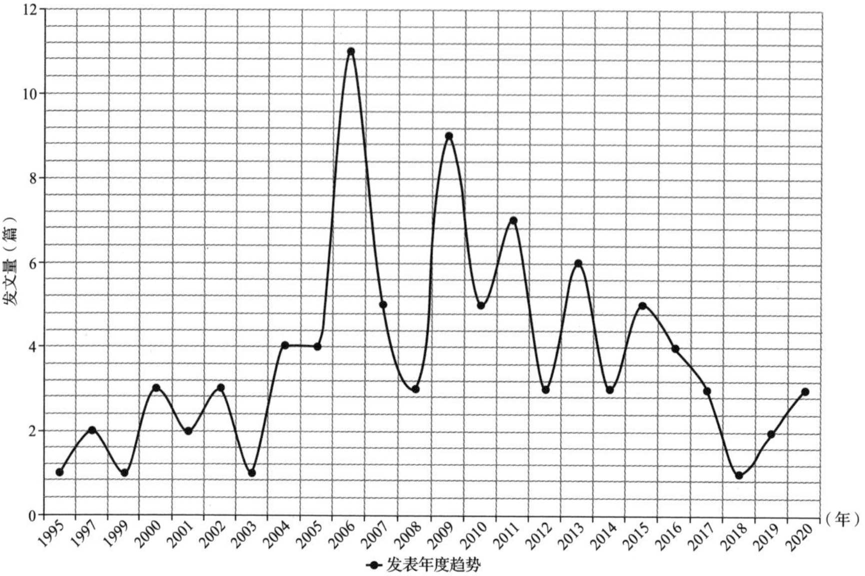

图 5-1 知网关键词“MBTI”相关研究发文数量及趋势

期主要以行为主义和精神分析理论为主，肯定本能、冲动、驱动力和内稳态等生物层面的要素与人的动机及行为存在较高的相关性并在一定程度上起到了决定性作用；到了 20 世纪中后期，认知视角开始逐渐引入动机的研究，研究方向亦随之发生转变，如关注认知因素的归因理论（章明明，2006）。这说明动机理论越来越重视社会因素和个体能动性，一定程度上反映了动机研究由机械的、静态的因素转向理性的、动态的方面发展。动机理论代表人物及主要观点如表 5-2 所示。

表 5-2 动机理论代表人物及主要观点

理论名称	代表人物	主要观点
行为主义理论	约翰·华生（John B.Watson，1878）	人的行为是受后天环境影响的消极反应
符号学习理论	爱德华·托尔曼（Edward Chase Tolman，1932）	个体行为是目的性和认知性的统一，个体的认知在行为发生过程中起关键作用

续表

理论名称	代表人物	主要观点
认知不协调理论	利昂·费斯廷格（Leon Festinger，1957）	个体对于事物的态度以及态度和行为间是和谐的，当出现矛盾时，就会产生认知失调
平衡理论	弗里茨·海德（Fritz Heider，1958）	当认知主体对一个单元内两个主体看法一致时，其认知体系呈现平衡状态；当有相反看法时，就产生不平衡状态
归因理论	弗里茨·海德（Fritz Heider，1958）	人的行为的原因可分为内因（情绪、态度、性格和能力）和外因（外部压力、天气和形势）
	哈罗德·凯莉（Harold Kelley，1967）	人们进行归因时主要涉及三个范畴：① 行动者；② 客观刺激物；③ 所属关系或情境
	伯纳德·韦纳（Bernard Weiner，1974）	解释成败的原因可分为三个维度：① 内部与外部；② 稳定与不稳定；③ 可控和不可控
自我决定理论	德西和瑞安（Deci 和 Ryan，1985）	人的行为可分为自我决定行为和非自我决定行为
计划行为理论	Ajzen（1985）	人的行为意图和行为的决定因素包括行为态度、主观规范和知觉行为控制
文化维度理论	吉尔特·霍夫斯泰德（Geert Hofstede，1988）	文化差异可分为五个维度：① 个人主义和集体主义；② 权力距离；③ 不确定性规避；④ 男性度和女性度；⑤ 长期取向与短期取向

资料来源：笔者整理。

动机理论在我国应用较为广泛，上述代表性理论中，归因理论、自我决定理论、文化维度理论应用更广。

在中国知网上以“归因”“自我决定理论”“文化维度”为关键词进行检索，检索时间截至 2020 年 12 月 31 日，对 CNKI 中核心期刊和 CSSCI 来源期刊的文章数量进行统计，其发文数量及趋势，如图 5-2、图 5-3、图 5-4 所示。

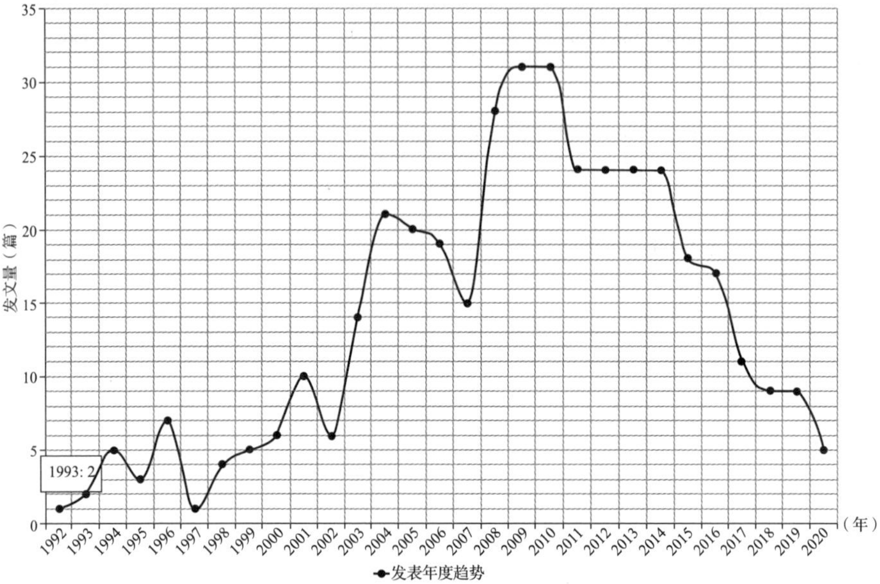

图 5-2　知网关键词“归因”可视化发表年度趋势图

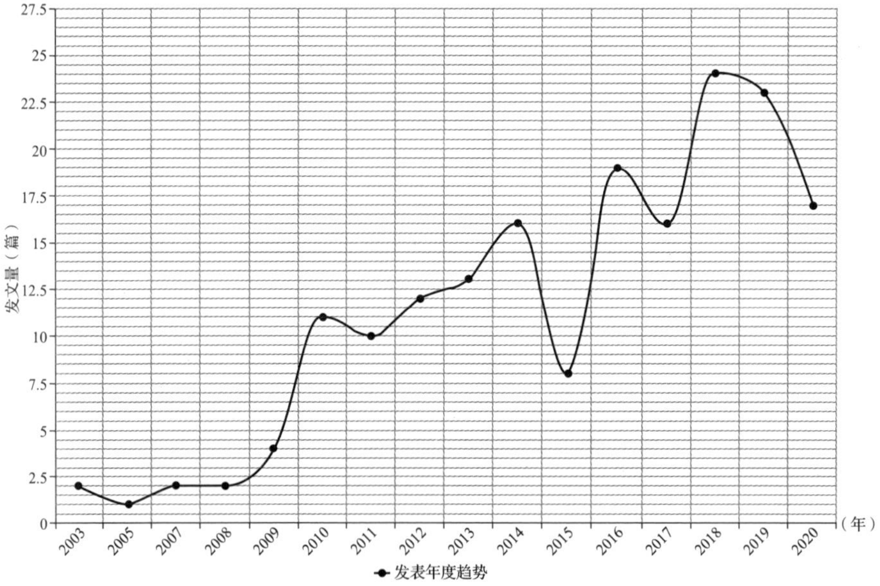

图 5-3　知网关键词“自我决定理论”相关研究发文数量及趋势

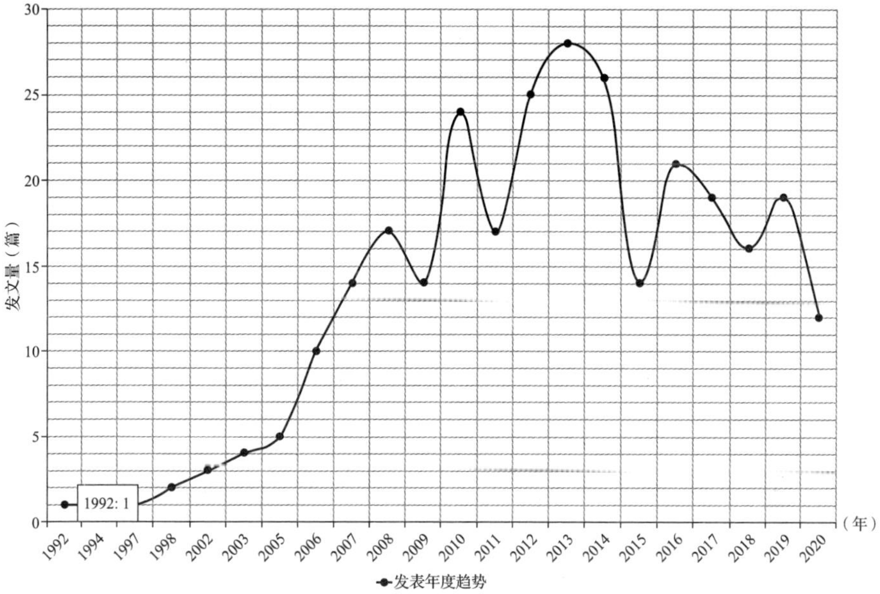

图 5-4　知网关键词“文化维度”相关研究发文数量及趋势

2. 激励理论

激励一词最初是心理学的概念，是指激发动机、鼓励行为、产生动机的心理层面的驱动力。也就是说，借助对内部或外部的刺激，人们可以获得兴奋感，从而驱动人们实现他们的目标。组织行为学对于激励的含义的理解在于激发人的动机，使人具有向期望目标前进的内在动力的心理活动过程。换句话说，激励是调动个体积极性并激发个体潜能的活动过程（曾化松、刘毅、裴丽昆[126]，2007）。

根据唯物史观，劳动是生产力的第一要素。将作为死劳动的物质因素与作为活劳动的人的因素结合起来会促成真正的生产力。劳动者能力发挥的积极程度决定了物质要素在生产中的作用（赵德生、王楠毓[127]，1992）。西方管理学在过去一个世纪的发展过程中，创造了一系列独具特色的激励理论。在管理理论发展的不同阶段，有许多不同的人性假设理论，从早期的经济人假设到行为科学主义的社会人假设，再到复杂人假设。激励理论的演进是建立在人性论不断变化的假设基础上的。20世纪早期，资本主义处于蓬勃发展的阶段。当时的人性假设是经济人，认为所有员工都追求经济收入的最大化。有学者在这样一种理论基础上做了更深层次的分析，将人们所追求的“经济收入最大化”的诉求延伸到追求“效用最大化”，形成了近年来基于不对称信息博弈的各种激励模型。关于“经济人假设”是否能准确反映对人的本性和管理方面的问题一直没有停止争论。通过“霍桑实验”，梅奥等人发现，经济效益并不是唯一的激励因素（郝辽钢、刘健西[128]，2003）。除了追求经济利益，员工还追求其他事情。因此，行为主义者放弃了“经济人假设”，开始探索人的本质，逐渐形成了相对完整的激励理论体系。激励理论代表人物及主要观点如表5-3所示。

表5-3 激励理论代表人物及主要观点

理论流派	理论名称	代表人物	主要观点
内容型	马斯洛需要层次理论	马斯洛（Maslow，1943）	人的需要分为五个层次：生理需要、安全需要、社会需要、尊重需要和自我实现需要
	赫茨伯格的双因素理论	赫茨伯格（Herzberg，1959）	保健因素主要是工作本身以外的条件引起的；激励因素主要是工作本身造成的
	阿弗德的ERG理论	克雷顿·奥尔德弗（Alderfer，1969）	人的三种核心需要：生存需要、相互关系需要和成长需要
	成就需要理论	麦克利兰（McClelland，1970）	人的三种社会需求：成就需求、社交需求和权力需求
过程型	弗鲁姆的期望理论	弗鲁姆（Vroom，1964）	目标对激发人的动机有影响，这个激发力量的大小取决于目标价值和期望概率

续表

理论流派	理论名称	代表人物	主要观点
过程型	亚当斯的公平理论	亚当斯（Adams，1965）	人对自己的报酬的满意程度，不仅受其绝对值的影响，也受相对值的影响
	目标设置理论	洛克（Locke，1967）	目标可以将人的需要转化为动机，为了实现目标而工作是激励的主要来源
行为改造型	强化理论	斯金纳（Skinner）	提倡激励，只依赖于员工行为与其结果的关系，而不强调激励的内容和过程
	挫折理论	亚当斯（Adams）	挫折是人的动机行为受阻而未能满足需要时的心理状态，并力求采取措施将消极行为转化为积极行为

资料来源：笔者整理。

3. 四驱动力理论

驱动力理论是指当个体的需要无法得到满足时，其内部会形成相应的内驱力刺激，而这类刺激所引起的效应会反馈给个体，并使其产生对满足的需要（林良章[129]，1992）。驱动力理论较多探讨了驱动力理论与学习动机理论、激励理论的热点话题。

激励的作用效果离不开情绪因素。根据社会学、心理学的研究，人们普遍存在一定的驱动力，如学习、支配及社交等方面的驱动力。情绪往往被认为是驱动力的来源，大部分激励理论的主要视角在于人的认知层面，而四驱动力理论则专注于个体情绪在激励过程中的影响。根据该理论，人们普遍具有四种驱动力：获取、联系、学习、防御。为了处理情绪研究，该理论的发展模式将驱动转化为目标导向行为，从而更清晰地理解情绪智力在激励过程和激励行为的影响机制。四种驱动力理论为组织管理者提供了一个思路，即为员工的工作及工作情境提供满足四种驱动力的足够条件。

（三）组织公民行为

Dennis Organ 教授对组织公民行为进行了阐述和解释：没有为常规的报酬体系所明确和成为正式规范的、员工的一种自发的个体行为，该行为对于组织功能的效用有良性的促进作用。一般情况下，上述行为都属于职员正常工作描述之外的活动过程，极大程度上是自发性的行动，是处于正式奖励制度之外的，且不符合自身职责范围内所要求的行为（熊红霞[130]，2011）。OCB（组织公民行为）至少存在七个维度：助人行为、运动家道德、组织忠诚、组织遵从、人首创性、公民道德和自我发展。组织公民行为是一种组织成员自发进行的行动，它不属于职员在组织制度中的职责范围，但这类行为无疑会促进组织的有效运行。

组织公民行为在我国的推广及应用始于 20 世纪末，在 2005 年后开始进入高峰时期，近年来有所递减。在中国知网上以“组织公民行为”为关键词进行检索，检索时间截至 2020 年 12 月 31 日，对 CNKI 中核心期刊和 CSSCI 来源期刊的文章数量进行统计，其发文数量及趋势，如图 5-5 所示。

（四）个体动机行为理论评价

动机作为心理学研究的一个重要特征，其自 20 世纪 30 年代起，便成为心理学、社会学所探究的热点领域，且诞生了不同视角的研究，发展到现代已经收获了相当多的研究成果。但各学派的学者却没有就观点达成一致，所以系统的动机理论的研究极为迫切。个体动机的研究领域和范畴都极其复杂，而对于新时代的动机理论研究，需要具有极高普适性、更符合现实需要和符合发展逻辑的理论

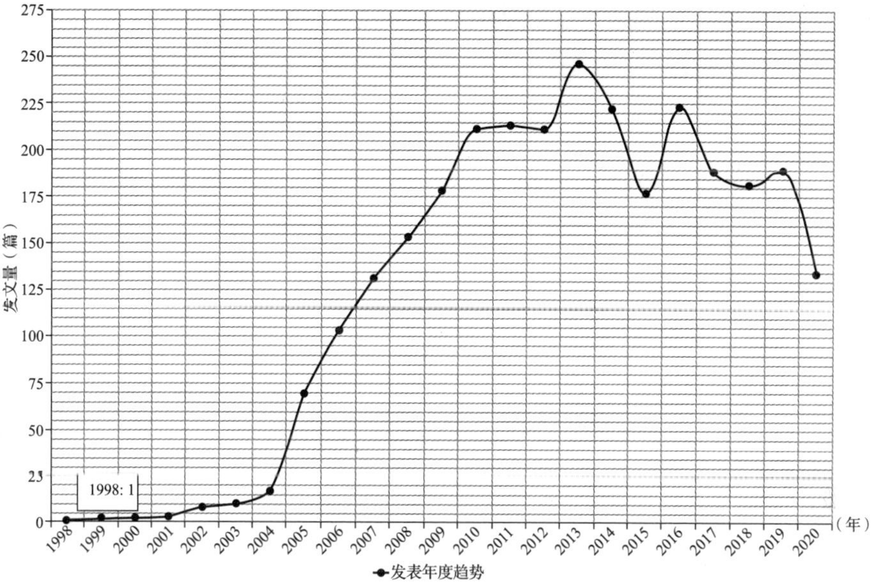

图 5-5　知网关键词“组织公民行为”相关研究发文数量及趋势

模型出现。在数字化时代的背景下，由于现实中组织结构的建立不可能达到绝对理想化的层次，任何组织都不应轻视职员自发的、主动的合作行为，若单纯依照组织既定的规范化职员行为准则，将难以达成组织目标，组织需要重视职员积极的自发合作意愿（制度之外的角色行为）。职员的自发合作意愿对于所有类型的企业都存在不可替代的作用，这也是企业和管理者在发展中亟须解决的重要问题（向倩雯[131]，2007）。

二、群体行为理论

（一）群体动力理论发展演变

群体动力学理论最早是由德国心理学家库尔特·勒温（Kurt Lewin）提出的。勒温在对行为（Behavior）、内在需要（Personality）和情境（Enviornment）等因素进行综合分析的基础上，引入磁场这一物理学概念，构造出了函数 B=f（P，E），其中，B 代表个体行为，P 代表个体特征，E 代表环境。根据该函数的理论逻辑，研究个体行为时，必须把个体与其所在的环境相关联（董建华[132]，2019）。群体动力理论的关键是针对既定情境下某一群体之中诸多个体在行为及思想方面存在的差异性。此后，社会心理学也开展关于群体动力学的研究，它更强调对群体内部各个要素的挖掘和群体内外要素之间的关联。从群体动力理论的发展来看，在一定程度上其研究本身便是不断变化的动态过程，即群体内外要素所组成的能量系统总是处于持续不断的变化状态，内外各个要素和外部环境交互作用，构成了一个典型的动态体系，同时也成为提供动力的统一系统。

（二）群体动力理论的主要内容

1. 冲突理论

冲突是组织中不可避免的一种现象。冲突是行为主体之间目标、认知或情感互不相容或相互排斥而产生的结果或由于目的、手段分歧而导致的行为对立状态。理解冲突的含义，需要理解其中包含的四个关键要素：冲突双方存在利益上的对立；冲突双方已经意识到了这种对立；冲突双方认为对方将要损害自己的利益或已经危害了自己的利益；冲突双方认为对方将要采取损害自己利益的实际行动或已经采取了这样的行动。冲突类型如表 5-4 所示

表 5-4　冲突类型

冲突类型	解释
任务冲突	与工作内容和目标有关的冲突，如制造企业中的生产部门
关系冲突	着重于人际关系的冲突，主要情感因素的影响
过程冲突	与如何完成工作有关的冲突，如工作方法、工作程序等

资料来源：笔者整理。

冲突可以看作是动态的过程。一般来说，现实的冲突往往通过冲突主体的潜在矛盾反映出彼此的冲突意识，从而产生冲突的行为意图，再呈现出实际的冲突行为，最终会造成冲突的结果及效应，这是一个逐步产生、发展和变化的主体间互动的过程（马新建[133]，2007）。

第一阶段：冲突的潜伏期。一般认为，产生冲突的可能条件主要为三类：沟通、结构、个人因素。

第二阶段：认知和个性化。在冲突过程中，冲突的主体在此阶段会在感知潜在冲突的基础上去认识和界定冲突，形成个性化的冲突认知和定性，而且不同主体对冲突的各自定义的方式将极大地影响到后续的冲突的行为意向和冲突的可能解决办法。

第三阶段：行为意向。此阶段，冲突主体需要在自身的主观认知、情感与外显的行为之间，做出究竟应采取何种行为的决策或特定行为意图取向的选择。

第四阶段：行为。进入此阶段后，不同的冲突主体在自己冲突行为意向的导引或影响下，正式做出一定的冲突行为，来反映自己的意志，试图阻止或影响对方的目标实现，努力实现自己的愿望。

2. 群体决策理论

群体决策是由群体中多数个体一同执行决策活动，多数情况下，是由群体中的某个人先提出大致方向和可供选择的方案，而后在若干方案中进行优选（巫春华、余潮青[134]，2005）。参与群体决策的成员可能包括组织的领导者、有关专家和职工代表。群体决策包括以下三个维度：群体成员参与决策的程度；群体决策的内容，包括管理、日常人事、工作本身和工作条件四个方面；群众决策的范围，可分大范围和小范围。

群体决策的优缺点如下。

（1）群体决策的优点

群体决策能够提供更加丰富的知识来帮助决策；它增加了观点

的多样性，因而为解决问题提供了更多的处理意见和可供选择的决策方案；它能够增加群体成员对决策的认可程度，并使其在实践中便于执行；同时，其合法性也得到了增强。

（2）群体决策的缺点

群体决策相较个体决策周期长；个人意见可能会受到各种因素的影响或压制，独到的见解或创新的意见难以表达出来；同时，群体决策不可避免地会出现相互指责、批评、评价或竞争的情况，造成不必要的内耗甚至会造成人为的决策障碍，影响决策质量；由于最后的决策可能是大家妥协的结果，只反映了部分成员的意见，出现了权力和责任的分离，由此可能导致群体决策较个人决策具有更大的风险性。

3. 群体组织公民行为

美国印第安纳大学的 Demnis Organ 教授及其同事在研究工作满意感和工作绩效的关系时，普遍认为员工工作满意感与工作绩效存在正相关关系，而且通过高的工作满意感能预测高的个人工作绩效。随后，研究团队在 1983 年创造性地提出了“组织公民行为”这一术语。他们将组织公民行为定义为：一种未被正常的报酬体系所明确和直接规定的、员工的自觉个体行为，这种行为有助于提高组织功能的有效性（吴玺玫[135]，2010）。21 世纪以来，组织公民行为这一研究领域不断收获良好的理论成果，其研究的范畴也在不断拓展并应用于企业领导变革、人力资源管理和高校教育等领域。

一般认为，组织公民行为超出了员工的实际工作描述，完全出于个人意愿，既没有依附于正式奖励制度，又非个人职务内所被要求的行为（王雷[136]，2009）。因此，人际互动和组织认同问题便成为组织公民行为的研究热点。在社会交换理论视角下，组织公民行为涉及的相关变量包括组织支持、组织信任及工作氛围等。在未来组织理论的探讨方向上，研究人员对于组织行为及领导力方面的研究议题逐步深入，会带动领导效能、个体、团队创造力与组织创新、个体有意工作行为及跨文化等一系列理论的拓展与延伸（张志学、施俊琦、刘军[137]，2016）。

（三）群体动力理论的主要评价

群体现象普遍存在于自然界与社会之中，因而关于群体动力理论的机制及其应用的研究对社会学、心理学、管理学、组织行为学等学科的发展都有着非常重要的作用。群体动力学作为正在兴起的具有专业性及实用性的理论，不仅要重视理论和经验的积累，更要注重结合时代背景、社会需求的实践性探究，从实际的研究结论将关于群体的各类现象、原理及理论范式加以归纳，并汇集成一整套科学完备的理论。

在中国知网上以“群体动力理论”为关键词进行检索，检索时间截至 2020 年 12 月 31 日，对 CNKI 数据库中的文章数量进行统计，其发文数量及趋势，如图 5-6 所示。

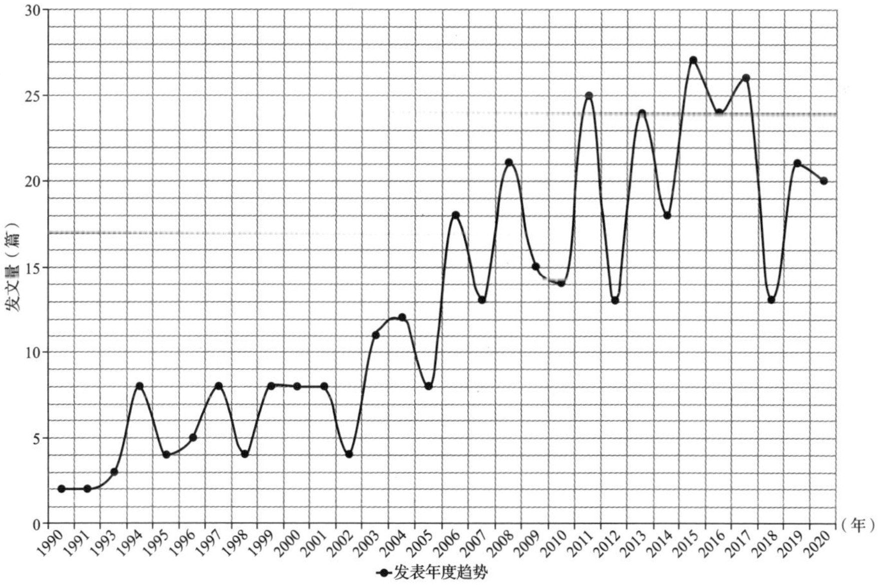

图 5-6　知网关键词“群体动力理论”相关研究发文数量及趋势

三、领导理论

（一）领导理论发展演变

1. 领导概念的定义演变

领导是管理活动中的基本职能，它是一个较复杂和宽泛的概念，其含义在不同时期、不同方面都有着不一样的解读和界定。领导含义的主要观点汇总如表 5-5 所示。

表 5-5　领导含义的主要观点汇总

学者	领导的含义
Stogdill（1951）	领导是强调组织目标并通过目标的实现来影响群体活动的过程
Hemphill 和 BCoons（1957）	领导是个人指引群体或团队实现共同的目标
Cummings（1978）	领导是在实现目标过程中，对组织成员的思想、情感和行为进行影响
Burns（1978）	领导是人们动员制度、政策、心理及其他资源来激励和负责满足成员的士气
Katz 和 Kahn（1978）	领导是一种对组织中日常活动的影响
Rauch 和 Behling（1984）	领导是一种过程，它会影响组织朝特定的目标前进
Hosking（1988）	领导者是人们所认识和期望的为社会秩序做出有效贡献的人
Koontz（1990）	领导是一种影响力，一种技能或一种过程：从而影响他人自发的、有积极性的、致力于实现整体目标
Schn（1992）	领导是一种能力，它可以运用外界文化使其更具有适应性变化
Yukl（1994）	领导是角色关系、互动方式、领导行为、人格特质和组织目标整合的结果
Drath 和 Palus	让组织中成员认识自己所从事工作的意义并且认同，这样可以让他们全身心投入到工作中
House et al（1999）	领导是促使、鼓动和影响其他人给组织奉献的效能和成功的能力

资料来源：笔者整理。

2. 领导理论的演化阶段

领导理论是组织行为研究的一个重要方面。在 20 世纪早期，学界为了提高企业管理水平并加快组织建设，开始针对领导理论的相关问题展开大量讨论和系统研究。在过去的一个多世纪里，领导理论经历了一系列的发展演化。

在 20 世纪早期，领导理论各个学派的学者将领导者身上的个体品性和特质当作解释或预测领导者行为的重要影响因素，领导特质论应运而生（李建设、李玉君[138]，2005）。其中有代表性的学者斯托格迪尔（Stogdill，1948），他在研究中以领导者的诸多要素为参考依据，提出了能力、成就、参与、地位、情境等与领导素质能力相关的六种要素。虽然特质论与领导理论之间建立了一定的联系，但是常常由于环境的不同而出现较大的偏差，难以证明具有这些要素的个体一定会成为领导者。

20 世纪中叶，为了更清晰地解释领导成果的动因，研究者们便将领导行为作为领导理论研究的一个重要方面，领导行为理论开始在学界盛行。管理学家罗夫·怀特（Ralph K. White）和罗纳德·李皮特（Ronald Lippitt）通过相关研究，提出了三种领导方式理论来解释不同领导风格与领导成效。坦南鲍姆和施密特（Tannenbaum 和 Schimidt，1976）认为以员工为中心的领导方式会对工作绩效和下属的个人发展有积极的影响。美国德克萨斯大学的行为科学家罗伯特·布莱克和简·莫顿（Robert R.Blake 和 Jane S.Mouton，1964）在《管理方格》一书中提出了管理方格理论，该理论试图将以效率为中心和以人为中心的两种领导方式进行不同程度的有机结合并对其进行讨论。领导是一个动态的过程，而领导行为理论却忽略了各种情境因素的影响，具有一定的局限性（卢会志、姚桂芳[139]，2007）。

20 世纪 60 年代，领导理论的研究者们发现领导过程会因环境因素而变化，只有根据不同的环境采取相应的领导方式方法才能取得较好的领导成效，在这个阶段，权变理论开始得到重视并被深入研究。最早对权变理论做出完整评述的是美国管理学家菲德勒，他于1967年在《领导效能理论》中指出，领导者的领导风格与下属之间存在一定的互动关系，在不同的情境下应该采取相应的领导方式。某种领导方式或风格只在一定的情境中才能发挥最佳效能，不存在适用任何情境的领导风格。

（二）领导主要理论

1. 领导特质理论

领导特质理论是确定一个成功的领导者应该具备的人格特质，又叫“伟人理论”，致力于解决什么样的人更适合做领导者的问题。奥尔波特于1937年首次提出人格特质理论。根据美国心理学家吉普（Gibb）的研究，有天赋的领导者应该具备良好的语言、自然的外表、优秀的智力、良好的自信、健康的心理、强烈的支配欲、外向和敏感等特征。美国心理学家吉赛利（E. Echiselli）认为，监督能力、职业成就感、智力、自我实现、自信和决心是更重要的特征（周成林、冯琰[140]，2005）。事实上，各国管理专家根据本国的具体情况，分别提出了一个合格领导者应该具备的特征。例如，日本商界提出领导者应具备十大美德和十大能力；美国商界提出了企业家的十大条件。

20世纪40年代以来，领导特质理论的研究不再占据主导地位。然而，在几十年后，有关特质理论的研究出现了复苏的迹象。从实践的角度看，这一理论对领导者的选拔、培养和发展具有积极的推动作用。Yukl（2009）提到，尽管研究的各种因素类别乃至术语都存在差异，但影响领导成效的个体特征大体上存在共性：较强的精力和耐力、自信、内在控制点导向、成熟的心理、高尚的人格、社会化权力动机、适度的高成就导向、低亲和力。

随着社会学、心理学等理论的不断发展，领导学家们开始对领导特质理论展开了新一轮的研究热潮。扎卡罗（Zaccaro，2012）指出，新的领导理论研究要为解释更宏观、更复杂的社会问题及组织现象而服务，在该理论的前沿领域需要创造典型的具有较高区分度的整合领导特质及领导过程和结果的模型，以更加复杂多变的视角来分析不同领域的领导活动（文晓立、陈春花[141]，2014）。基于上述研究思想，领导理论学界提出了下列三种模型。

（1）领导特质的多级模型

该模型把领导特质分为远端特质及近端特质，前者包括领导者的认知能力、人格和动机等因素，而后者则包括领导者的社会评价技能、问题解决技能以及对专业知识和隐形知识的掌握程度，不同类别的特质不会孤立地对领导活动产生影响，更要考虑不同类别特质之间的协同作用，并在此基础上考虑环境的影响。领导特质的多级模型如图 5-7 所示。

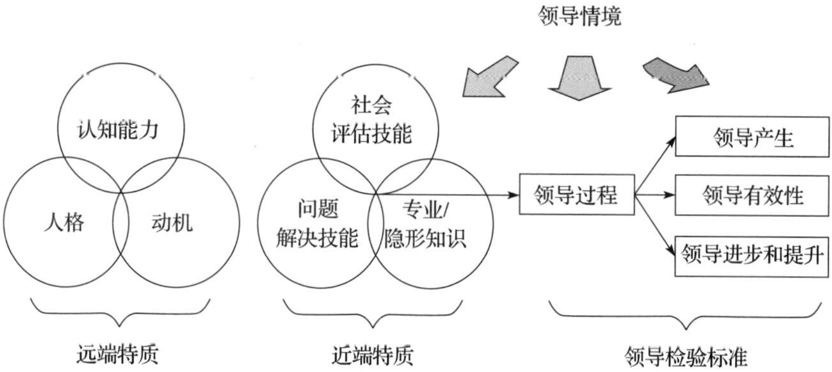

图 5-7　领导特质的多级模型

资料来源：文晓立，陈春花. 领导特质理论的第三次研究高峰［J］. 领导科学，2014，（35）：33-35.

（2）领导过程模型

Antonakis 等（2012）构建了领导过程模型。该模型在搭建一条由远端预测因子、近端预测因子、组织行为结果三部分所构成的因果关系链条的基础上，力图将处于远端因子与领导结果之间的近端因子的中介作用阐述清楚。一般情况下，领导行为研究所发现的领导行为（内生回归因子）与领导结果（因变量）之间存在的共变关系可能是一种肤浅的关联关系，难以为实践和政策提供有用的信息，领导过程模型则可以在一定程度上解决这个问题，弥补了领导行为研究范式的缺陷。领导过程模型如图 5-8 所示。

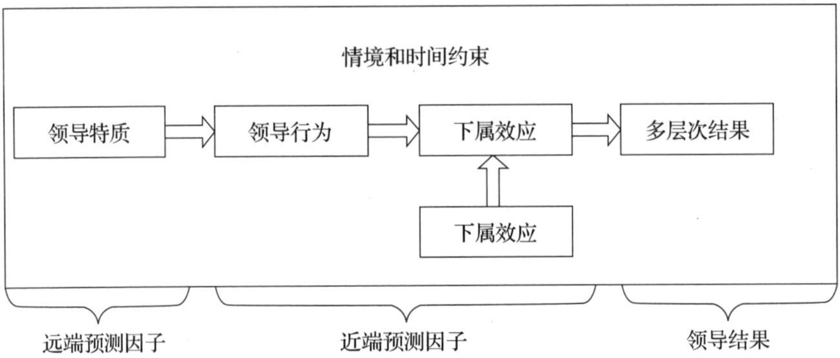

图 5-8　领导过程模型

资料来源：文晓立，陈春花. 领导特质理论的第三次研究高峰［J］. 领导科学，2014，（35）：33-35.

（3）连接个体差异和领导结果的替代性视角模型

一般来说，传统的领导特质理论研究将个人特质影响领导行为当作假设基础，即由特质到结果的关系 c 所示。而在替代性视角下，该体系过程可转换为特质与行为的效应 a 以及行为与结果的效应 b，在这种体系模型下，领导行为可被看作是个体差异与领导结果之间的中介因子。该模型的效应 c 等价于 a 和 b 的乘积。连接个体差异与领导结果的替代性视角模型如图 5-9 所示。

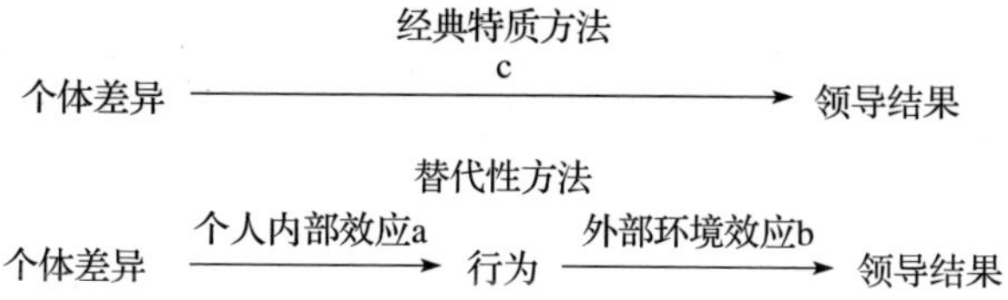

图 5-9 连接个体差异与领导结果的替代性视角模型

资料来源：文晓立，陈春花. 领导特质理论的第三次研究高峰［J］. 领导科学，2014，（35）：33-35.

2. 领导行为理论

由于领导特质理论不能说明领导的本质，自 20 世纪 40 年代后期，不少管理心理学家和行为科学家便开始转向研究领导者的实际行为。这一时期，许多学者在调查研究中发现，领导者在领导过程中所采取的领导行为与他们的工作效率之间存在着密切的关系（李一[142]，2011）。为了寻求最佳的领导行为，许多研究机构着手进行行为研究，并提出了行为理论。领导行为理论汇总如表 5-6 所示。

表 5-6 领导行为理论汇总

相关理论	代表人物	主要观点
利克特的四种领导方式	利克特（Likert，1961）	领导方式可分为四种类型：独裁式的集权领导、仁慈式的集权领导、协商式的民主领导和参与式的民主领导
领导行为四分图	汉姆菲尔（T.K.Hemphill）	领导行为的维度有“抓生产”和“关心人”两大类
管理方格理论	布莱克和莫顿（Blake 和 Mourton）	纵坐标表示对人的关心程度，横坐标表示对生产的关心程度，两者各分成九等形成一个管理方格图（近似领导行为四分图的细化）
PM 理论	三隅二不二（20 世纪 60 年代）	任何小组都同时具有两个职能：一是小组目标的实现，二是维持和加强组织
领导行为连续统一体理论	坦南鲍姆和施密特（Tannenbaum 和 Schmidt，1958）	在独裁和民主这两种极端的领导方式之间，存在着许多领导行为，且构成一个连续体

资料来源：笔者整理。

3. 领导权变理论

一般来说，权变理论是将视角放在动态情境中审视领导行为的。由于特质论难以精确地解释领导者的行为，甚至无法预测相异环境条件下领导者行为的各种表现，而过去的相关行为理论在预测特定的领导者行为时又无法适应复杂的外部影响，有时甚至会得出自相矛盾的结论，对于相同类别的领导行为如何在存在差异的系统中形成相异的成效等典型问题无法给予妥当的阐释，因而研究者们将领导理论的研究视角转向了情境因素。领导权变理论汇总如表 5-7 所示。

表 5-7 领导权变理论汇总

相关理论	代表人物	主要观点
菲德勒模式	菲德勒（Feidler，1962）	领导行为受三种情境因素影响：① 领导者与被领导者之间的关系；② 工作任务结构；③ 领导者所处的地位和权力
途径 – 目标理论	豪斯（House，1971）	领导行为方式可分为四种类型：指导型、支持型、参与型和成就导向型
生命周期理论	米切尔（Michell，1979）	领导者的行为应适应于领导者的成熟度。随着领导者的成熟度逐渐提高，领导者的领导风格也应做相应的改变

资料来源：笔者整理。

4. 领导理论前沿

（1）交易型领导与变革型领导

交易型领导与变革型领导是领导理论在前沿领域所被关注的热点问题。俄亥俄州立大学的相关研究，菲德勒的权变模式，路径一目标理论，领导者参与模型，都是基于交易型领导者研究的思路。领导者们以明确员工职责及工作任务目标的方式来达到引导和激励下属的目的。而变革型领导则是与交易型领导相异的领导类型。变革型领导者们促使员工开放视野和思想，并不只局限于个体自身的职责或部门小组，即鼓励下属将企业整体的利益凌驾于个体利益之上，并通过方方面面的手段和方法影响下属的行为。变革型领导主张创造出学习型的人才和组织，从而提高企业的适应能力及生存发展的能力（赵国祥[143]，2009）。因而，变革型领导往往能引发人们超乎当前的能力和想象力。从以上分析来看，交易型领导具有理性的典型特征，试图在交换过程中谋求一定的平衡，而变革型领导更倾向于为企业创造发展和革新的内在条件。

（2）家长式领导

家长式领导作为中国本土化的领导理论，能较好地解释我国组织中的领导行为。家长式领导的相关研究在21世纪以后得到了逐步发展，尤其在最近10年，学界关于家长式领导和员工创新行为、创新绩效相关的文章出产较多，可以看出家长式领导是我国学界的前沿热点理论。

家长式领导被中国学者定义为：一种表现在人格中的、包含强烈的纪律性和权威、包含父亲般的仁慈和德行的领导行为方式。根据这一解释，家长式领导主要包括三个维度：威权、仁慈及德行领导。威权是指领导者的领导行为，要求对下属具有绝对的权威和控制，下属必须完全服从。仁慈是指领导者的领导行为会赋予下属个性化的感受，在特定的方面表现出特定的关心。而德行领导往往显示出高度个人美德、自律和无私的领导者行为（刘春、杨小微[144]，2014）。在现代科层式领导方式主流的情境下，领导者仍然无法避免受到家长式领导的影响，但是在自我意识中，以科层式领导为主家长式领导为辅的领导方式对领导结构规范的构建依然是有利的，同时也会提升组织绩效。

在中国知网上以“交易型领导”与“变革型领导”为关键词进行检索，检索时间截至2020年12月31日，对CNKI中核心期刊和 CSSCI 来源期刊的文章数量进行统计，其发文数量及趋势，如图 5-10 所示。

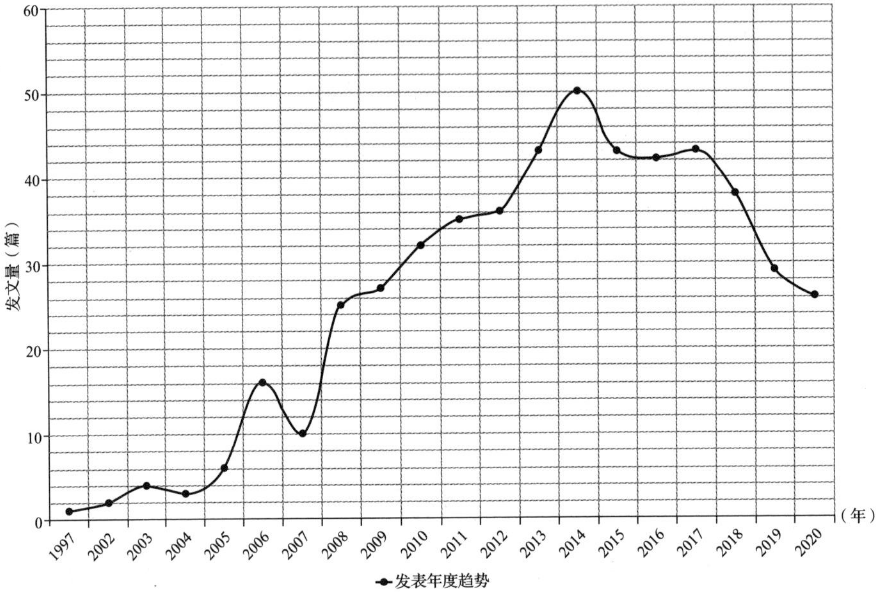

图 5-10 知网关键词“交易型领导”与“变革型领导”可视化发表年度趋势

（三）领导理论的评价

领导理论经历了几个典型的发展阶段：特质论、行为论、权变论和新领导理论。特质论是假设一个领导者的人格特质必然会有异于普通的被领导者，因而，研究者们希望找出成功领导者和不成功领导者在人格特质上的不同点。由于领导特质理论不能说明领导的本质，于是 20 世纪 40 年代后期开始出现的行为理论，主要包括密执安大学的领导行为研究、俄亥俄大学的领导行为研究、管理方格理论、领导行为连续统一体模式的研究。行为理论没有注意到环境对领导风格和方式的影响，故出现了领导权变理论。它主要包括菲德勒的领导权变理论、豪斯的途径—目标模式和卡曼的生命周期理论。随着时代的发展，学术界出现了领导归因理论、领导魅力理论及交易型领导与变革型领导理论。由于复杂性的提高，管理实践中的解释和预测行为的能力也在不断提高。在理解领导方面的一个主要飞跃在于人们认识到需要加入情境因素。关于领导理论的最近十几年的研究，致力于比较有效地预测什么人能够有效地领导群体，并能根据具体情况解释在什么条件下会导致高工作绩效和工作满意度。另外，领导研究还进一步扩展，包括了伟人和远见卓识的领导的观点（姜凌燕[145]，2009）。

四、组织变革

（一）组织变革的背景

20 世纪中后期，全球社会格局发生了巨大变化，在变革兴起的时代，企业面临着各种挑战，组织管理的思想也因此受到了很大的影响。由于面临的内部形式与外部环境日趋复杂，为了取得竞争优势，组织的研究者不得不将组织放在战略视角下，探讨组织结构、战略目标与环境之间的关系。

在 20 世纪 80 年代，社会整体的教育水平有了显著的提升，信息技术逐渐成为组织管理的一项重要工具，传统的组织体系难以适应这种竞争节奏加快的复杂环境，研究者们开始着眼于组织管理的制度、过程、人员、文化等一系列更复杂细化的方面并试图寻求理论的创新。美国企业从 80 年代起开始了大规模的“企业重组革命”，日本企业也于 90 年代开始进行所谓“第二次管理革命”。在这个阶段，组织管理的研究实现了革命性和时代性的理论发展。企业再造理论的完整框架的主要构建者是迈克尔·哈默（M.Hammer）与詹姆斯·钱皮（J.Champy），他们共同出版的《再造企业——管理革命的宣言书》（1993）中对企业再造的模式和相关理论进行了解释：当代的企业大都具有传统组织系统欠缺应变和适应能力的通病；BPR（业务流程重组）作为企业再造的首要任务，能够有效地为企业争取竞争资源和发展条件；BPR 的实现过程离不开先进的信息技术以及高素质的人才这两个基本要素，在 BPR 引领下的企业再造活动将会成为新时代企业管理发展的强大引擎（王克敏[121]，2001）。

（二）学习型组织

学习型组织的概念最早出现在 20 世纪 60 年代，在知识经济时代背景下，关于学习型组织的研究逐渐被学界所关注。企业想要提高组织的创新能力与灵活性，提高学习速度及适应能力变得尤为重要，即使组织处于一种不断学习进步的理想状态。学习型组织是一种以系统动力学为指导，具有扁平化、信息化、开放化、灵活性的特点，不断学习，不断重新调整结构关系的组织发展模式。基于权变理论的原理，组织学习被看作是结合情境因素不断调整、适应的过程。到了 90 年代，麻省理工学院的彼得·圣吉（Peter M. Senge）出版了《第五项修炼》一书，他主张依据特定的组织管理实践来改善系统的学习能力的原理和原则，其基本观点是摒弃带有局限性、滞后性、机械的思考，以整体性视角进行系统性的思考，重视系统内个体间的影响因素。关于学习型组织的研究也随着时代背景的变化不断发展，其理论模式也应从组织成员、组织层次、组织文化、组织环境等多个方面为视角，构建出能适应更复杂、更全面的关于组织的理论框架。

五、积极组织行为学

早期的组织行为学观点认为员工影响工作绩效的行为是非主动的、不与环境发生交互的。在霍桑效应之后，组织行为学者们开始关注组织员工的积极情绪与自身特性等主观方面的因素，但该阶段的研究却过多地侧重于群体、组织、领导者与员工可能造成效率或利益损失的消极感情、负面情绪等一系列的负性方面的因素。为了挖掘和促进工作中更加主动、具有主观性和积极性色彩的特质，组织行为学家决定将积极心理学运动的思想引入到组织行为学的研究中来，于是这种以积极心理学运动为基础的、全新视角的、强调积极取向的全新研究模式被称为积极组织行为学（PBO)。进入21世纪后，组织行为学和领导学的研究者们开始探究群体行为、组织行为的规律。这些特点决定了组织行为学和领导学具有学科综合性与交叉性，作为一门研究人的学科，组织行为学和领导学与心理学、社会学、人类学及经济学等有着极高的理论相关性。在互联网高速发展的数字化时代，人与人之间的联结方式更加复杂多样，这些为组织行为学及领导力的研究提出了新的挑战。在这样一种时代背景下，积极行为学也在近十年成为行为科学界的谈论热点。

积极组织行为学自21世纪初进入中国以来，曾引起一定的关注，2012年发文数量达到了顶峰，但始终没能受到重视，发文量也一直不温不火。

（一）积极行为学的研究范畴

PBO的研究范畴主要有自我效能感（Self-efficacy)、希望（Hope)、乐观（Optimism)、主观幸福感（Subjective Well-being）和恢复力（Resilience）等几个方面（朱丽姣[146]，2009）。

（1）自我效能感

自我效能感一词出自班杜拉（Bandura）的社会学习理论，是指人为了达成期望目标所感知的自我信念。这种特定信念的强弱与人的动机、行为等主观因素有着不可忽视的相关性。

（2）希望

希望是指个体相信自己能够设置目标，想出如何实现目标的途径，并激励自己去实现目标的一种信念。它不仅仅反映了个体达成目标的决心，而且也包括了个体对能够制订完美的计划和确定达成目标的有效途径的一种信念（魏祥迁[147]，2010）。

（3）乐观

心理学家认为乐观是一种积极结果期望与积极因果归因并存的认知特征。乐观者倾向外部的（非自我因素）、不稳定的（暂时性的挫折）和典型的（限定某一环境）归因，而悲观主义者则倾向内部的（对自我错误的认知）、稳定的（非暂时性的）和整体的（所有相关的一切）归因。其内在的激励与被激励因素是解释和应用积极组织行为学范畴的关键特征（许锦雄、凌文辁[148]，2009）。

（4）主观幸福感

主观幸福感主要是指人们对与生活相关联的情感性和认知性的一般性评价。从这个意义来看，人们幸福与否并不取决于实际影响主观感受状态的因素，而人们对这些实际的因素在情感上所做的解释和认知加工才是关键。一般来说，高水平的主观幸福感会促进人们的积极性（卞西春、马娟[149]，2014）。

（5）恢复力

在这里，恢复力是指人们在面临挫折、压力或者困境时所体现出的适应能力。恢复力较强的主体自我调节的能力一般会比较出色，往往也更容易克服困难并实现目标。

（二）积极组织行为学的理论基础

一般来说，人的各种积极行为都是表面的特征，而组织行为学的研究者们更关注的是其表现背后所反映的情境与心理因素的作用，即关于人的动机研究。关于积极组织行为学的研究主要有认知动机过程和情感动机过程两个视角（赵欣、赵西萍、周密等[150]，2011）。

（1）认知动机过程

认知动机过程（见图 5-11）主要包含两方面的特征：① 价值、意愿、目标等；② 能力信念。不同员工的认知理念、观念的不同导致他们对事物产生了不同的价值标准、自我意愿、目标，因而员工会倾向于实施符合自我价值、意愿及目标的行为。不同员工的自我认知不同，对其自身能力的判断存在差异，则其对于自己实现预期目标的能力的评价会影响到具体的行为。

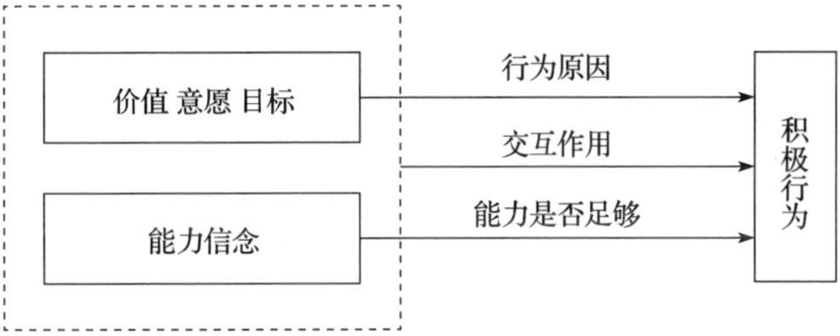

图 5-11　认知动机过程

资料来源：赵欣，赵西萍，周密，等. 组织行为研究的新领域：积极行为研究述评及展望［J］. 管理学报，2011，8（11）：1719-1727.

（2）情感动机过程

情感动机过程（见图 5-12）的一个基本前提是情感对动机的影响作用。有研究者指出，情感因素对积极行为具有一定的导向作用。

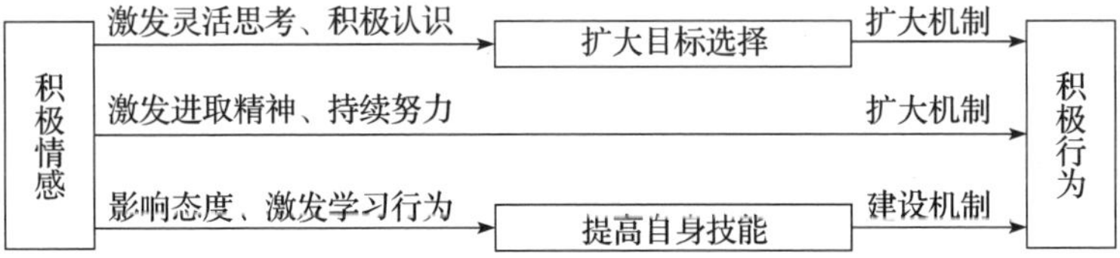

图 5-12　情感动机过程

资料来源：赵欣，赵西萍，周密，等. 组织行为研究的新领域：积极行为研究述评及展望［J］. 管理学报，2011，8（11）：1719-1727.

① 扩大机制。扩大机制即积极情感影响瞬时动机与认知过程。积极行为要求员工选择那些有挑战性的、长期的、有相当风险的目标付诸实施，积极情感激发员工更加灵活地思考，使其对此类目标产生更为积极的认识，从而扩大对此类目标的选择。

② 建设机制。建设机制即累积的积极情感对长期认知动机状态产生显著影响，并最终影响员工能力。实施积极行为要求员工具备一定的能力素质，而积极情感能影响员工态度，使其产生高工作满意度与高组织承诺，进而激发学习行为，长期来看将会提高员工自身技能，有利于积极行为的产生。

第三节　小结与评述

组织行为学成为一门学科的时间并不长，但其对于管理学中组织行为的分析研究起到了难以替代的作用。本章梳理了组织行为理论的发展脉络、理论基础，重点论述了西方个体行为中人格、动机和组织公民行为有关理论、以及群体动力理论、领导理论和组织变革、积极组织行为学等相关理论，并进行了理论评析。

从广义上讲，组织行为学的发展过程实质上是对组织行为的探究的过程，也是不同类别组织管理理论在发展过程中实现有机融合的过程。人不仅是管理活动中的重要主体，同时也是管理活动的直接对象，因而对人在管理活动中的行为及其规律的研究便成为组织管理的重要内容。在过去几百年的人类社会发展过程中，生产劳动中存在的矛盾始终是无法避开的一个关键性问题，随着西方资本主义的发展与崛起，自由民主的思潮让这种矛盾打破了传统的组织管理认知，“经济人”假设的提出也是基于人们对物质利益的追求，资本家对效率和利润的追逐与劳动者对报酬及工作条件的期待成为组织管理发展的主要诱因。为了使劳动者与其工作达到更好的匹配，开始有学者将心理学引入工业及组织管理的领域中来，实验心理学转向工业心理学的过程也反映出人们对参与生产的员工行为本身的内在机理的关注，对于后续管理学的发展产生了深远的影响。一战之后爆发的经济危机让西方当政者不得不对市场和经济运作进行干预，霍桑实验关注的是工人的认知、态度与企业绩效等要素的关系，也在一定程度上对传统的“经济人”假设进行了补充，认为员工是在复杂环境下具有复杂社会属性的“社会人”。在霍桑效应之后，人际关系方面的研究也在逐步深入并逐渐形成特定的学术派系。为了更加系统全面地研究人的行为，将心理学、社会学等一些相关的学科融入不同系统的研究领域中，行为科学学派、权变理论学派等从不同角度阐释行为组织关系的学派纷纷应运而生。在20世纪后期，组织行为学正式成为一门独立的学科，并在政治学、经济学、社会学等领域开始得到广泛应用。21世纪，在全球一体化、信息技术与知识经济迅猛发展的影响下，组织管理的决策情景及社会环境的复杂性对组织管理的模式和理论的延伸都提出了严峻的挑战，组织需要寻求一种适应性较强的、可持续的管理策略来应对日益复杂的外部环境和内部矛盾，如何构建有效且实用的理论模型也成为组织行为学研究的重难点。与传统的组织行为学不同，在社会文化观念的冲击下，新时代的组织行为研究更多地关注员工主观的、积极的、正向的影响，如追求扁平化、具有极强适应性和变革特质的不同类型的组织学习理论，以及将自我效能感、希望、乐观、主观幸福感和恢复力等方面纳入研究范畴的积极组织行为学等新兴理论。当我们将学科拓展的视野放在整个人类社会中，国家、企业、私人机构、社会组织、公民个体都成了不可孤立的要素，行为认知与组织管理的研究领域必将出现更多的交集与联系，也必将在时代的大潮中孕育出鞭辟入里且独树一帜的学术丛林。

第六章

组织绩效理论形成与发展

▲

CHAPTER 6

第一节　组织绩效理论发展史

一、国外绩效考核发展历史

学术界一般认为，西方绩效考核最早起源于英国的文官制度。在当时，英国官员实现晋升的渠道只有一条——资历，官员无论才能高低、无论品德好坏、无论业绩优良都可以得到晋升，这种规则下的英国文官体系很快出现了人员冗杂、效率低下的问题。于是在 1854 年，英国开始了文官制度改革，注重才能和表现的考核模式开始逐步形成，这一举措很快见了成效，英国文官的主观能动性被调动起来，国家和政府的效能得到了明显提升。美国等西方国家也在 1987 年开始效仿英国建立了这种制度，并将之命名为功绩制，这种制度以官员的业绩及工作效率为主要考核依据，对官员的德、能、勤、绩等各方面也进行全方位衡量，对整个西方世界的制度建设具有重要意义。可以认为，文官制度是西方组织绩效的发端与探索。

由于公共部门及非营利组织的绩效考核的发展相对简单且绩效考核模式较为单一，这里仅对具有丰富变化性的企业绩效考核进行介绍。纵观国外企业的绩效考核发展历程，其大致经历了从成本指标考核到财务指标考核再到综合指标考核的三个阶段，国外绩效考核发展历程如图 6-1 所示。

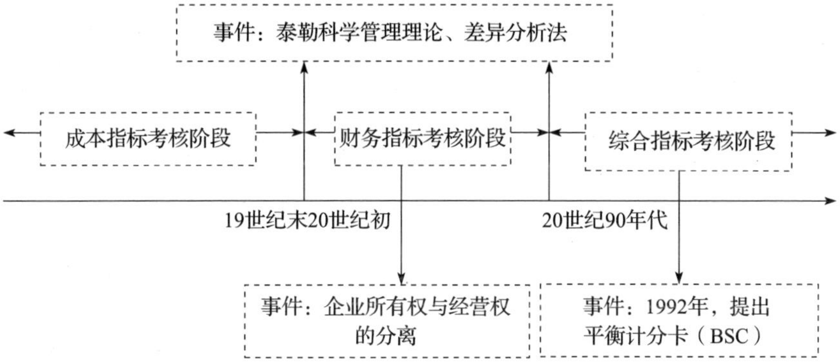

图 6-1 国外绩效考核发展历程

（一）成本指标考核阶段

在企业管理领域，成本是早期组织绩效考核的核心指标。成本的概念早在资本主义手工工场出现之前便已形成，当时的商业人士唯一的追求便是利润，如何尽可能地降低成本、实现更多的盈利是他们关注的重点。在商品经济的刺激下，大量的手工业者涌入工厂从事劳动赚取报酬，此时工厂管理者运用的绩效考核方法即成本考核，他们依然遵循着获取最大利润的核心目的。

成本考核一直沿用了较长一段时间，但在 19 世纪末，伴随着企业竞争意识的不断增强，成本业绩考核开始显现出它的弊端——企业难以对其自身成本进行有效控制，这让当时的企业管理者们头疼不已。20 世纪初期，在泰勒科学管理理论的指导和成本会计制度、差异分析方法的推广运用之下，西方企业开始建立产品标准成本，成本指标逐步完善起来（马作宽[151]，2009；郑楚华、李炜兴[152]，2014）。

（二）财务指标考核阶段

20 世纪初，伴随着企业所有权与经营权的分离，以成本、利润为代表的企业获利能力相关指标不再是企业管理者唯一关注的内容，此时代表企业经营能力、企业偿债能力的财务指标为企业的投资者、债权人所重视，管理者也开始将其纳入考核范围，进行新的尝试。1928 年，亚历山大・华尔将资产周转率、存货周转率和流动比率等七个财务指标纳入绩效考核体系，并将其命名为综合财务比率，该方法能有效地对企业的实际经营状况、获利水平等进行评价；20 世纪 30 年代，经济学家詹姆斯・麦肯锡从企业战略、业务活动、管理和财务状况四个角度出发，对原绩效考核体系进行了优化和调整，使财务指标考核更贴近企业实际，更有利于企业发展；在后面的几十年间，不断地有新的财务指标被学者发现可以有效地对企业绩效进行解释，于是投资回报率、现金流量、经营利润、营业额等指标纷纷被纳入财务指标考核体系（金佳龙[153]，2014）。从 20 世纪初到 20 世纪 80 年代的很长一段时间里，财务绩效考核成为众多企业的首选。

（三）综合指标考核阶段

20 世纪 90 年代起，企业越发重视企业战略管理与绩效考核的结合，如何实现绩效目标与战略目标的匹配成为管理者不断探索的问题，绩效考核理论也随之进入高速发展的时期。1992 年，罗伯特・卡普兰（Robert S. Kaplan）和大卫・诺顿（David P. Norton）两位教授提出了平衡计分卡的概念，它从财务、顾客、内部流程、学习与发展四个角度出发，将产品质量、市场份额、顾客满意度等非财务指标也纳入考核，这对传统绩效考核是一种巨大的颠覆，受到广大企业管理者的喜爱（刘祯[154]，2012）。平衡计分卡的提出与发展使得企业绩效考核完成了一次重大的历史飞跃，企业绩效由此也进入了综合考核阶段。EVC、关键绩效指标、标杆管理、平衡计分卡等现代绩效考核方法是该时期的主角，企业经营者在进行绩效考核时不再过分依赖于财务指标，而是更加注重企业内外部的协同发展。

二、国内绩效考核发展历史

我国的组织绩效考核可划分为三个阶段：主观绩效考核阶段（1949 年以前）、财务绩效考核阶段（1949 年到 20 世纪 90 年代）、综合绩效考核阶段（20 世纪 90 年代至今），其发展历程，如图 6-2 所示。

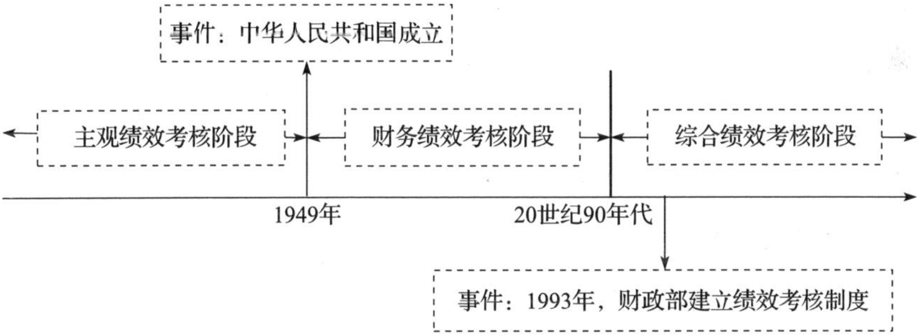

图 6-2　国内绩效考核发展历程

（一）主观绩效考核阶段

我国的绩效考核最早可溯源到尧舜时期，当时的绩效考核与个人政治前途息息相关，主要通过主观评价的方式进行，没有具体的标准和制度。春秋战国时期，上计制度开始出现，并成为一种评价地方官员业绩的考核制度。秦汉时期基本沿用这种制度，但略有创新。相对完善的绩效考核制度一直到隋唐时期才真正建立起来，当时吏部专门成立“考功司”单独负责全国官员的绩效考核，考核结果与官员的俸禄和升迁有直接关系，这为我国后来的绩效考核制度的发展奠定了基础。经过不断的发展，在宋代时，我国的绩效考核制度已较为体系化，成立了审查院和考课院两个专门负责官员绩效考评的机构，也增加了赋税、赈灾、狱讼等方面的考核指标，绩效考评体系已经基本形成（智建丽[155]，2016）。在我国历史上的每一个阶段，主观绩效评价都占据着主导地位，我国现代意义上的量化的绩效考核指标在中华人民共和国成立以后才相对明确。

（二）财务绩效考核阶段

在中华人民共和国成立初期，我国的企业多为国有企业，他们在当时国家政策的指导下进行绩效考核时，将产量作为主要指标。随着我国改革开放政策的实行和电子信息技术的发展，我国企业的生存和发展迎来新的机遇与挑战，绩效考核方法的发展也迎来了新的阶段。1977 年和 1988 年，国家先后两次确定了不完全相同的 8 项考核指标，财务考核指标得到进一步运用，但由于当时考核方法的不完善、不健全，该项制度未能在企业中真正贯彻落实。一直到 1993 年，财政部确立了从偿债能力、营运能力和盈利能力三个方面来评价企业绩效的制度，我国的企业绩效管理制度才相对完善。

（三）综合绩效考核阶段

我国加入世界贸易组织后，我国现代企业的管理再次迎来新的机遇与挑战，海尔、格力、一汽、国美、华为、吉利等公司开始表现出强劲的生命力，在企业绩效管理方面，我国现代企业也开始探索和使用关键绩效指标、平衡计分卡等体系化的绩效考评办法，并在全国范围内开始普及和推广。近年来，我国企业的成长和发展相当迅速，百度、腾讯、阿里巴巴、字节跳动等互联网企业更是抓住了时代的机遇，实现了巨大的飞跃，他们也正在探索和尝试目标和关键结果（OKR）这一新的绩效考核体系。

第二节　组织绩效的内涵、测量与代表理论

一、绩效内涵

根据绩效考核主体的不同，可将绩效划分为个体绩效、团队绩效和组织绩效三部分。在组织中，三者是相互联系、相互影响的，个体绩效是团队绩效和组织绩效的有机组成部分，个体绩效水平的高低关系着团队和组织目标实现的可能性大小，组织绩效的提高也有助于激发个体活力，促进业绩提升。

（一）个体绩效的内涵

绩效是一个多维结构，测量结果因测量因素的不同而不同（Reid和Elwood[156]，1995）。研究的层面、对象不同，绩效所包含的内容、影响因素及其测量方法也不同。就个体层的绩效而言，绩效的内涵主要包括以下三种观点：第一种观点认为个体绩效即是员工工作的结果；第二种观点认为个体绩效是影响员工工作的行为；第三种观点则认为个体绩效是知识、技能等通过工作能够转化为物质贡献的个人素质或能力。

1. 个体绩效的“结果观”

个体绩效的“结果观”认为，绩效是工作的结果，因为这些工作结果与组织战略目标、顾客满意度等关系最为密切（李文静、王

晓莉[157]，2018）。它是工作的过程以及该过程最终所得到实现的结果（Otley[158]，1999），是一个人留下的与目的相对独立存在的东西（Jeffrey[159]，1996）。个体绩效早期被认为是员工工作的结果，在实际应用中，最常用于个体绩效测量的也正是员工的工作结果。

2. 个体绩效的“行为观”

行为主义的绩效观认为，绩效是与一个人工作的组织或组织单元的目标有关的一组行为（Murphy，1990）。其本身就是一种行为，而并非行为的结果，凡是与组织既定目标相关的行为都可以认为是绩效，同时这种行为还是可观测、可衡量的（Campbell 等，1993）。有学者基于此提出个体绩效二维模型，并将工作绩效划分为任务绩效和关系绩效，其中关系绩效是与岗位要求、组织目标没有必然联系但却能有效促进组织内部关系的行为，它能间接促进组织目标的实现，该模型的提出对理解绩效的含义有重要的意义（Borman 和 Motowidlo，1993）。中国学者的研究也进一步证实了绩效并非工作结果的观点（方振邦、鲍春雷[160]，2010）。绩效的“行为观”认为，如果行为无法为企业带来结果，那就是没有意义的。

3. 个体绩效的“素质观”

1973 年，哈佛大学心理学系 McClell 教授在其发表的文章中称，与智力测验相比，个体行为品质与特征对员工绩效水平影响作用更大、结果更为明显，像这样的一些性格特征与行为品质即被称为素质。在现代的企业管理中，越来越多的企业将员工性格特征和行为品质作为绩效考核的基本依据，这种观点的诞生帮助绩效理论突破了以往两种观点局限于对过去事物进行追溯的历史局面，将视角放到未来，给个体绩效的发展带来了活力与生机。

（二）团队绩效的内涵

团队绩效从字面上来理解，是一个团队及其成员在一定条件下共同努力所呈现出来的结果，而由于不同研究者的目的不尽相同，研究者对团队绩效的认识与界定也存在差异，目前学界对团队绩效这一概念也没有统一的界定。就大多数学者的观点而言，团队绩效可分为广义与狭义两类。

广义的团队绩效也称作团队效能，它是指一个团队完成团队既定目标、满足团队成员需要和维持自身存在的程度。有学者认为：团队绩效是团队既定目标的实现程度（Hackman[161]，1983），它包含三个方面：团队产出情况（数量、质量、速度、顾客满意度等）、团队对其成员的影响情况、团队成员在知识和技能等工作能力方面提升的程度；有学者也认为，团队绩效的三个方面是团队目标的达成情况、团队成员的满意度、团队成员继续协作的能力（Nadler，1990）；随后，有学者提出了“输入—过程—输出”模型，其中输入包括团队的构成、组织情景、报酬系统、信息系统等因素，过程包括团队成员间的信息交换、相互作用、决策参与模式等，输出包括团队产品、团队发展能力、团队成员满意度等（闫利娜[162]，2015）。

狭义的团队绩效仅包含团队绩效的一个维度，也即任务绩效，是指团队既定任务和目标的完成程度（韩静[163]，2013）。

团队绩效具有多维性的特点，即团队绩效不仅仅是团队最终的工作成果，还应包括团队成员的积极性、办公效率、满意度、继续工作的意愿等，因此团队绩效的测量指标也包含很多，如团队成员能力的提高程度、团队成员对团队的满意程度和团队对任务指标的完成程度等。由于团队绩效具有多维性的特点，团队绩效的测量也有一系列的指标体系。

（三）组织绩效的内涵

关于组织绩效的定义，不同的学者基于不同的研究问题与视角，给出了不一样的解读。传统的观点认为组织绩效是企业经营情况的反映，是企业经营目标的实现情况，它多关注企业的获利能力、偿债能力、经营状态以及未来发展能力等方面，可以通过财务报表上的会计科目来间接反映，这种侧重企业产出效率的观点在当时为多数学者所认同，曾较长时间被作为组织绩效的定义。

随着组织的不断发展与演变，有学者开始注意到组织本身的特点在组织绩效中发挥的重要作用，在不断地深入探究中，学者将组织的适应力、组织效能等融入组织绩效的概念中，如一些学者认为组织绩效包括效率、效能和适应性三个方面，效率常用传统的财务指标衡量，效能用市场占有率衡量，适应性则一般用客户对新产品的喜欢程度与销售率来衡量（Ruekert 和 Walker，1987）。同时，也有学者认为它是一个多维的概念，应当从财务绩效、商业绩效、组织效能等多角度来进行评价。

也有学者认为个体在组织中发挥的重要作用不能被忽视，并提出组织绩效应从组织效能、组织效率、组织员工的满意度三方面来衡量，我国学者冯明（2017）则认为，组织效能即组织绩效，但与其他学者不同的是，他强调组织绩效是员工工作行为与组织工作产出的总和。

二、绩效评价代表理论

（一）关键绩效指标（KPI）

1. 关键绩效指标的内涵

KPI 是基于目标管理的思想而建立的，它是一种先设定组织的战略目标，再将其不断细分并传达到基层部门和个人，最终确保公司整体绩效实现的一种绩效管理方法。同时，关键绩效指标是吸纳了“二八法则”的精髓而建立起来的，“二八法则”告诉我们，企业20% 的关键行为导致了 80% 的工作结果，只要员工能付诸努力，在规定时间内做好这少数的关键事件，就能够在很大程度上完成好公司大部分的绩效目标。

KPI 理论的运用，使得各部门之间的主体责任更加明确，使员工的个体职责更加清晰，也有利于公司绩效的评估和企业战略目标的实现。企业在进行 KPI 体系的构建时，要注意遵循 SMART 原则，也即设定的 KPI 应当是具体的（Specific）、可衡量的（Measurable）、可实现的（Attainable）、现实的（Realistic）和有时限的（Time-based）。SMART 原则要求关键绩效指标的设定应契合组织战略、逐级细化并根据特定的业务部门情境来具体设置，而不是单一不变的在不同部门间复制；所设定的关键绩效指标应当是可观测、可量化的，它不依靠于主观判断，而是通过一定的特征能够转化成具体的数据，即使不能转化的也可以行为化描述出来；同时绩效关键指标应当是在一定的时间和空间范围内经过努力可以达成的目标，不能过高，也不能过低；其周期设定也不宜太长，以免影响个体和组织的工作效率。

在认识关键绩效指标时一定要明确，它是一种由上下级组织成员共同参与并完成的结果，而不是自上而下的命令。它一方面是公司战略的体现、目标的分解；另一方面，也是员工的个体意愿的表达。需要特别注意的是，当组织整体战略发生调整和改变时，关键绩效指标也需要随之发生变动和调整。组织中的每一个个体都与组织的目标密切相连，个体关键绩效指标的完成有利于组织战略目标的实现。关键绩效指标是组织与员工之间的一种契约，也是将员工个体与部门、组织连接在一起的纽带，是管理者与下级员工沟通的重要基础。

2. KPI 的优势与局限

关键绩效指标是一种经典的绩效管理模式，在很长的时间里占据着企业绩效评价的天下，使用 KPI 进行绩效评价有诸多优势，主要体现在：首先，KPI 目标清晰、紧扣关键，它将组织部门及员工今后努力的方向用指标的方式进行了明确，抓住了工作中的主要问题，使得员工能够有计划地将精力和时间投入到最重要的工作上去，提高工作效率；其次，关键绩效指标提高了员工的参与性，员工个体的业绩指标不再是命令式的下达，而是由自己和企业沟通达成的一种承诺，这有利于调动员工的工作积极性；然后，在一个周期的考核结束后，组织、部门及员工可以根据实际的情况对关键绩效指标进行总结、反馈和调整，使得 KPI 的设置更加契合组织战略；最后，关键绩效指标设计原理简单，员工易于接受、易于理解，能够避免一些不必要的管理者精力耗费，对员工也是一种清晰的指导。

当然，再好的方法也存在局限，概括地说，KPI 的不足之处有三点：第一，关键绩效指标多为量化指标，对人力部等提供业务性服务和帮助的职能部门的指导意义不强，实际操作中难以划定合理的绩效指标，这种指标更适合于生产、销售等业务部门；第二，关键绩效指标的设定会使得组织各部门都倾向于凸显自己的地位和贡献，而较少顾及部门间的合作，这容易导致组织出现一种离心力，对于组织的战略而言是不利的；第三，关键绩效指标容易使得员工对于指标以外的其他工作不闻不问，不利于组织企业文化的建设和组织整体效能的提升，在进行关键绩效指标的考核时，也存在人情世故与公平性的问题，处理不当将会严重影响公司的内部团结和组织氛围。

关于关键绩效指标的推广及应用，在中国知网上以“关键绩效指标”或“KPI”为关键词进行检索，检索时间截至 2020 年 12 月 31 日，对 CNKI 中核心期刊和 CSSCI 来源期刊的文章数量进行统计，其发文数量及趋势，如图 6-3 所示。

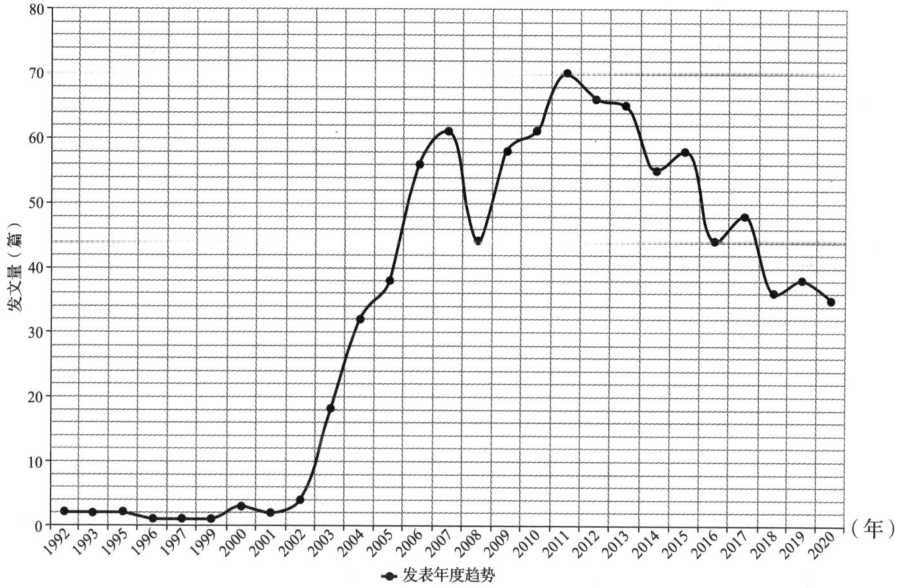

图 6-3　关键绩效指标相关研究发文数量及趋势

（二）平衡计分卡（BSC）

1. 平衡计分卡的起源

在 20 世纪的末期，伴随着经济社会的不断发展以及经济全球化趋势的不断显现，传统的单一财务考核逐渐暴露出它的缺点。一方面，财务绩效考核仅衡量过去的经营业绩，无法对未来的绩效表现做出合理的预测与评估，不利于组织发展。另一方面，在企业间竞争不断增强的时期，财务绩效指标无法体现产品品质及服务的提升，容易使组织的竞争力不断下降。同时，企业的经营者可能急功近利，一味地追求财务指标，而忽视了公司整体绩效的改善，这不利于企业的长期发展。为了解决以上问题，从20世纪90年代开始，国外学者开始了对非财务绩效指标的探索与研究，也正是在这一时期诞生了BSC。

平衡计分卡是哈佛大学教授罗伯特·卡普兰（Robert S. Kaplan）和复兴全球战略集团总裁大卫·诺顿（David P. Norton）于1992年提出的，他们在《哈佛商业评论》上发表了一篇名为《平衡计分卡——驱动绩效指标》的文章，文章对杜邦、惠普、通用电气等十余家在绩效管理处于领先地位的著名公司开展调查并总结其绩效管理经验，提出了包括财务、顾客、内部流程、学习与发展四个维度的考核体系，并将之命名为平衡计分卡。论文发表后，平衡计分卡很快便获得企业界的密切关注，诸多公司邀请两位学者指导企业绩效体系的改进，该方法也迅速在全球范围内得到推广，直到现在，仍有许多企业在使用平衡计分卡进行绩效考核。

2. 平衡计分卡的基本思想

平衡计分卡从财务、顾客、内部流程、学习和发展四个角度出发，来分析公司愿景与战略，同时回答了管理者所面临的四个重要问题。平衡计分卡框架模型如图6-4所示。

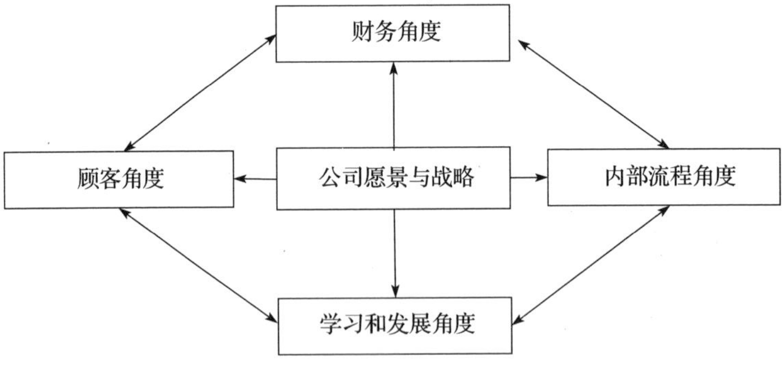

图6-4　平衡计分卡框架模型

*资料来源：林枫，杨付敏，徐金发. 国外组织绩效测量模型研究进展［J］. 商业研究，2014（6）：159-165.

（1）财务角度

这个角度为管理者解答了应该怎样满足企业所有者的需求这一问题。现代财务管理的观点认为，企业经营的直接目的是给股东创造价值，实现股东利益的最大化，尽管企业在不同的时期存在着不同的组织战略，所执行的方法与措施也不完全相同，但从最终结果来说都是为了创造价值、实现盈利。尽管传统的财务绩效指标在衡量企业的绩效时存在诸多问题，但这不意味着它没有实际意义，相反，财务指标在BSC中占据重要的地位，是其他几个角度的基础和根本。

（2）顾客角度

该角度向管理者解答了顾客是如何看我们的问题。在这个注重用户体验的年代，怎样打造卖点和爆款、实现产品的优化升级、实现产业赋能是企业在发展过程中必须直面和解决的重要问题，特别是在当下粉丝经济的时代，如何利用好粉丝群体，让他们保持较高的忠诚度、较强的用户黏性是当下企业绩效管理的重点。在这个角度上，粉丝数、客户满意度、产品退货率、用户黏性等都是比较关键的绩效考核指标。

（3）内部流程角度

该角度回答的是我们擅长什么的问题。平衡计分卡从价值链的角度对绩效考核的属性进行划分，提出了基于成本、质量、时间等的考核指标，他们最终的目标是推动产品创新、满足客户需要、创造企业价值。这帮助组织跳出原有的绩效框架，将眼光放长远，有利于激发组织的创新能力、促进组织的长期稳定发展。

（4）学习和发展角度

该角度回答了我们如何继续提高并创造价值的问题。在促进组织学习与发展方面，企业最先想到也最容易实施的方式当然是培训，平衡计分卡能够及时将组织在人—岗匹配上存在的问题挖掘出来，并通过培训进行修正和改进。培训一方面为稳定的绩效表现奠定基础，另一方面也为绩效反馈提升按下了加速键，不管是制度上的还是员工能力上的问题，都能在平衡计分卡的实施下不断被发现、不断被完善。正是这样，企业才不会昙花一现，才能历久弥新，才能在竞争格局中实现自己的目标，达到别人达不到的高度。

3. 平衡计分卡的优势与局限

平衡计分卡的优势主要体现在三方面。

第一，平衡计分卡以组织战略为出发点，为企业的绩效管理提供了战略执行框架（战略地图）。它将企业的目标细化到各个基层部门，落实到每一名企业员工，将员工与组织紧密相连，这一方面有利于确保组织战略目标的实现，另一方面也增强了组织内部的一致性，对绩效的监督和改进具有积极作用。

第二，平衡计分卡将非财务指标纳入考核，完善了绩效评价体系。它从四个维度出发，将组织发展的其他关键环节也纳入考评体系，弥补了传统绩效考核多侧重财务指标的不足，能更好地促进组织长期发展。

第三，平衡计分卡能促进组织学习文化的形成，协调员工关系。平衡计分卡以战略为导向，能够有效引导员工向组织的目标靠近，为适应外部环境变化与组织战略的调整，员工需要不断地掌握新的方法与技术，共同为实现既定目标任务而努力，这有利于组织学习型文化的产生。同时，平衡计分卡为上下级、不同部门创造了许多合作机会，能有效增强员工沟通、减少矛盾的产生、协调员工关系。

平衡计分卡的局限主要体现在四方面。

第一，平衡计分卡并非灵丹妙药，不能适合所有的组织类型，特别是战略目标不明确的组织，实际操作起来难度极大。同时，平衡计分卡对中高层管理者的要求也很高，高层管理者需要有强烈的战略意识和强大的沟通能力才能胜任目标分解、组织实施绩效评价等任务；中层管理者则需要对指标内核有高度的敏感性，要能及时发现问题、及时解决并反馈。

第二，平衡计分卡操作复杂，工作量大，时间和精力的投入很大。企业在运用平衡计分卡进行绩效考核时，一方面要对组织战略目标有清晰的认识，另一方面要花费大量时间和精力将组织目标细化为部门、团队甚至个人目标。更重要的是，在完成战略目标分解之后，还需要确定恰当的指标与之对应，而所有目标最终落实的结果可能是建构了包含十几项指标的指标体系，这将导致企业投入更多的成本进行数据收集工作。

第三，部分指标难以量化，从而可能导致具体操作中的困难。BSC 四个维度所包含的指标中，部分指标难以量化。因此，这类指标在制订绩效计划、确定评价标准时，需要花费较多的时间进行研究和协调，以获得相关人员的认同，在此过程中，实际工作内容也变得更加烦琐。

第四，权重分配问题会增加应用平衡计分卡的复杂性。无论是运用平衡计分卡进行绩效管理、战略管理或管理控制，都需要综合考量四个角度的权重划分问题，权重的不同将直接影响绩效的结果，如何合理分配权重、减少不必要的麻烦是运用 BSC 进行绩效评价时必须思考的问题。

关于平衡计分卡在我国的推广及应用，在中国知网上以“平衡计分卡”或“ BSC”为关键词进行检索，检索时间截至 2020 年 12 月 31 日，对 CNKI 中核心期刊和 CSSCI 来源期刊的文章数量进行统计，其发文数量及趋势，如图 6-5 所示。

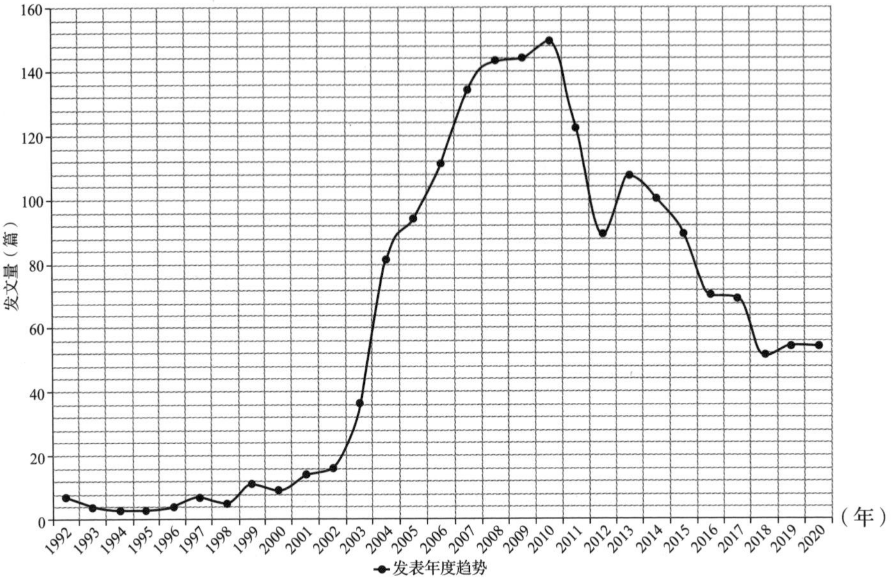

图 6-5　平衡计分卡相关研究发文数量及趋势

（三）目标与关键成果（OKR）

OKR（Objectives and Key Results）即目标与关键成果，是一种目标管理工具，用以设置并持续跟踪目标的完成情况，帮助员工更好地释放和发挥自己的潜能。该方法是最近几年从国外新引入到绩效管理领域的绩效考核方法，是由英特尔公司原 CEO 安迪·格鲁夫创造的，“O”代表目标，向员工明确的是“我们应该做什么”，目标应该是一段能够鼓舞人心的简洁描述；“KR”代表的是关键成果，向员工明确的是“我怎么知道我向目标推进到何种程度了”，“KR”的达成即意味着“O”的向前推进。OKR 对于凝聚团队意识、明确组织目标具有重要意义，它帮助员工集中精力在组织关键目标任务上，工作得更加高效。

使用 OKR 进行绩效管理的优势主要体现在以下几个方面。第一，开放敏捷，团队可结合自身业务需要设定 OKR 周期，从而敏捷适配业务交付节奏，同时OKR制定后可实时刷新以反映业务变化。第二，公开透明，充分发挥围观效应，员工随时可查阅团队主管的OKR，从而可更好牵引员工在目标制订上同主管对齐。第三，自下而上，OKR更倡导自下而上制订目标，从而增强员工对目标的承诺感，激发员工自主意识。第四，OKR的目标完成率不作为绩效评价输入，从而解除员工制订挑战目标的后顾之忧，更好地牵引员工追求卓越。

好方法也同样存在一些缺点，从现在的管理视角看，其可能存在的问题有两点。第一，不少主管仍习惯性地基于传统管理思路分配任务，留给员工的自主发挥空间相对较少，在牵引主管适度授权上需要进一步加强。第二，强结果应用所导致的不信任、不协作现象阻碍OKR效果的发挥，受传统绩效管理对目标达成情况的惯性影响，仍有部分员工对目标达成情况不作为绩效评价直接输入存在疑虑，不敢挑战，在目标制订时偏保守。

OKR作为目标管理的工具，适用于大多数组织和部门，更适合需要创新、发挥全员积极性的团队，以及员工主观能动性对结果产出影响较大的团队或工作角色。在我国，华为、阿里巴巴、字节跳动等企业都在运用OKR进行员工绩效管理。

三、组织绩效的测量

（一）个体绩效测量

1. 行为法

行为法是一类基于员工工作行为，通过对员工为完成岗位所要求的任务而采取的行动进行界定和描述来进行绩效测量的方法。该类方法通常利用一些技术手段对工作的特定行为进行描述，再让绩效考核者对员工在这些行为上的表现进行打分，分数的高低即代表员工在多大程度上达到工作要求。

（1）关键事件法

关键事件法是一种将员工工作中影响绩效优劣的关键工作行为记录下来，并以此作为绩效评价依据的非系统的绩效管理方法，这种影响既可以是正向的积极影响，也可以是负向的消极影响。该方法要求管理者记录好员工日常工作中的对工作结果完成特别有效的行为和特别无效的行为，并在一定时间内形成报告，确认员工的绩效表现。

（2）行为锚定等级评定法

由于个体主观因素的影响和统一标准的缺失，不同的管理者对同一名员工的评价也存在较大差异，因而在绩效考核过程中难以做到公平公正。为了解决这一问题，管理者创造了行为锚定等级评定法。该方法将员工绩效优或劣的行为表现用一张表进行呈现并量化，在进行绩效考核评价时，管理者只需要对照表格的描述与员工的行为表现，进行一一打分即可，这极大地便利了管理者做出评估决策。实际上，该方法是关键事件法的优化升级，它结合了传统评级量表法与关键事件法的优势，在很大程度上降低了评价者主观因素的影响。

（3）行为观察量表法

从本质上来说，行为观察量表法与行为锚定等级评定法是相同的，它也需要事先对关键事件进行收集和分类，并将其具体地描述出来，所不同的是，管理者在运用该方法对员工进行绩效评定时，只需要判断员工在每一个关键的工作行为上重复的频率即可实现对员工绩效的评分，但这也增加了管理者的负担。

2. 特征法

特征法是一类将员工是否具备某些岗位所要求的胜任特征来判

断员工工作绩效的方法，主要包括图尺度评价法、因素考核法等。

（1）图尺度评价法

图尺度评价法又称图解式评价法，它将员工绩效的组成要素（如协作性、可靠性、积极性等）和绩效的等级绘制在同一张表中，运用该方法进行绩效评价时，需要管理者对员工的每一项考核要素与绩效等级进行匹配，将所有要素的分数相加即是该名员工的最终绩效考核结果。

（2）因素考核法

因素考核法与图尺度评价法在本质上也是一致的，他们都是通过量表的形式对员工的胜任素质进评价，不同的是，因素考核法对不同的要素进行了划分，对绩效影响程度更大的胜任要素，绩效评价时所占的比重就更高。

3. 比较法

比较法是一类基于员工个体比较来确定绩效高低的方法，该类方法操作相对简单，但由于主要依靠主观判断，也受到广泛的诟病。

（1）交替排序法

最常见的比较法是交替排序法，它是一种相对考核绩效评估方法。该方法通常要求管理者就某一考核维度或员工总体表现，从所有员工中挑选出绩效最优和最差的两位并记录下来，再从剩下的员工中继续挑出最优和最差的记录下来，直至员工评价完毕。

（2）强制分布法

强制分布法也称强制正态分布法。运用该方法有一个前提，即企业所有部门的员工都可以被划分为优、良、中、差、特别差等等级，且符合正态分布“中间多两头少”的特点，管理者在进行绩效考核时只需要对员工进行层级划分即可。鉴于正态分布的特点，这种方法适合于员工数量较多的企业，尤其是实行末位淘汰制的大型企业，该方法能够有效地激励员工，调动员工的工作积极性。但对于绩效水平区分度不明显的职能部门来说，这种方法没有实际的指导意义，也不适合用于职能部门的绩效考核。

（3）配对比较法

配对比较法也称两两比较法或对偶比较法，它是一种细化而有效的排序方法，在具体操作时，管理者只需要在对应的表格上将进行对比的两个人分别记上“+”或“–”即可，“+”代表绩效更优，“–”代表绩效更差。该方法原理简单但操作起来比较烦琐且不适合于员工数量多的部门或者评价维度和指标多的工作，因为一旦数量增长起来，该方法的工作量就会迅速增加。

（二）团队绩效测量

1. 团队绩效测量的维度

严格意义上讲，所有的绩效评价方法都可用于团队绩效的评价，但因为在团队成员组成、团队的组织形式、团队的任务目标、团队的运行模式等方面，不同团队间差异性显著，因此，在进行绩效评价与测量时，要注重的测量指标及维度也存在着较大差异，要根据实际的团队类型来选择合适的指标与维度。没有一种测量指标体系能够100%适用于所有的团队，同一套绩效评价方法运用于不同团队，其结果也可能存在较大差异。以下从多种绩效测量维度出发，介绍绩效测量的主要内容。

（1）二维度

Bates和Holton认为绩效是多维的，绩效测量的结果会因为绩效测量因素的改变而改变。在早期的团队绩效研究中，学者多认同二维度的测量结构（Bates和Holton，1995）。最早对团队绩效进行结构性测量的是McGrath，他于1964年即提出团队绩效测量的二维度模型，他将团队绩效分为绩效产出和其他产出两部分，其中绩效产出包括提升质量、快速处理问题、减少错误发生，其他产出包括提升工作满意度、增强团队凝聚力和改善团队态度等（McGrath，1964）。

早期团队绩效的研究者较少，McGrath 的观点一直以来没人提出异议，直到 1981 年，有学者从团队内外部的角度出发，将团队绩效重新划分为外在和内在两个部分。内在绩效是员工在团队或企业内部表现出来的个体绩效，如凝聚力、满足感；外在绩效则是员工个体之外的相关绩效，如顾客满意度、团队间的互动关系（JeWell 和 Reitz，1981）。

（2）多维度

随着团队研究和团队绩效研究的不断深入，学者开始提出不同于双维度结构的团队绩效模型，其中以三维度的测量结构居多，目前比较受认可的也是由 Hackman（1987）和 Sundstrom（1990）提出的三维测量结构。他们在 19 世纪八九十年代提出观点，认为团队绩效是团队既定目标的实现程度，应该从团队产出情况、团队对其成员的影响、团队成员在工作能力方面提升的程度三个维度进行测量。Gladstein、Nadler 和 Dickson 等人（1990）的观点与前面两位学者的观点在本质上是相同的，他们修改了部分维度的名称，对各个维度的具体测量指标也进行了修正，如团队生命力是这三位学者对团队成员能力提升程度这一维度的最新定义，它代表团队成员是否愿意与其他成员继续保持共同工作关系。以上学者对三维度测量模型的研究为团队绩效的测量和发展奠定了基础。

在前人研究的基础上，Guzzo 和 Shea（1992）两位学者开创性地提出了“输入—过程—输出”模型，其中输入包括团队的构成、组织情景、报酬系统、信息系统等因素，过程包括团队成员间的信息交换、相互作用、决策参与模式等，输出包括团队产品、团队发展能力、团队成员满意度等，这个模型对后续研究产生了较大影响，是学界较为认可的模型。

尽管以上观点是比较统一的认识，但也有许多不一样的观点涌现：Levi 和 Slem（1995）从组织的角度对 Nadler 等人提出的观点进行调整，认为团队绩效可以用组织效能、团队关系和个人获利三个指标来衡量，其中组织效能是指组织效率和效力的提高，团队关系是指团队成员相互协调合作，个人获利是指团队成员的职业发展和专业技能的提升；而 Sundstorm 和 Mcintyre（1994）两位学者将满意感指标拆分成成员内部的满意感和外部满意感两个部分，加上团队成员的工作结果、团队成员获得的新技能两个维度，搭建了新的四维度测量结构。

MacBryd 和 Mendibil（2003）基于以往学者的观点和自己的思考，在他们的研究中对团队绩效的维度进行了重新划分，他们认为团队绩效可以从以下四个方面来衡量：一是效果，即团队利益共享者对团队工作结果的满意程度；二是效率，即团队的工作过程对结果、团队成长及成员满意度的支持程度；三是学习与成长，包括创新、实践、方法、过程改进等技能的学习；四是团队成员满意度，即团队工作对成员的成长和个人特质的促进程度。

我国在团队绩效的研究上起步相对较晚，比较有代表性的观点是徐芳（2003）提出的。她认为团队绩效和组织绩效、个体绩效是分不开的。团队绩效一是要考察团队整体的工作成果，二是要考核团队成员的个体工作成果，三是要考察团队在未来工作能力方面的提升情况。她认为团队绩效应更多地关注团队的实际工作结果及工作能力的提升而不是主观意识上的工作体验感。蒋日富等人（2007）在吸收 Nadle 三维度观点的基础上，把团队绩效定义为团队产出绩效

（主要是团队任务产出）和非产出绩效（包括工作满意感和顾客满意度等）两类。同时，他们指出，对不同类型、不同目标导向的团队，应该采用不同的绩效测量方式，如企业人力资源部门多进行服务型活动，就应将非产出绩效作为其绩效衡量的主要方式。

多维绩效评价能够有效降低员工搭便车行为带来的负面影响，为绩效信息的输入提供更多的渠道，同时对于增强团队建设、拓宽员工的视野、促进组织变革、强化绩效理念等具有重要的意义。

2. 团队绩效的影响因素

概括地说，团队绩效的影响因素包括个体、团队、组织三个层面，个体层面如团队成员性格、能力，团队层面如团队规模、结构、氛围、成员间关系，组织层面如组织文化、凝聚力、领导风格（蒋跃进、梁樑[164]，2004）。

（1）个体层面

组织公民行为的概念最早由美国印第安纳大学的 Organ 教授等人提出，按照他们的定义，组织公民行为指的是自愿性的个体行为，这些行为并没有得到组织中正式的报酬系统直接或明确的回报，而这些行为从总体上提升了组织的绩效（蔡翔、李翠[165]，2009）。我国学者的研究也证实，像积极帮助他人、积极维系良好的人际关系等这些属于人际层面的组织公民行为，对提高团队绩效和团队成员的满意度具有积极的作用（吴志明、武欣[166]，2005）。

Kanter、Jack sond 等人（1995）对多样化与团队绩效之间的关系进行了总结，认为团队异质性确实与团队创造性以及决策有效性之间存在密切关系。Sheila（2001）将多样性分为两类：高度的工作相关以及低度的工作相关，而工作相关度则是多样性中和认知性的工作任务中相关联的经验和技能以及观点，他描绘出一种多样性能否提升和工作相关联的知识和技能及能力以改善团队的绩效。他发现了这两种多样性和群体绩效之间没有相关性。Baron 等（1986）认为群体里成员之间的熟识程度和友谊对群体的绩效有害，因为群体的焦点更多在于社交互动而不是任务目标，还可能引发群思现象（王佳锐、刘美琳[167]，2016）。

不少学者从团队的心理因素和性格特征方面对影响团队的因素进行研究。例如 Bandrua（1982，1986）认为，团队功效感即团队成员对团队成功地完成某些具体任务所拥有的共同能力的一种认同。他通过调查研究发现，团队成员的团队功效感越高，那么其团队绩效也就越高。Susan L. Kichuk 和 Willi H. Wiesner（1997）认为谨慎、性格外向、亲和力、情绪稳定和良好悟性等五个性格方面的因素对于团队绩效特别是技术开发团队绩效的提升有着重要影响。这个理论受到了众多学者支持，成了该领域研究的基本框架。

我国学者宝贡敏、钱源源（2009）以多层次理论为基础，通过对 59 个研发团队的实地调研发现，个体层次的角色外行为通过群体互动和推翻作用对团队创新绩效起作用。其中，个体层次角色外行为中的帮助行为与团队创新绩效相关，而建言行为与团队创新绩效无关（宝贡敏、钱源源[168]，2009）。郑小勇、楼鞅（2009）从团队有效性以及创新效率的角度研究了团队创新绩效，分别探索了团队个体、环境以及结构因素的影响作用，构建了影响机理模型，并强调了团队成员个人因素的重要作用（郑小勇、楼鞅[169]，2009）。

（2）团队层面

Burke 等人（2006）则采用元分析对以往的文献进行分析，发现变革型领导行为能够促进团队绩效。国内学者周志成和朱月龙（2005）探讨了中国文化背景下团队领导行为 LPI 量表的结构，并分析了团队变革型领导对团队效能的作用情况。朱少英等人（2008）以我国部分高新技术业的研发团队为调查对象搜集数据，采用结构方程建模的结果显示，变革型领导与团队氛围和知识共享都具有正向相关关系；团队氛围与知识共享具有正向相关关系；而团队氛围与知识共享对团队创新绩效具有正面影响作用，但团队创新绩效与变革型领导并没有显著的相关性（Zhu 等[170]，2008）。

杨凯等人（2009）采用 ERP 沙盘模拟的实验方法，结果显示变革型领导和交易型领导都对团队绩效有正面作用（Ma 和 Yang[171]，2009）。Toni L. Doolen（2003）则指出组织的环境对团队的绩效有影响。组织的环境可以分为管理的过程和组织文化及组织系统。Lantz 和 Laflamme（1996）的研究亦检验出环境支持与团队工作绩效间具有正相关关系，当个人在团队中的社会支持程度越高时，亦即个人越能感受到团队成员之间的相依性，就越能提高团队的绩效（侯二秀、李靖尧、长青[172]，2013）。

关系的冲突是由个体与个体之间存在一定量的不同。一旦团队内出现了关系冲突，团队之中的成员便会出现相处不融洽和相互合作的不愉快以及团队科研的氛围不好等一系列情况，同时该团队的成员创新能力不能得到有效的发挥（蔡翔、史烽，2011）。

另外，学者们发现团队规模、团队类型、学习氛围、组织公民行为、任务及角色模糊性、团队社会资本等诸多因素也影响着团队绩效。

（3）组织层面

在探讨组织因素对团队创新绩效影响的过程中，学者们发现，文化因素扮演着重要的角色。这主要是因为“权威导向”，即大多数人重视、偏向或者依赖某种权威的心理和行为倾向。也正是因为这种特殊权威和权力阶层现象的存在，尽管个体成员有更好的方法解决或改造原有工艺流程，也会因为担心、害怕挑战权威而采取保守不敢冒险的行为，从而导致个体创造力表现动机的下降。

在组织凝聚力方面，Lott 等人（1965）历时 12 年的研究表明，组织凝聚力与团队绩效没有直接的关系，在不同的条件下，他们呈现出正相关、负相关、不相关等结果，两者的关系是不明确的。尽管如此，也依然有学者认为组织凝聚力能够促进组织生产效率的提高，如 Zaeear 和 Lowe（1988）将组织凝聚力划分为任务凝聚力和人际凝聚力两个部分，并分别探讨其与团队绩效的关系，实证分析结果表明任务凝聚力确实能够带来高团队绩效，而人际凝聚力则不能（王佳锐、刘美琳[167]，2016）。

在组织环境方面，Lantz 和 Laflamme（1996）的研究发现，在社会支持高的组织环境中，团队成员之间有更强的信赖感，更容易激发工作热情，团队绩效也更高，也即，支持环境对团队绩效具有促进作用。Toni（2003）通过研究组织资源的配备对团队绩效的影响，再次印证了良好的组织环境有利于促进团队绩效。

（三）组织绩效测量

1. 组织绩效测量指标

由于组织具有多维、动态、复杂的特点，故绩效的测量也需要依据实际情况做出相应调整，测量结果才能达到较高的信效度水平。Richard 等人（2009）做的一项研究发现，在 213 篇以绩效为变量（包括自变量、因变量、控制变量）的文献中，一共出现了 207 种不尽相同的绩效测量指标，可见绩效的测量并不是一件轻松的、可复制的工作，每个组织都有其独特性，在进行绩效的评定与考核时，应结合组织的既定目标对绩效测量指标进行调整和完善（郑烨、杨若愚、姬晴晴[173]，2017）。

就现有文献资料来看，组织绩效测量指标一般包括主观绩效测量指标和客观绩效测量指标两类。简单地说，主观绩效指标是一类依靠人们主观评价与判断的指标，它无法通过简单测算或度量得到，多以量表形式出现，常见的如行为评价量表；而客观绩效测量指标是指可直接度量或计数取值的绩效指标，如会计指标、财务市场指标等。

（1）主观测量指标

主观测量指标基于完全主观的评价或通过客观问题引导评价者做出相对客观的评价，由于其受到人类认知缺陷等因素的影响，误差不仅存在而且不同的人给予的评价误差程度不同，故而长期以来主观绩效指标为学者所质疑、诟病。

目前主观测量应用最广泛的办法是量表，他通过引导评价者回答问题来确定绩效，如 Delaney 和 Huselid's 于 1996 年开发的营销绩效量表，此量表包括销售额、利润率等财务指标，也包括营销、市场份额等非财务指标，信度达 0.86，这种方法测量的绩效能够尽量缩小主观因素所带来的误差（刘嫦娥、陈雅惠、玉胜贤[174]，2015）。Kaynak（2003）设计的量表从库存管理绩效、品质绩效、财务和市场绩效几个维度来进行测量，测量指标涵盖了采购材料周转率、库存周转率、生产效率、采购材料的交货期、投资回报、销售增长、市场份额增长等一系列财务或非财务的指标。Agle 等人（1999）在进行组织绩效的测量时，则选择了获利能力和社会责任绩效这两个维度，获利能力用传统的资产回报率代表，而社会责任绩效则通过员工关系、社区贡献度等来综合测定。

其他常见的主观测量指标包括：3E 评估法、行为锚定等级量表、APC 理论、行为观察量表、平衡计分卡等。随着组织绩效研究的不断深入，绩效测量方法也逐渐地做到定性与定量结合，做到既关注结果也关注过程，变得越来越科学化。

（2）客观测量指标

① 会计指标。

会计指标是指用货币形式表现的综合反映经济现象的数据。在所有的组织绩效测量指标中，会计指标是最常使用也是最方便获取的，它通常包括资产回报、销售收入、利润率、市场份额等盈利性指标，这些指标所需要的数据均可以直接从财务报表中获取。理论上讲，所有的会计科目都可以视作会计指标，都可以运用于绩效的评价。

会计指标因其与经济效益的高度相关而得到学界的广泛认可，其运用也最为广泛。Danielson 和 Press（2003）的研究进一步表明，会计指标与经济回报率的相关系数大于 0.75，两者之间具有强相关关系。会计指标具有清晰明确、获取方便的优点，但却不能 100% 确保绩效测量的准确，会计指标的弊端就在于它的记录依赖于人工，存在人为疏忽及刻意作假的风险。

② 财务市场指标。

Fisher 和 McGowan（1983）认为，财务市场指标具有前瞻性，在理论意义上来说，财务市场指标代表着现金流的折现值，这也是财务市场指标与其他指标相比最大的优势。Lev（2001）在研究中发现，财务市场指标（如市盈率）更适合用于评估组织的无形资产，它不容易被政府会计政策调整或时间所干扰，也正是它的这一优点，财务市场指标成为企业进行绩效评价的首选指标。

当然，财务市场指标也有其局限性，因为其源于组织整体的价值回报，测量的是组织的整体绩效，所以对下属职能部门或者项目团队的绩效评价没有参考意义，无法适用于更广泛的场景。

③ 市场与会计混合测量指标。

鉴于会计指标与财务市场指标均具有局限性，有学者率先提出了综合两者的混合绩效测量指标 Tobin's Q，它代表组织在资本市场的估值与重置成本的比率，但由于重置成本一般通过资产账面价值来进行核算，也即同样存在会计指标面临的问题，于是学界便提出了更多的测量指标，如阿特曼 Z 分数、Altman Z 得分公式、经济增值（EVA）等（陆雄文、孙金云[175]，2009）。

2. 组织绩效测量模型

从 20 世纪 80 年代以来，针对不同的考核主体、不同的组织结构，学者们各显神通，设计出了适合不同组织类型的绩效测量模型，其中比较具有代表性的有：平衡计分卡模型、绩效金字塔模型、绩效棱柱模型以及绩效分类测量模型（林枫、杨付敏、徐金发[176]，2014）。

（1）平衡计分卡模型

平衡计分卡模型是目前在组织绩效领域认可度最高、应用范围最广的测量模型，它从财务、顾客、内部流程、学习和发展四个视角出发，对组织绩效进行全面的测量，不仅包含财务指标的考核，也包含非财务性的经营指标考核。平衡计分卡相关内容在前面章节已经进行过讲解，在此不再赘述。

（2）绩效金字塔模型

绩效金字塔模型是凯文·克罗斯（Kelvin Cross）和理查德·林奇（Richard Lynch）最早提出的，该模型将组织战略与企业各部门的目标紧密结合，既关注组织整体的绩效也关注业务部门绩效，该模型认为公司战略目标设定应该自上而下逐层分解式进行，而组织绩效的测量则应是自下而上逐层反馈式进行，它强调内外部效能的有机结合（Cross 和 Lynch，1992）。绩效金字塔模型如图 6-6 所示。

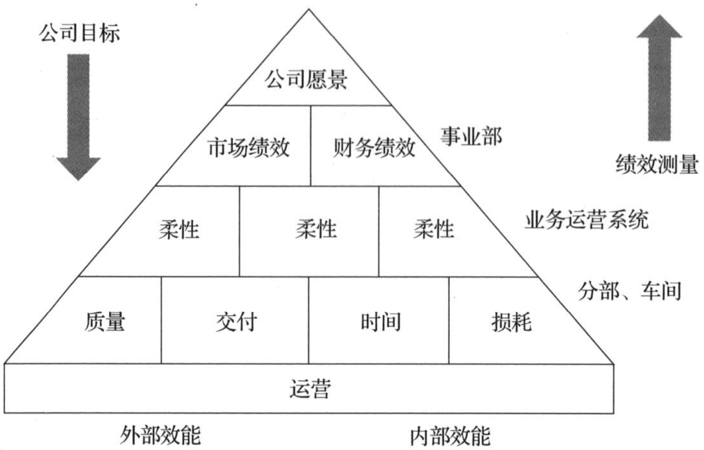

图 6-6　绩效金字塔模型

*资料来源：林枫，杨付敏，徐金发. 国外组织绩效测量模型研究进展［J］. 商业研究，2014（6）：159-165.

组织总体战略目标位于绩效金字塔的顶端，它经分解后向下级事业部、业务运营系统逐级传递，直到最基层的分部或车间。有科学合理的战略目标做指引，基层组织就从质量、交付、时间、损耗等方面相应地建立合理的绩效目标以满足战略目标的要求，组织最终绩效的测量也回归到这四个基本指标上。美中不足的是，该模型没有指出如何在各个层面设定合理的考核指标，也没有提出在绩效评价结束后进行绩效改进的思路。

（3）绩效棱柱模型

2000 年，Andy Neely 教授开发了绩效棱柱模型（见图 6-7），该模型有别于以往的模型，它构建起了三维棱柱结构，并将棱柱的五个棱面形象地比喻成组织绩效测量的五个重要维度：利益相关者的满意度、利益相关者的贡献、组织战略、业务流程和组织能力。该模型独树一帜，对传统的测量模型进行了整合与创新，使研究者都能更好地理解和运用该模型进行相关研究，使管理者能更有效地开展企业员工的绩效测量。

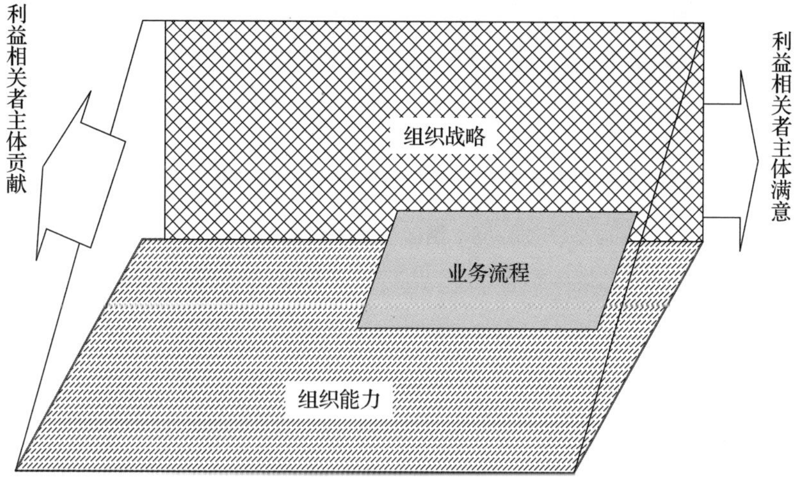

图 6-7　绩效棱柱模型

* 资料来源：林枫，杨付敏，徐金发. 国外组织绩效测量模型研究进展［J］. 商业研究，2014（6）：159-165.

与其他绩效测量模型相比，该模型最大的特点在于，它不但关注所有利益相关者的利益，也关注利益相关者的主体贡献及满意程度，它从利益相关者的角度出发，兼顾业务层面的操作性，对组织战略进行合理的架构，在不影响绩效结果的前提下确保了绩效测量的有效性。但该方法实际操作上比较难，大多数组织并不采用这种绩效模型。

（4）绩效分类测量模型

绩效分类测量模型是由 Sambasivan（2009）提出的，他认为组织绩效的测量应从内部流程、销售和服务、物流、资金流、信息流和合作关系流六个方面出发来进行设计，因为企业价值的创造正是通过以上几个流程来实现的。资金流包含成本和收益，内部过程包括生产柔性、订单交付与质量，物流包括库存和内部时间业绩，销售和服务包括交货业绩、顾客满意度，信息流和合作关系流则包括供应商评价、与顾客和供应商的信息共享水平。Sambasivan 认为组织绩效的测量要从计划、来源、生产和交付四个方面来进行，绩效分类测量模型如图 6-8 所示。

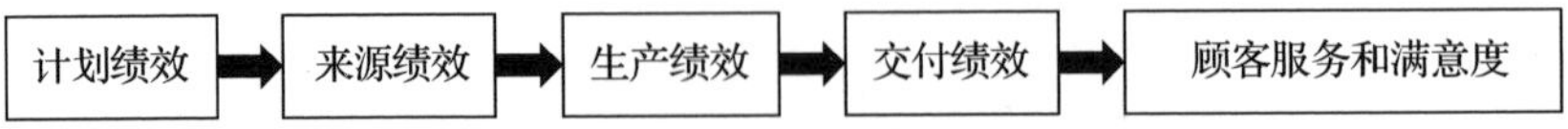

图 6-8　绩效分类测量模型

资料来源：林枫，杨付敏，徐金发. 国外组织绩效测量模型研究进展［J］. 商业研究，2014，（6）：159-165.

（5）其他模型

除了以上用于组织绩效测量的模型以外，有一些模型也与组织绩效有着密切联系。他们不直接对组织绩效进行测量，但却通过了解组织变革来预测组织绩效。

组织绩效与变革模型就是其中之一，该模型是由 Burke 和 Litwin 于 1992 年提出的，它将 12 个与组织相关的重要变量分为变革型因素和交易型因素两类，并通过 150 个问题来了解和诊断组织的变革情况，进而来预测个人和组织的绩效（陈福军、吴晓魏[177]，2010）。组织绩效与其他 11 个变量所构成的组织情境实际上构成一种因与果的关系。组织情境是因，绩效是果，因而该模型也被称为组织绩效与变革的因果关系模型。其中，变革型因素包括外部环境、领导、组织文化、使命和战略；交易型因素包括管理层经验、组织架构、系统、工作单元氛围、激励、任务与个体技能、个体需要与价值、个体与组织绩效等①。

绩效理论在我国研究和应用广泛，在中国知网上以“绩效”为关键词进行检索，检索时间截至 2020 年 12 月 31 日，对 CNKI 中核心期刊和 CSSCI 来源期刊的文章数量进行统计，其发文数量及趋势，如图 6-9 所示。

① 梁秋鸿. 精益生产方式组织文化要素及其度量研究［D］. 南京：南京大学，2010.

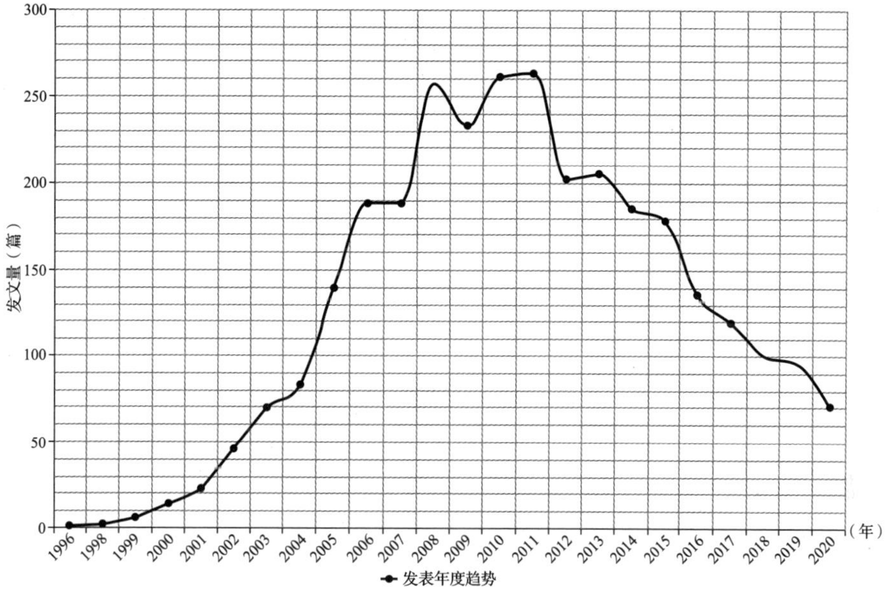

图 6-9　绩效相关研究发文数量及趋势

第三节　小结与评述

本章探讨了组织管理中的组织绩效相关问题，回顾了国内外组织绩效考核的发展历史，梳理了个体、团队和组织三个层面的绩效内涵、绩效测量的相关研究，同时对几种有代表性的绩效评价理论进行了阐述与评价，对读者有效地理解和把握有关组织绩效的内容有一定的帮助。

绩效是衡量和评价组织发展水平不可回避的话题，不管是对学者还是企业家而言，如何有效地通过组织绩效的测量、评价及反馈以激发组织生命力、创造力都是值得不断思考与探索的问题。绩效领域的研究涵盖个体、团队及组织三个层面，个体绩效是团队绩效、组织绩效的基础，团队、组织既定目标的实现有赖于组织员工的高绩效表现。值得注意的是，团队、组织绩效目标的达成并不意味着每个成员的绩效水平都较高，实际上个体绩效的水平是参差不齐的。

绩效的内涵、评价与测量是组织绩效研究的重要内容，对绩效评价理论的理解与运用关系到学者能否将理论与实践结合、能否通过自己的研究就管理实践提出有意义的结论与启示，本章对绩效领域的几个代表性理论进行了详细介绍和解读，这些理论深刻地影响了绩效理论的发展与演变。关键绩效指标（KPI）理论是评价组织绩效比较常用的理论，它以二八法则为核心，简单高效地实现了员工与组织目标统一，促进了部门之间、上下级之间的联系，也提高了员工的积极性与参与度。但该理论量化指标太多，不太适合职能部门的考核，长期以来也容易导致员工出现只关心自己的绩效指标、对指标以外的工作不闻不问的情况。平衡计分卡（BSC）理论则刚好解决了这一问题，它将组织战略与员工的绩效目标结合在一起，增强了组织内部的一致性。同时，它从财务、顾客、内部流程以及学习和发展四个角度来确定绩效的指标，弥补了传统财务指标体系的不足之处，使得组织对自身发展水平和未来发展可能都有了更为清晰的了解。但该理论在实际运用中操作复杂，时间、精力的投入很大。目标与关键成果（OKR）理论是近些年在国内比较新潮和流行的绩效评价理论，它倡导自下而上地制订目标，将组织战略与员工的工作实现更进一步的匹配，提高了组织凝聚力和工作效率。因其不将目标完成率作为直接的绩效评价指标，因而能避免员工的消极行为，根据业务周期来更新的目标也使得绩效评价显得更加具有活力，能引导员工追求卓越。

组织绩效的研究自组织发展以来便成为重要的一环，是管理研究不可分割的一部分，也是企业人力资源管理的重要内容。随着5G、VR等网络信息技术的不断发展，从绩效考核方法来看，人们将互联网技术运用于绩效考核，不仅解决了绩效考核中的资料收集和整理所致烦琐和数据失真问题，而且可以提高绩效考核的动态性、客观性和便捷性；从绩效考核评价主体来看，信息技术使得更多的相关人员参与绩效考核，第三方参与绩效评价更加可行和便利。

第七章

组织创新理论的形成与发展

▲

CHAPTER 7

第一节　组织创新理论发展史

一、创新理论的形成与发展

1912年，美籍奥地利经济学家约瑟夫·阿洛伊斯·熊彼特（Joseph Alois Schumpeter，1883—1950）在其著作《经济发展理论》中这样定义创新："创新就是要将生产要素进行新的组合，实现一种新的生产函数。"创新不局限于普通的发明创造，企业把创造发明的技术投入到企业生产运营的过程同样也是创新。创新本质上是一种创造性破坏的过程，这种破坏是指系统发生内部变革后形成全新的经济结构（Schumpeter[178]，1912）。作为最早提出创新理论的学者，熊彼特凭此成为社会和经济发展领域享誉盛名的理论经济学家，其创新思想在组织创新的理论研究领域中也占据了非常重要且独特的地位。

关于创新的定义及其内涵，学界有许多具有代表性的界定。国外众多学者多从技术创新和组织创新的维度出发，如在技术创新维度，创新是建立组织、制订计划、雇佣工人、选择发明、投入资本和开辟市场等多种行为共同作用的结果（Enos[179]，1962）；创新是组织内部新技术的集合（Myers 和 Marquis[180]，1969）；创新是某项技术的第一次出现或被实际运用（Utterback[181]，1974）；技术创新是新的产品、过程、系统或服务第一次转化为商品的过程（Freeman[182]，1982；许庆瑞[183]，1990）。在组织创新的维度，有学者从产品的角度诠释组织创新，认为组织创新是指组织设计出新的产品并投入生产，最终成功进入市场获取收益；同时，在组织创新的过程控制与变革中，相关的领域知识、创造技能和创新动机会分别对创新的激励、创新的资源和支持性的管理实践产生影响（Amabile[184]，1997）。从创新功能的视角解析，创新是创业家独有的工具，能够赋予现有资源以新的创造财富能力的行为（Schumpeter[178]，1912；Drucker[185]，1986）。有研究从个体、团体、组织的微观层面切入，认为不仅个体特征（个性、动机、认知能力和工作特征）会影响创新；团队特征（情绪状态、团队结构、团队气氛、团队成员特征、团队过程和领导风格）和组织特征（组织结构、战略、规模、资源和组织文化）等同样也会对组织创新产生影响（Anderson和De Dreu[186]，2004）。

组织创新理论同样也是国内学者研究的热点，有学者基于不同视角开展创新理论的相关研究。如从价值管理视角提出，组织创新的研究框架由战略创新、营销创新、文化创新、工艺创新、产品创新和组织创新六要素组成（李垣、汪应洛[187]，1994）；也有人从组织资本概念出发，提出以组织资本投资为核心，融合创新理论、现代企业理论、组织理论为一体的组织创新研究框架（张钢[188]，2000）。组织作为创新的制度保证，不仅具备创新所需的要素资源，同时也具备一定的抗风险能力（颜晓峰[189]，2002）。组织业务流程再造是组织创新的直接表现形式（白景坤、张双喜[190]，2005）。组织创新和演进是一种企业自身应对外部环境变化时，通过积累动态组织能力以获取持续竞争优势的内生性过程（刘刚[191]，2006）。组织创新会对企业的组织绩效产生直接的显著正向影响，且在互联网信息技术推动下与技术创新匹配发展能有效提高企业效率（邓智瀚[192]，2020；简兆权、吴隆增、黄静[193]，2008）。关于影响组织创新绩效的因素，有研究提出CEO授权型领导、政治和商业关联对组织创新绩效具有显著正向影响（简兆权、陈键宏、王晨[194]，2014；吕慧、宋琪、陈扬等[195]，2020）；信息技术、市场环境与经济政策也是影响组织创新的重要因素（王婉、蔡雯雯、李润芝[196]，2020）。表 7-1 列举出创新的一些具有代表性的定义。

表 7-1 创新定义的汇总

创新的定义	学者及提出时间
创新就是要将生产要素进行新的组合，实现一种新的生产函数	（Schumpeter[178]，1912）
创新是建立组织、制订计划、雇佣工人、选择发明、投入资本和开辟市场等多种行为共同作用的结果	（Enos[179]，1962）
创新是组织内部新技术的集合	（Myers 和 Marquis[180]，1969）
创新是指技术的第一次出现或实际运用	（Utterback[181]，1974）

资料来源：笔者整理。

二、创新类别的划分

创新的内涵丰富，在具体类别的划分上。创新理论的奠基者熊彼特从经济学的视角出发，将创新分为产品创新、资源配置创新、技术创新、市场创新及组织创新等五种类型（Schumpeter[178]，1912）。随着学界对创新理论的研究不断深入，国内外学者基于各自不同的学术视角，纷纷对创新进行不同分类标准的划分，创新的主要分类汇总如表 7-2 所示。

表 7-2 创新的主要分类汇总

创新的分类标准	创新的分类结果	学者及提出时间
企业创新	产品创新、资源配置创新、技术创新、市场创新及组织创新	（Schumpeter[178]，1912）

续表

创新的分类标准	创新的分类结果	学者及提出时间
创新对资本和劳动的影响差异	节约劳动性技术创新、节约资本性技术创新和中性技术创新	(Hicks[197], 1963)
产业成长阶段	工艺创新、产品创新和组织创新	(Utterback 和 Abernathy[198], 1975)
经济学角度	产品创新、过程创新、扩散创新	(Freeman[182], 1982)
知识种类	渐进性创新、模块化创新、架构性创新和激进性创新	(Henderson 和 Clark[199], 1990)
组织学习	利用性创新、探索性创新	(March[200], 1991)
价值市场	持续性创新、颠覆性创新	(Bower 和 Christensen[201], 1995)
创新性程度	根本型创新、适度型创新和渐进型创新	(Rosanna 和 Roger[202], 2002)
创意来源	封闭式创新、开放式创新	(Chesbrough[203], 2003)
开放性	封闭式创新、合作创新、开放式创新和网络组织创新	(陈钮芬、陈劲[204], 2008)
产业链分工	链合创新、产学研协同创新和竞合创新	(刘志迎[205], 2015)
技术变革和商业模式	渐进性创新、颠覆式创新、激进式创新、突破性技术创新	(邵云飞、詹坤、吴言波[206], 2017)

资料来源：笔者整理。

第二节　组织创新的主要理论

第二次世界大战后，许多经济学家和管理学者围绕变革、创新，纷纷从不同层面对组织的创新理论进行补充，如埃弗雷特·罗杰斯（Everett M. Rogers）的创新扩散理论、以克里斯·阿吉里斯（Chris Argyris）为代表人物的组织学习理论、克莱顿·克里斯坦森（Clayton Christensen）在哈佛任教时提出的颠覆式创新理论、亨利·切萨布鲁夫（Henry Chesbrough）于2003年提出的开放式创新理论等。

一、熊彼特创新理论

（一）熊彼特创新理论的提出

最早提出"创新"概念的是美籍奥地利著名经济学家约瑟夫·阿洛伊斯·熊彼特（Joseph Alois Schumpeter，1883—1950）。1910年，熊彼特在其发表的文章《经济危机的实质》中首次提出"经济变化源于创新"的主张，而后他又在1912年出版的著作《经济发展理论》中进一步系统阐述了"创新理论（Innovation Theory）"（熊彼特[207]，2000）。"创新理论"将创新视为经济发展的内在因素，强调在生产过程中技术、方法变革的重要性（熊彼特[208]，1965），这与当时的古典经济学观点相悖。古典经济学代表人物亚当·斯密认为，发展是资本积累与劳动分工共同作用的结果，技术和组织的变革只是经济发展的外在因素。由此可见，熊彼特创新理论在研究经济发展问题方面已经具备相当的超前性，同时这也成为对经济学理论的一大全新贡献。值得一提的是，熊彼特创新理论在问世的很长一段时期内并不为西方经济学界所接受，直至第二次世界大战后的20世纪50年代，新技术革命强烈刺激了各生产行业的技术进步与制度变革，创新现象的大量涌现使熊彼特创新理论得到了更充分的重视。许多经济学家开始循着熊彼特始创的研究路径针对创新理论继续开展研究，创新理论不断得到延伸发展。在这种背景下，“新熊彼特主义”应运而生。新熊彼特主义主要分为两个学派：一是技术创新经济学派，该学派以技术创新、生产方式创新和组织创新为研究对象，代表人物为门施等；二是制度创新经济学派，该学派以制度形成和制度创新为研究对象，探究它们对经济发展的作用机理，代表人物有纳尔逊、弗里曼等。门施、弗里曼、克拉克等学者皆对熊彼特创新理论的观点进行了不同程度的验证，进一步深化了熊彼特创新理论的研究内涵。

（二）熊彼特创新理论的主要内容

熊彼特创新理论认为，创新的关键在于实现生产要素的重新组合，也就意味着通过竞争淘汰旧组合，这种重新组合是经济生活中内部自行发生的质的变化（Schumpeter[209]，1954）。熊彼特从企业的层面明确了通过“创新”获得利润的5种方式，即产品创新、技术创新、市场创新、资源创新、管理创新（Schumpeter[210]，1939）。

创新的本质是打破组织之前的均衡状态，对生产要素进行新的组合，这种变化不可逆转。熊彼特早期主要研究单个企业家的作用，后期转向“合作型的企业家”以及大公司组织的创新活动（代明、殷仪金、戴谢尔[211]，2012），梳理熊彼特创新理论，可归纳出如下六个基本观点。第一，创新是经济生产管理过程中内部的自发性突破。熊彼特认为，“创新”会呈现出一种经济上的变化，该变化源于系统内部，非外部经济变化数据所能简单解释的。第二，创新意味着“革命性”变革。熊彼特通过“动态”分析经济发展发现，创新就意味着变革，其具有突发性和间歇性的特征。第三，创新也意味着破坏。组织内部方面，创新表明组织内部的自我更新，需要实现生产要素的全新组合，这就意味着要破坏消除旧的生产组合。组织外部方面，在资本主义发展的过程中，创新和破坏往往发生在两个不同的经济组织之间。此外，某种程度而言，企业家之间通过创新活动进行竞争，会打破原有循环流转的均衡状态，为自己获取额外的盈利机会。这个过程实质上也是资本主义创造性的破坏过程。第四，创新核心在于创造新价值。创新与简单的发明创造不尽相同，创新更加注重新工具或新方法的应用必然性，强调通过新的工具或方法创造新的经济价值。第五，创新是经济发展的本质要求。经济增长与经济发展紧密联系，经济发展过程中包含着经济增长。经济增长与经济发展之间又存在着差异，前者体现在价值规模上的增长，后者则体现在边际效用的增长上。倘若人口和资本增长是经济增长的主要因素，那便不能称之为发展，原因在于其本质上是一种社会适应发展的静态过程。发展则是一种自发的、间歇性的动态变化过程，创新的动态持续性会不断干扰原先的均衡状态。第六，“企业家”是创新的主体。实施“新组合”的能力是企业家应当具备的核心要素，企业家不同于资本家，前者是创新的“灵魂”。合格的企业家应有以下几个特点：① 创新性、远见性和权威性；② 善于抓住机遇；③ 有专业素养；④ 以自我为中心；⑤ 有能力克服“新组合”出现的困难（Schumpeter[212]，1942）。

组织发展至一定阶段势必将面临垄断的局面，而熊彼特对垄断的认识并不是完全否定的。熊彼特指出，单独一家企业生产新产品或者使用新的生产方式，这种行为本身并不构成垄断。但若是新产品对顾客形成永久性的排他需求，就会形成垄断。熊彼特将垄断加以区分，认为与创新和扩大规模联系紧密的垄断是经济发展的助推剂，而缺乏创新和缩小规模的垄断会严重损害消费者利益和经济发展，垄断力量的最优点在企业边际收益等于企业边际成本的时候。

（三）对熊彼特创新理论的评价

熊彼特创新理论作为创新理论的奠基之作，对经济理论的贡献意义重大。首先，在方法论的使用上，熊彼特创新理论打破西方传统经济学的研究框架，不再仅仅注重从人口、资本、工资、利润、地租等经济变量入手进行分析，而是从全新的视角来解析组织的经济活动及其变化，对一些外部干扰因素（国际收支平衡、国际经济关系、贵金属贸易等）进行抽象处理，便于将问题解析透彻。同时，熊彼特分析经济运动的状态问题时，以均衡状态为先，非均衡状态为后，立足于“瓦尔拉斯”一般均衡方法的分析框架，创立动态均衡理论，试图挖掘经济动态现象背后的本质根源。换而言之，该理论的重大意义不仅在于其对经济社会发展所论述的观点本身，理论背后的经济研究方法同样意义非凡。其次，熊彼特创新理论指出创新是推动经济社会发展的一个重要因素，认为技术变革和组织制度变革是经济活动内部的创新行为。该理论对垄断的辩证分析符合现代市场经济的运行规律，没有“一竿子打死”垄断和垄断市场。此外，其阐述的“企业家”应该具备的几项特质放在今天的组织环境中也同样受用。

辩证地看待熊彼特创新理论，可以发现它也同样存在着一些局限。首先，熊彼特突出了企业家作为创新主体的特殊性，严重忽视了企业内部其他管理人员和科技人员的作用，这过于强调了企业家的重要性。而且熊彼特将企业家与资本家完全分割开，这与资本主义社会中企业家和资本家普遍呈现出一体两面的社会现实严重不符。其次，熊彼特创新理论在一定程度上夸大了创新在经济发展中的作用，对生产因素不够重视，简单地用创新理论分析经济发展必然存在一定的片面性和谬误性。同时，该理论把创新的根本原因归结为经济利润的驱动，认为没有利润就没有发展，把利润最大化作为创新的出发点和核心，但财富的积累来源于企业利润，这又与它不承认企业内部资本积累的地位与作用的观点相矛盾。

二、创新扩散理论

（一）创新扩散理论的提出

1983 年，美国学者埃弗雷特·M. 罗杰斯（Everett M. Rogers）初步提出创新扩散的概念，后逐步发展成熟，形成系统性的理论，即创新扩散理论（Diffusion of Innovation Theory）。罗杰斯认为，创新是一种被个人或其他组织视为新颖的观念、实践或事物，而创新扩散是指一种主观感受到的关于某个创新想法的信息于社会中传播的过程（Rogers[213]，1983；Rogers[214]，2002；Rogers[215]，2004）。当某项创新被越来越多的人所采纳时，采纳者会继续通过对其他人施加压力或影响以进一步推动这项创新的传播扩散。罗杰斯将这种现象称为创新的“扩散效应（Diffusion Effect）”。然而，一旦这种压力作用过度时，也极有可能发生“过度采纳”（Over-adoption）的现象。

（二）创新扩散理论的主要内容

创新可以通过沟通和信息渠道随着时间推移被传递或共享给社会系统中的成员（Rogers[213]，1983；Bass[216]，1969）。在人与人沟通的过程中，通常会涉及信息的创造和交换，信息可以借此帮助人们形成对该项创新的集体理解，这种理解可以是人们能感知的新产品、新服务，也可以是新想法或新实践（Rogers[213]，1983；Rogers[215]，2004）。创新扩散理论具有特定的分析框架，主要聚焦五个方面。

1. 创新事物的本质特征

创新的采纳与否取决于创新事物的特征，值得采纳的创新应具备五项特征：① 相对优势，即某项创新与原有产品或方法的比较优势；② 协调性，即创新与过去的经验、当前的需求和价值观相协调的程度；③ 复杂性，即理解某项创新的难易程度；④ 可试用性，即创新被潜在采纳者尝试的可行程度；⑤ 可观察性，即创新成果能被采纳者认知的程度（Rogers[217]，2002）。

2. 采纳创新的决策过程

创新扩散包括创新—决策过程，该过程有五个阶段：① 认知；② 说服；③ 决策；④ 实施；⑤ 确认。在认知阶段，个体或组织主要收集创新的基础信息，包括该项创新的内容、运作方式和有效性等。个体或组织在之后所处的几个阶段中，需要持续探索和评估创新效果。为此，很有必要对创新进行价值预判（Rogers[213]，1983）。个体一般是创新相关信息早期或后期的“知悉者”，但倘若个体认为某项创新无法满足特定需求，就不会开展后续沟通工作。与后期知悉者相比，早期知悉者通常受过更多的教育，具备更高的社会参与度（Rogers[213]，1983）。

3. 采纳创新的主体特征

“创新性”是指一个人或组织相较于其他人或组织能较早接受并

采纳某项创新的程度（Rogers[214]，2002）。创新的“新”关键在于能否应用它来帮助满足现实需求或解决实际的问题。根据创新采纳倾向的高低，可将创新采纳者分为五类：① 创新者，即敢于冒险者（占比 2.5%）；② 早期采纳者，即受人尊敬者（占比 13.5%）；③ 早期大众，即深思熟虑者（占比 34%）；④ 晚期大众，即多疑者（占比 34%）；⑤ 落后者，即传统者（占比 16%）(Rogers[213]，1983）。

4. 采纳创新的过程与结果

创新扩散过程具体可分为五个阶段：① 设置议程；② 创新匹配；③ 重新定义或重组；④ 清晰化；⑤ 惯例化。每个阶段依次进行，有时这个过程很缓慢，有时也可能发生一个或多个阶段被跳过或者“原路折返”的情况。其中，创新扩散过程的设置议程是创新采纳的起始阶段，该阶段包括对信息的搜集、概念化、预测、可视化以及规划，涉及组织中的一人或多人，起到触发创新采纳的作用。处于创新匹配阶段时，组织侧重于探寻所关注问题的创新解决办法，判断能否将之应用于解决特定问题。因此，大多数组织会不断地寻找创新，然后设法将有用的创新与相关问题进行匹配。前两阶段成功进行后，组织实施创新采纳。第三阶段被称作“重新定义”或“重组”。一般情况下，一项创新不会和组织完全匹配，因此必须对其进行修正和改进以适应组织的文化、结构以及其他方面。组织自身也可以进行调整来适应创新，比如可以组建一个新部门来监控和维持创新。接下来就是第四阶段——清晰化，指创新被采纳之后，要保证所有人能够准确理解该项创新的目的、意义与功能。这一阶段需注意识别和应对组织采纳创新时可能导致的副作用。最后是第五阶段——惯例化，是指让创新成为组织成员的习惯或惯例，使创新成为组织认同的一部分，并防止任何为支持先前方法而拒绝某项创新或实施等与该创新相悖的行为发生。

5. 创新扩散的方式和渠道

创新扩散的效果受创新事物本体特征、扩散渠道及扩散系统等决定因素的影响。信息沟通的渠道包括面对面沟通、网络电子沟通以及其他的信息共享形式，具体可分为人际关系网络和大众媒体两种传播渠道。创新知识和信息的沟通往往涉及人与人之间的双向沟通，而非简单的从信息源到信息接受者的单向沟通。大众媒体在开始阶段的传播范围和效果更佳，人际关系网络对信息接收者的态度转变更具影响力（Sultan 等[218]，1990）。

创新实现扩散的必要条件是时间，但并不是每个人都能在同一时间采纳某项创新。罗杰斯提出，创新采纳的曲线呈现从左下到右上的趋势，即创新采纳率最开始是较低的，然后随着创新不断扩散且得到迅速采纳，采纳曲线随之向上攀升，整体呈现“S”形。在“S”形创新采纳曲线的基础上，后来又有学者提出了“鞍形”创新采纳曲线（Bass[216]，1969）。

（三）对创新扩散理论的评价

创新扩散理论认为所有的新方法都是有帮助且有成效的，所以应该被采纳。显然，假设所有创新的采纳都能够产生积极效果并不符合实际情况。某些创新可能并不适合一个组织的文化、使命或价值观，它们不应该被简单地采纳。有学者也认为该理论很少涉及组织用以筛选或过滤掉那些劣质创新的方法，应更多地关注组织为何会做出不采纳某些创新的决策（Mahajan 等[219]，1990）。

此外，很多研究人员并没有花费足够的时间去检验创新采纳的结果（Rogers[213]，1983）。在创新采纳的过程中，决策制定者很难做到探讨并预测采纳某项新技术的优势和劣势，通常情况下，决策制定者只会针对创新采纳的积极方面进行考察而忽视其消极方面，这可能导致严重的后果。该理论对创新采纳的消极后果涉及较少，在理论研究方面仍需要予以更多的关注。该理论还设立了一个认为所有好的创新都会被采纳的假设，但这在客观上是不成立的。它忽视了一些优秀的创新并没有被采纳的事实。该理论也没有探究为什么这些优秀的创新会招致偏见而一些不好的创新却能被采纳。

关于创新扩散理论在我国的研究及应用在 20 世纪末开始受到关注，且相关发文量明显逐年增加。在中国知网上以“创新扩散”为关键词进行检索，检索时间截至 2020 年 12 月 31 日，对 CNKI 中核心期刊和 CSSCI 来源期刊的文章数量进行统计，其发文数量及趋势，如图 7-1 所示。

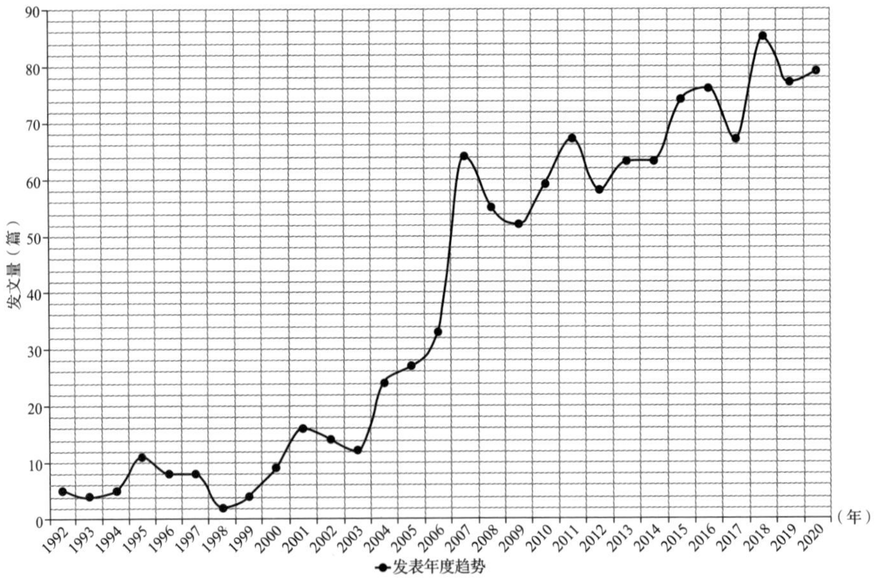

图 7-1　创新扩散理论相关研究发文数量及趋势

三、组织学习理论

（一）组织学习理论的提出

组织学习（Organization Learning）概念的最早提出者是美国学者克里斯·阿吉里斯（Chris Argyris，1923—2013）。阿吉里斯对个人和公司的学习过程都进行了深入研究（克里斯·阿吉里斯[220]，2004）。他最具代表性的作品是与唐纳德·施恩（Donald Schōn）于1974年合作完成的《实践理论》（Theory in Practice）及于1978年出版的《组织学习》（Organizational Learning）。阿吉里斯与施恩研究互补，共同创立了两种基本的组织学习模式，即单环学习（Single-loop Learning）和双环学习（Double-loop Learning）。此后，众多学者对组织学习理论（Organizational Learning Theory）进行不断发展和补充（Fiol和Lyles[221]，1985），该理论逐渐受到了学术界和实践界的广泛关注。

（二）组织学习理论的主要内容

组织学习的研究始于学者Cangelosi和Dill，他们早在1965年就对组织学习展开实证研究（原欣伟、覃正、伊景冰[222]，2006）。关于何为组织学习，大多数学者达成了共识，认为组织学习的核心内容就是组织成员的集体学习（Yukl[223]，2009）。组织学习是一个随时间推移而展开的过程，其包含学习的过程和结果（Dodgson[224]，1993），具有连续性、阶段性和动态化三个与时间相关的显著特征。首先，连续性表现在学习是一个连续的过程，通常认为组织学习要同时与组织的过去、现在和未来进行互动并保持联系（Berends和Antonacopoulou[225]，2014）。其次，阶段性表现在组织具有不同的发展阶段，每个阶段对组织学习的任务和目标有不同的具体要求。

遗忘曲线根据阶段的不同展示了学习的效率和遗忘问题（Madsen 和 Desai[226]，2010）。最后，组织学习的目的是通过不断地调整学习模式和学习方法达到快速、高效学习的结果，以应对复杂多变的外部环境（Zangwill 和 Kantor[227]，1998）。

有学者从学习类型、分析层次和社会层面三个维度对组织学习进行划分。基于学习类型的维度，组织学习可分为单环学习、双环学习以及再学习三种类型（克里斯·阿吉里斯[220]，2004）。单环学习是指通过一般的学习，追求简单的行为与结果匹配，从而维持组织稳定运行。双环学习又称创造性学习（Generative Learning)，是指在应对复杂的环境时，不仅仅依靠改变行为，还会通过系统思考与反馈进而调整学习模式（彼得·圣吉[228]，1998）。再学习则是更高一级的学习模式，对于组织的运作模式有新的要求。因此，组织学习是一个复杂、连续、且随环境变化而不断进行动态调整的组织学习过程。从分析层次的维度出发，组织学习包括个人、团体和组织三类主体（Bontis 等[229]，2002）。其中，个人学习被视为组织学习理论兴起的直接动因。个人作为组织中的成员，其学习也是构成组织学习的最基础要素，个人获得的知识也可以保留在组织之中，但不能将组织学习简单地认为是成员学习结果的积累（Fiol 和 Lyles[221]，1985）。团体方面，组织学习被定义为组织集体学习的过程，在这个过程中包括了个人和团体的学习积累，并且学习是储存在组织的过程和结构之中的（Hedberg[230]，1981；Shrivastava[231]，2010）。在个人和团体两个层次中，个人和团体的学习积累被转移到组织的过程和结构之中，进而影响到组织未来的学习活动（Schilling 和 Kluge[232]，2009）。从社会层面的维度出发，学者们意识到缺乏对社会因素的认知考虑会削弱组织学习的效能（Davenport 和 DeLong[233]，1998）。政治、权力、文化、认知等社会因素在组织学习中发挥着越来越重要的作用，将它们列为组织学习的影响因素之中，有利于全方位研究组织学习的作用和价值。不同学者对组织学习特征和维度的划分不尽相同，但不难发现，组织学习最核心的特征是其有利于组织发展的学习过程。

通过回顾组织学习理论的相关文献，发现组织学习仍然是一个宽泛的概念，学界对它并没有进行准确的定义，且存在不少与其相似的概念。如组织学习与个人学习、组织适应性、学习型组织、创新等之间存在区别和联系（Loveridge 和 Pitt[234]，1990）。① 组织学习与个人学习在意义结构、知识信息记忆、思维方式及价值观念等方面日趋达成一致但两者间也存在一定差异。第一，两者的信息处理基于不同的结构、不同的系统层次进行，且组织学习具备不同的划分阶段。组织学习过程中，信息和知识在不同的组织成员之间以及相同组织中的不同部门之间实现交换共享，根本上是通过个人学习来完成的，但并不等于组织中全部个人学习简单累积的结果，相较于个人学习的研究而言，组织学习在研究成果、实践有效性等方面是远低于个人学习的。第二，组织学习和个人学习在关注重点、目的等方面存在显著的差异，前者更关注组织，后者则更关注员工个人；组织学习重点在于组织整体目标的实现，强调组织的发展，个人学习重点满足个人高层次需求，强调个体的发展；相较于个人，组织没有大脑，只存在认知系统和记忆功能，虽然组织领导和成员会发生改变，但组织的记忆保留了过去的某些行为模式。② 在组织适应性问题上，一些心理学家将学习视为适应的最高形式，可以提高在变化环境中生存的可能性，同时也通过其他方法强调了适应的必要性。但组织学习与组织适应性在认知和行为上存在差异，学习涉及认知的变化，而适应则涉及行为的变化。当然对组织适应性的描述中也忽略了自我实现的驱动力等组织和个人目标的作用机制。

③ 组织学习和学习型组织之间的区别一直存在争论，有学者认为组织学习网络比学习型组织更能激发研究者和实践者的想象力和兴趣。④ 组织学习与创新之间的关系在战略管理层面上日益受到研究者的关注，对组织创新尤其重要的就是内外部学习的过程。组织学习的使命是要整合一系列的创新，促进和实现知识的创造以形成突破性成果。

近年来，组织学习理论的研究开始更多地关注组织的实践价值，很多学者开始探究组织学习的影响因素以及作用结果。组织学习的心理学理论认为，冲突（如由错误或相反的证据引起的）是学习的必要条件，也是推动学习的动力。现有研究者也提出环境的不确定性越大，对学习的需求就越大。根据组织学习理论，在对一些相当不明确的外部刺激的反应中，对组织调整的需求会刺激学习。刺激学习的很重要的两个方面是对技术变革的回应及西方公司对其他形式的工业组织竞争力的反应。领导者风格对组织学习的影响研究也受到了很多学者的关注。有研究表明，男性领导者能够鼓励和促进组织中集体学习的过程（Yukl[223]，2009）。组织学习一直被认为是组织长期绩效和生存的重要决定因素（Schilling 和 Kluge[232]，2009），能够规范企业部门和员工之间的合作，对员工工作绩效具有正向影响（Huber[235]，1991）。此外，有学者尝试从多角度解析组织学习对组织绩效的影响及作用机制，指出组织学习能促进组织的战略转型和战略多元化，改变组织的认知、知识基础及能力。还有学者通过实证研究进一步解释了组织学习的作用机制。行为和思考的相互作用会影响组织学习（Antonacopoulou[236]，2006）；学习行为的发生受到先前行为的影响，通过学习产生的洞察力会再次影响到以后的行为（Gavetti 和 Levinthal[237]，2000）。在对组织学习与组织绩效关系的研究中发现，知识转移与创新在两者间存在中介效应（Alipour 等[238]，2011）。

而组织学习在领导者风格与企业财务绩效之间同样发挥中介作用（Sahaya[239]，2012）。学者们就组织学习中的涉及个人、组织和环境等多方面的前因变量做了大量的研究（Schilling 和 Kluge[232]，2009），但是对组织学习结果变量的探索相对较少。

（三）对组织学习理论的评价

研究组织学习的意义在于对学习过程和学习问题的理解。事实上，组织学习的一个主要作用是处理市场和技术的不确定性，而研发是学习的重要来源，学习贯穿于整个组织活动。组织学习理论的一个研究视角在于对时间维度的探究，时间的不同维度及其相互联系的系统分析既有助于理解组织学习的挑战，又有助于理解组织实践如何影响解决这些挑战的时间结构，更有利于弥合相对独立发展的组织学习研究之间的分歧（Berends 和 Antonacopoulou[225]，2014）。时间的流逝是组织学习的一个条件，遗忘也会伴随着时间的流逝而发生，它通常被认为是不利的，但它可能会为创新灵感的产生创造开放性的思路，由此促进组织的发展（Easterby-Smith 和 Lyles[240]，2011）。

组织学习理论的研究尽管有很高的实践价值，但依然存在一些局限性。首先，对组织学习的大部分分析仅限于其结果，而忽视或低估了学习过程中的问题和复杂性。其次，个人的学习受到其解释复杂现实能力的限制，因此，个人学习可以间接地揭示组织学习是如何产生问题的以及高层次学习是十分困难的。最后，通过经验获得的知识可能会随着时间的推移而贬值（Dimov 等[241]，2012），使得组织的存在环境与外部环境的变化难以相适应。

我国组织学习理论的研究在 20 世纪末 21 世纪初得到关注，在中国知网上以“组织学习”为关键词进行检索，检索时间截至 2020

年 12 月 31 日，对 CNKI 中核心期刊和 CSSCI 来源期刊的文章数量进行统计，其发文数量及趋势，如图 7-2 所示。

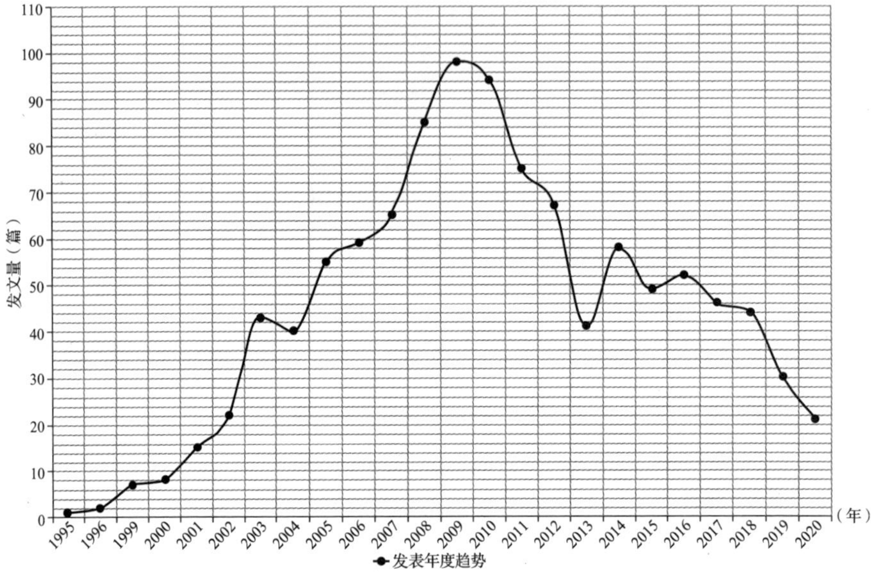

图 7-2　组织学习理论相关研究发文数量及趋势

四、颠覆式创新理论

（一）颠覆式创新理论的演变

1997 年，美国哈佛大学商学院教授克莱顿·克里斯坦森（Clayton Christensen）出版著作《创新者的困境：当新技术使大公司破产》（*The Innovator's Dilemma*：*When New Technologies Cause Great Firms to Fail*），在书中第一次提出颠覆性技术（Disruptive Technologies，又译为破坏性技术）一词（Christensen[242]，1997）。该书重点阐述新技术，即变革性技术，对公司产生的影响。克里斯坦森通过总结后发企业赶超在位企业的案例，开创性地提出颠覆式创新理论，将颠覆式创新定义为产品通过技术创新或提供非主流价值功能进入利基市场或低端市场，致使主流市场被颠覆的创新（Christensen 和 Raynor[243]，2003）。随着对颠覆性技术理论研究的不断深入，克里斯坦森等人发现部分后发企业的赶超行为无法用颠覆性技术创新简单概括，而且越来越多的案例表明除了低端市场以外，后发企业还可以从新市场开始颠覆（Bower 和 Christensen[201]，1995）。由此，克里斯坦森在2003 年将颠覆性技术理论进行重新整理，随后正式提出颠覆式创新理论（Disruptive Innovation，或译为破坏性创新）。之后，学界不断拓展对颠覆式创新理论的研究，有学者从概念模型构建、形成机理分析、影响因素识别和实现路径探讨四个方面对其进行了深入研究。其中概念定义主要以克里斯坦森的理论为基础，国内外诸多学者从不同视角进行补充和完善，对部分具有代表性的内涵进行汇集，颠覆式创新内涵汇总如表 7-3 所示。

表 7-3 颠覆式创新内涵汇总

颠覆式创新内涵	学者及提出时间
产品通过技术创新或提供非主流价值功能进入利基市场或低端市场，致使主流市场被颠覆的创新	（Christensen[242]，1997）
颠覆式创新是指企业破坏了原有市场的竞争衡量标准，着重提升新产品的非主流性能，从而改变市场的竞争基础以实现对市场的快速突破	（Danneels[244]，2004）
排斥性技术相比较而言性能较差，因此领先企业时常会忽略，但是其具有的廉价、精巧或便利等优势不容小觑	（康长杰、陈劲[245]，2006）
颠覆式创新是指产品应用颠覆性技术，通过性能改进逐渐满足主流顾客需求，从而完成由边缘市场向主流市场突破的创新	（Yu 和 Hang[246]，2011）
颠覆式创新对传统竞争体系产生重大影响，以顾客需求偏好为导向通过创新发展促使原有市场的需求也发生改变	（Fan 等[247]，2015）

续表

颠覆式创新内涵	学者及提出时间
颠覆式创新是指起步于低端或新市场的后发企业，通过持续不断追赶主流企业，最终突破主流市场并占领市场份额	（吴佩、姚亚伟、陈继祥[248]，2016）
在技术快速发展的背景下，后发企业通过颠覆式创新实现技术进步，并据此制定企业的发展理念和战略，从而改变企业在产业中的格局	（Azar 和 Ciabuschi[249]，2017）

（二）颠覆式创新理论的主要内容

颠覆式创新理论的重点在于“创新”和“颠覆性”两方面。“创新”是生产新产品或者是发展新的生产方法、生产模式和管理制度，以达到拓展产品和服务市场的目的。“颠覆性”则是在发生“创新”的基础上，实现生产和发展方式的颠覆（Christensen[242]，1997）。克里斯坦森认为，技术创新可分为持续性创新和颠覆式创新。持续性创新针对在位企业客户群体的需求对产品实施渐进性或重大性改变，且最终都能让公司向适配的顾客出售更多的产品；颠覆式创新则是指在最初对在位企业的多数顾客而言，产品品质不具备市场竞争力。顾客不会因为价格优势而选择，而是等到新产品或者服务的品质满足他们需求之后方才开始行动。等到时机成熟，他们会欣然接受物美价廉的新产品或新服务，这便是颠覆拉低市场价格的过程。克里斯坦森提出存在产品性能超过部分顾客实际需求的现象，而颠覆式创新通过简化重组现有技术来精简产品不必要的性能，虽然在发展初期产品性能相对较低，但是随着颠覆式创新阶段的演进，企业的产品性能将会得到稳步提高，最终帮助企业实现对主流市场的颠覆。有学者指出，颠覆式创新的产品特点是简易、便利和低利润，因此最初只能立足于低端市场和新市场。企业通过对技术的组合重构就能够实现技术创新，使颠覆式创新产品具有高性价比的优势，从而更容易进入新市场并较快地被消费者接受。正是由于颠覆式创新产品性能简单的特点，企业在发展初期不吸引主流顾客而避免了在位企业打击和市场正面竞争，由此获取发展时机。

根据颠覆式创新理论，颠覆是指规模较小、资源要素积累相对不足的后发公司成功挑战在位大企业的过程。具体而言，在位企业为实现更高的产品售价和获取更大的利润率，将客户群体聚焦于对产品和服务具有高标准需求的顾客，这种过度满足某些细分需求的企业行为，通常会导致为消费者提供的产品或服务超出消费者的实际需求或最终愿意支付的价格。而成功运用颠覆式创新的后发企业提供的产品性能可能低于市场消费者的需求，但仍可以通过提供更合适的产品功能（往往价格也更低），以此获得一定的市场竞争力。与此同时，在位企业通常会忙于在高端消费市场继续追逐高额收益，以致无暇对新进企业进行回应。新进企业借机逐步提升，为在位企业的主流顾客提供需要的产品性能。当新进企业提供的产品和服务开始被主流顾客大规模接纳之时，颠覆便由此产生。持续性和颠覆式创新的影响如图 7-3 所示。

对于颠覆式创新理论，克里斯坦森提出了五项原则。① 企业的资源分布取决于消费者和投资者。② 小市场无法满足大企业的增长需求。与具有“先发优势”的大型企业相比，新进企业能更轻易地进入更新的小型市场，而每一个小型市场最终都会逐步发展成大型市场。对此，大型企业通常会采取等待策略，等到小型市场发展至一定规模，便通过与目标市场规模相匹配的小型机构进入新市场占据有利地位。③ 无法分析并不存在的市场。持续性创新遵循一定的创新规律，通过翔实的市场研究和良好的市场规划，

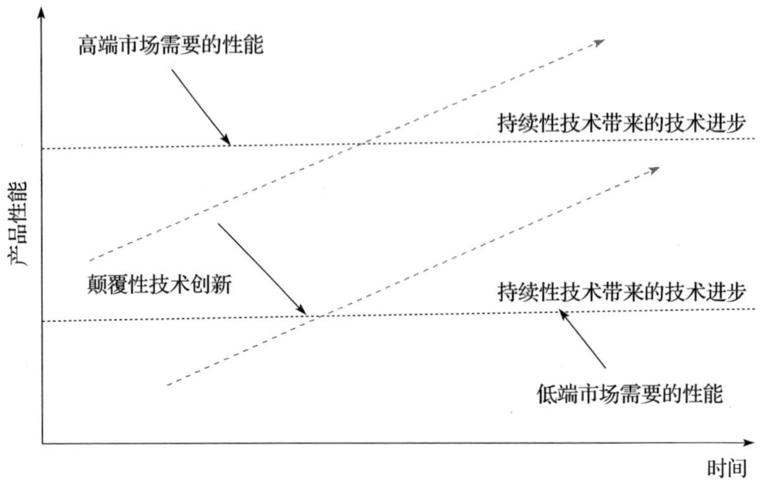

图 7-3 持续性和颠覆式创新的影响

资料来源：Hughes，E. The innovator's dilemma：when new technologies cause great firms to fail［J］. Computing Reviews，2016（6）：349-350.

成熟企业能够运用合理的方法依循技术进步的轨道应对持续性技术变革。而在应对颠覆式创新时，企业无法对颠覆式创新技术及新兴市场未来发展规模进行预测，也就无法找到行之有效的应对策略。④机构受到自身能力的局限。当企业在面临创新问题时，一般情况下会依照惯例选派具备一定工作能力的员工来处理这项工作。而绝大多数管理人员会认为他们选派的人员即将入主的机构也将具备成功完成这项任务的能力。这样的想法是非常危险的，因为机构所具备的能力独立于机构内部工作人员而存在。⑤技术供应可能并不等同于市场需求。企业为了在市场竞争中处于领先地位会努力追逐高端市场、提高产品性能，但它们往往没有意识到，性能持续得到改善的产品不一定符合市场的实际需求。

（三）对颠覆式创新理论的评价

颠覆式创新从根本上可以被视为产生颠覆性技术的创新，早期它可能不被主流市场用户所重视，但这种创新一旦发生，往往会为企业带来超额回报。追求突发性的机会是实现颠覆式创新的必然要求。颠覆性技术创新在演化发展的路径中，跨越了原有技术发展轨道，呈现出非连续性、非线性的特征，注重找寻意料不到的机会、问题与成功的可能。同时，产品或服务的创新设计需要将消费者的潜在需求纳入考虑，如果供需不匹配，再好的产品终是空中楼阁。然而，真正了解消费者需求远非易事。颠覆式创新模式下的新产品通常面向利基市场、面向低端现有市场，这不利于快速获利的实现。但是，在资本化市场中，风险投资人人都渴求得到快速的资金回笼和利润回报。

颠覆式创新理论在我国研究起步较晚，但近年来得到较大关注。在中国知网上以“颠覆式创新”为关键词进行检索，检索时间截至2020年12月31日，对CNKI中核心期刊和CSSCI来源期刊的文章数量进行统计，其发文数量及趋势，如图7-4所示。

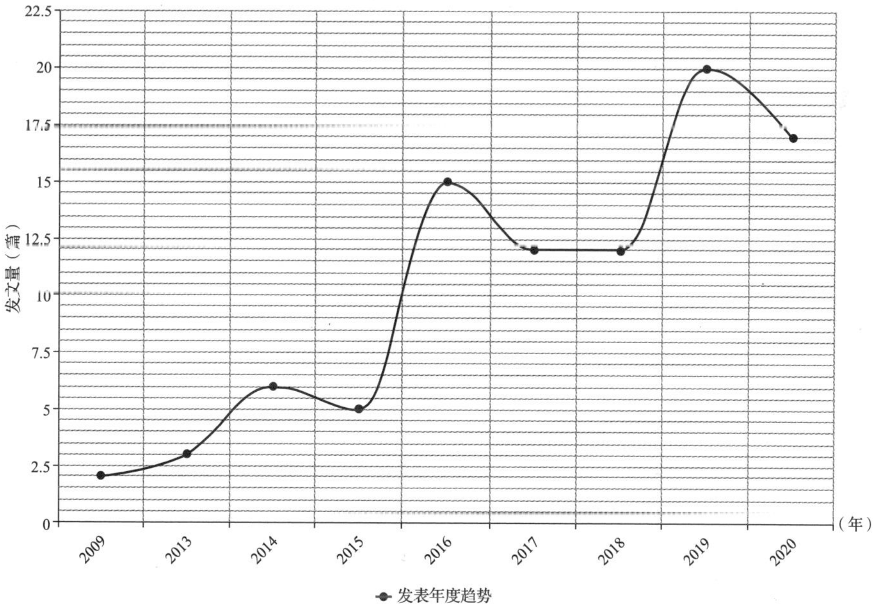

图7-4 颠覆式创新理论相关研究发文数量及趋势

五、开放式创新理论

（一）开放式创新理论的提出

2003年，美国学者亨利·切斯布鲁夫（Henry Chesbrough）在其著作《开放式创新》（*Open Innovation*）中正式提出开放式创新理论。开放的本质是从公司的外部获取有价值的资源和创意，并通过整合内外知识资源加速实现创新（Chesbrough[203]，2003）。开放式创新是指组织在技术创新过程中，通过与外部组织协同合作、商业化利用内外部资源进行创新活动的一种模式。

（二）开放式创新理论的主要内容

要想深刻理解开放式创新理论的内涵，首先应明晰该理论提出的背景。开放式创新理论的提出基于美国当时NIH（Not Invented Here）"非此地发明"传统观念盛行的背景，主要针对美国的那些处于领先研发地位的大企业，该理论合理解释了当今研发密集型企业研发投入回报率低、创新能力下降等现象，同时也为组织管理研发和创新提供了一种全新思路。

传统创新观念认为，技术创新是独属于企业的，技术独享是企业维持竞争优势、提高行业进入壁垒的关键方式。切斯布鲁夫将这种创新称为封闭式创新，与之相对的便是开放式创新。在20世纪末期，囿于封闭式创新模式下许多行业出现内部研究效率不断降低、创新能力不断下降的现实困境，开放式创新不断得到采用。开放式创新完全不同于封闭式创新一味地独立开发新研究成果，恰恰相反，开放式创新善于利用不同的方式获取进入市场的新创意，甚至是完全在其他公司研究成功的基础上进行创新（Chesbrough[203]，

2003）。

在开放式创新范式下，创新资源是可以在企业之间双向渗透的。企业内部的创新思想能够通过知识、信息、人员的流动扩散到企业外部，外部大量丰富的知识、信息及富有创新思想的科技人员也能进入至企业内部。企业对外部创新资源加以利用的同时，密切监测外界，以彼之长补己之短，高效整合内外创新资源要素，加速实现产品和模式创新。企业研发过程中常常会遭遇瓶颈、卡脖子问题，尽管前期已经投入大量人力、物力，但还是不得不放弃研发，最终不仅造成资源浪费，还会慢人一拍，丧失其他产品研发的机会成本。在开放式创新的范式下，这一情况可以得到极大程度的避免，企业可以通过外部途径，与外部组织机构合作研发或是以直接外包的方式促使项目继续进行，多管齐下，减少技术创新市场上的不确定性，有效避免企业进入创新的两难境地（陈钮芬、陈劲[204]，2008）。

开放式创新模式意味着，企业从内部和外部同时获取有价值的创意的同时，也可以通过内部渠道和外部渠道驱使创意迈向商业化路径。开放式创新运用知识（不但包括企业内部知识，也包括企业外部知识）来引入新事物。这种新事物不仅可以是一种新产品、新服务，也可以是一种新的商业模式。在这个意义上，开放式创新和常规创新产生的结果是相同的。

开放式创新与其他创新的不同之处体现在这种创新是开放式的，并不囿于企业的边界之内。它超越了企业的边界，创新所运用的知识和创新产生的知识在组织边界内外皆可获得。开放式创新模式将外部创意、外部渠道和内部创意、内部渠道摆在同等重要的位置（Chesbrough[203]，2003），如图 7-5 所示。

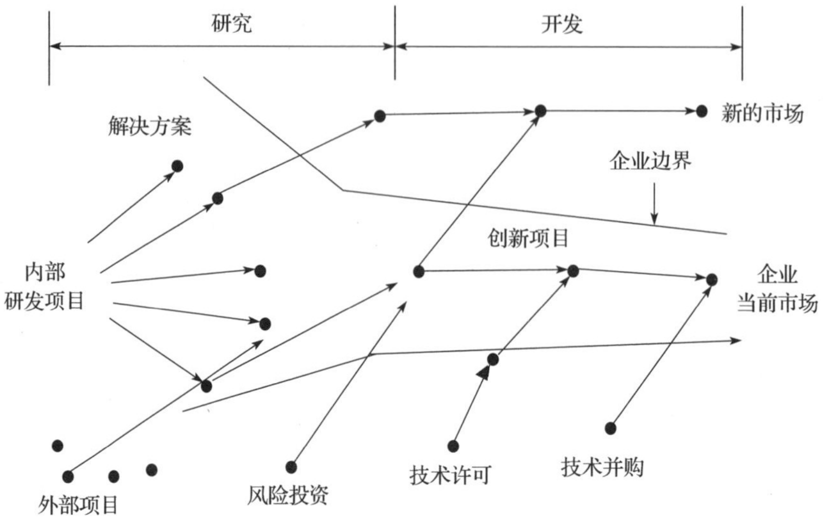

图 7-5 开放式创新模型

资料来源：Chesbrough H W. Open innovation：the new imperative for creating and profiting from technology [M]. Boston：Harvard Business School Press，2003.

开放式创新体系中，创新俨然发展成为一种以创新利益相关者为基准的全局性的多元主体创新模式（陈钮芬、陈劲[204]，2008）。企业当中，出色的创新源不仅仅局限于管理人员，财务人员、生产制造人员、销售人员乃至售后人员等同样囊括其中（Christensen[250]，2000；Tucker[251]，2004）。许多创新产品的概念源自用户的最先提出，甚至有产品原型最先被用户所开发出来（Von Hippel 等[252]，2000）。也不乏供应商参与新产品的初期研发过程，这同样有助于减少产品研发时间，提高创新效率（Clark[253]，1989；Nishiguchi[254]，1994）。与外部创新资源合作实现技术突破最直接的形式便是技术合作。通过技术合作，能够结合不同领域知识，形成技术互补，往往能加速技术创新（Das 和 Teng[255]，2000）。此外，通过监视和跟踪外部技术的发展态势，及时研判技术与自身产品的适配性及其未来的市场前景，适时采取购买策略，填补自身技术空缺也是加速创新研发的有效路径。随着开放式创新研究的不断深入，有学者从企业间的合作与网络关系的研究视角切入，提出开放式创新是一个组织通过与利益相关者合作，共建创新网络体系，加强知识的共享、整合、互动与协同的动态过程（耿瑞利、申静[256]，2017）。也有学者将开放式创新理论运用到对企业创新绩效的探讨中，如基于协同演化视角，研究大数据应用与企业开放式创新的互动关系（陶小龙、刘珊、钟雨芮等[257]，2021）。

（三）对开放式创新理论的评价

开放式创新理论的内核在于通过吸收整合组织内部与外部知识，推动知识基础的转变，从而有效减小创新在技术和市场上的不确定性。开放式创新模式下，组织能够创造出让利益相关者们从中获益的新知识，帮助构建起创新的生态体系，成功实现技术创新（陈钰芬、陈劲[204]，2008）。我们今天所生活的生态系统非常复杂，事件和事物在多个层面上相互影响，各种社会组织关系不断发生变化。所有事物都在无休无止地变化。在这种背景下，组织与外界之间实行动态共享学习，有利于组织经营效益的提升。借助开放式创新理论可以就该行为的相关流程和结果进行较好的诠释，即开放式创新研究可以将这些流程和结果提升到理论的高度上来。实践者可以利用这一理论，在实践中将这些流程制度化。对于学术界来说，“开放式创新”将在战略、组织行为学、市场营销、财务、知识管理等领域中开辟一个崭新的研究领域。

开放式创新模式固然能够使企业在一定程度上提高组织创新效率，但过犹不及，过分扩大对外界的学习吸纳也会为企业的创新绩效带来相应的负面影响。首先，组织与外界的合作过程必然需要消耗一定的财务成本和机会成本（Williamson[258]，1981）。组织在与合作伙伴沟通交流时也意味着要付出相当的交易成本。过度需求外部合作导致创新项目不确定性增加的同时必然也会投入更多的成本，这对提升创新绩效十分不利。其次，一旦企业适应了过多地依赖外部资源，势必会影响企业内部研发的创新性，在关键技术上受到合作伙伴掣肘，甚至导致丧失自身核心竞争能力（Johnsen 和 Ford[259]，2000）。此外，实施开放式创新模式应格外注意关键技术的保密，敏感的商业信息和关键技术一旦泄露，对企业造成的危害将不可估量（Laursen 和 Salter[260]，2005）。

我国开放式创新理论主要于 21 世纪初进入学者研究的视野。在中国知网上以“开放式创新”为关键词进行检索，检索时间截至 2020 年 12 月 31 日，对 CNKI 中核心期刊和 CSSCI 来源期刊的文章数量进行统计，其发文数量及趋势，如图 7-6 所示。

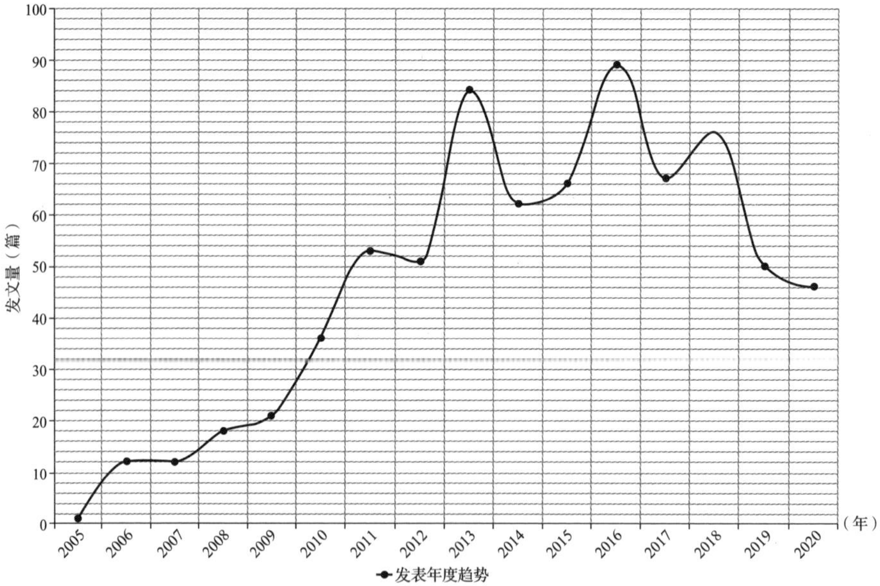

图 7-6　开放式创新理论相关研究发文数量及趋势

第三节　小结与评述

本章追本溯源，系统探讨了组织管理过程中创新的相关问题，简要回顾了国内外组织创新理论思想的起源与发展，并依据众多学者的学术观点将组织的创新进行分类，同时，顺沿时间脉络将诸个具备阶段代表性的理论进行精炼阐述并加以评价。相信本章能在一定程度上帮助读者有效理解和把握组织创新的相关内容。简单回顾本章组织创新的相关理论，其实不难发现，这些理论对于当前的组织创新工作仍然具有关键的指导意义。

熊彼特是创新理论的开拓者，他将创新与发展概念紧密联系起来，认为发展是在循环流转中不断改变和代替之前的均衡状态，执行新的组合，而这实质上就是创新。熊彼特创新理论的提出纠正了瓦尔拉斯在静态经济循环分析中的一般均衡理论，合理解释了生产过程中实际发生的各种现象，甚至可以在一定程度上预言经济动态发展中的各种结果。这对当时乃至现今经济活动的解析仍然具备相当的指导作用。此外，在熊彼特看来，企业家主体是企业创新精神独一无二的执行者，然而依据现实，企业家作为组织的领头羊，其实现创新的使命固然存在，但同样不能忽视组织内部其他创新主体的重要作用。

罗杰斯基于创新在社会系统中随时间推移而传播扩散的现象提出创新扩散理论，对企业研究如何加速创新、提升创新效率具有很好的理论指导意义。但其隐含的所有创新都是卓有成效的基本假设受到学界诟病，组织不能仅仅认定创新所具备的积极效果，而对它可能存在的消极后果视而不见。

阿吉里斯认为组织学习和个人学习一样都是一个较为长期的发展过程。组织能够通过获取和应用知识持续改进组织行为，提升组织创新能力。组织学习有助于企业改善和发展新的产品技术、组织架构和经营实践，创造更多无形资产，从而拓宽企业边际护城河，确保持久竞争优势。该理论对推动企业学习、加速技术变革具有一定的参考价值。但它在实践的指导方面仍存在可操作性不强的问题，没有抓住组织管理的痛点，即缺乏问题导向意识。因此，如何测度组织学习力、学习效果依然是今后组织学习的研究重点。

克里斯坦森提出的颠覆性创新也称破坏性创新，该理论认为颠覆性创新不遵循传统创新路线，其产生一般基于某些特定需求的动力驱动或是偶然事件的发生。颠覆性创新一旦产生，极有可能促使生产力实现质的飞跃，甚至引领新一轮科技和产业变革，诸多案例已佐证了这一点。尽管如此，颠覆性创新也存在高风险、高投入和高挑战性的特征，对与之适配的组织管理模式也提出了较高的要求。

囿于传统创新观念下企业容易显现研发投入回报率低、创新能力下降等问题，切斯布鲁夫提出开放式创新理论，倡导企业在技术创新过程中，与外部组织协同合作、商业化利用内外部资源进行创新活动，为企业组织管理研发和创新提供了一种全新思路。然而，在开放式创新模式下，组织管理者要注意组织不能过分依赖外部资源，保证一定的内部研发创新的有效性和排他性始终是与外界开展合作的重要前提。

在当前，中国经济进入新常态、信息技术发展日新月异的背景下，一个以服务为中心的数字经济时代已然到来，企业间竞争日益激烈，粗放型增长方式难以为继。中国企业若想在动态的行业环境中获得竞争优势，就离不开创新驱动发展。在大量企业面临技术创新方式和商业模式的双重变革的态势下，探索如何将市场化机制引入技术研发方向、方案路径选择、各类要素整合等企业内部环节，以市场需求引领组织创新，成为理论界和实践界关注的焦点。

组织创新归根结底就是要实现组织内部科技成果创新或商业模式创新，并最终实现资本化、产业化和市场化。要想组织发生彻底的变革与创新，就需要我们结合现下组织的发展态势，重新思考组织自身以及组织与组织、组织与环境之间关系的本质。当前，组织创新俨然从传统的企业自主研发创新演化成现下以科学发现为源头的组织科技创新。其中，各高校科研院所作为知识创新主体起到了关键的支撑作用。在这种背景下，企业作为风险投资的主体需要继续加大资金投入、吸引高端创新人才，加速科技成果转化孵化，以进一步延伸和加强自身的创新主体地位。同时，学习型组织、虚拟组织以及战略联盟等新型组织观念与组织创新形式的出现，也为企业和组织打造创新高地提供了全新样板。在我国经济社会现代化和高质量发展的进程中，社会的进步离不开有效的社会治理，组织创新生态的营造也同样离不开政府的有效管理。为此，政府应加快完善科技创新政策，为组织集聚国内外优质研发创新资源提供便利，推动组织持续创新的能力的形成与发展。

第八章

前沿命题与未来发展

▲

CHAPTER 8

第一节　新技术与组织构造

一、数字革命与组织进化

人工智能、云计算、大数据、物联网等新一代信息技术的兴起和快速发展，正在不断加速数字革命的进程。数字革命即所有要素均数字化，创建基于数据流通和链接的经济与社会结构。数字革命驱动下，消费者、企业、产品等都将数字化。数字化已然成为一种新的生产要素，日益成为企业竞争力的重要来源。数字化企业在战略与组织、业务流程与管理数字化、数字化绩效、基础设施、综合集成方面与传统组织存在较大差异（王核成、王思惟、刘人怀[261]，2021）。为此，数字化背景下，必然要求组织摒弃封闭，走向开放，从传统的工厂生产模式迈向平台价值共创模式，组织数字化也将推动组织理论的深度发展。

（一）从封闭走向开放

20世纪初期，韦伯提出了官僚制组织，这是一种内部封闭的组织结构，组织内部个体之间彼此隔阂，并且在组织内部竞争中进一步强化了封闭性，最终内化到个体之中，使得这种封闭性潜移默化地成了一种思维方式（刘吉发、肖涵[262]，2015）。封闭性组织具有明确的目标意识，等级严格的指挥链，主张指挥和服从关系，强调通过劳动分工来促进组织目标实现，实行委任制和严格的制度管理，崇尚组织纪律性等特征，这使得官僚制组织成为一种高效率的组织形式。

然而，当前组织面临越来越高的社会复杂度，不确定性和模糊性，即VUCA情境已然成为常态，如“互联网+”引发的跨界融合、开放生态、结构重塑、连接一切等对封闭性组织造成冲击，官僚制组织的制度刚性反而成为抑制组织创造力和革新的阻力（陈俊梁、袁炜、陆静丹[263]，2019）。在数字化革命浪潮的“洗礼”下，扁平化、去中心化、柔性化、网络化、虚拟化、无边界成为组织发展的新趋势。扁平化减少了管理层级，并使得组织决策权力下放；去中心化可以快速响应用户的个性化需求；网络化增强了组织与组织、组织与用户之间的跨界合作能力；虚拟化增强了企业资源重组能力；无边界更是形成了对官僚制组织的根本挑战。苹果公司、韩都衣舍等均从封闭性的组织走向了开放型组织，才缔造了科技公司和时装企业中的“神话”。因此，组织从封闭走向开放已然成为数字革命驱动下的组织发展新趋势，所以，基于传统组织生产实践构建的组织理论将受到巨大挑战。未来，需要结合组织开放性的产业实践，发展新的组织理论，组织生态理论、开放式创新理论、价值共创理论等将蓬勃发展。

（二）从工厂走向平台

数字技术对组织的影响不仅在权力结构、组织结构、管理方式等方面，也在悄然改变企业工厂的形态。工厂是人类生产活动中的一种极为重要的组织形式，从伍德沃德时代的大批量生产、小批量生产、连续生产到现代的定制化生产、个性化制造、柔性生产，均是人类生产活动组织形式。

生产方式的改变折射出背后技术因素的驱动，从第一次工业革命到第四次工业革命，人类社会经历了从蒸汽机、内燃机、信息技术到人工智能的科技飞跃，工厂从机械化生产方式逐步转变为智能化生产方式，生产车间从人类主导跃变为机器人主导。这就意味着机器技术催生了工厂组织，而数字革命却正在将平台组织推向历史前台，平台因信息技术的支撑和其他因素（如人际网络、交通等）的融合，而有了自己独有的特征。平台成了给其他组织和社会成员提供基本支撑的组织（邱泽奇[264]，2018），如阿里、京东平台，为买家和卖家提供支撑；众创空间平台为创业者、投资人、企业家、发明家等多种参与主体提供支撑（陈武、李燕萍[265]，2018）。相对于工厂组织，平台组织具有公共性和公共空间的特征，可见，平台的边界已然发生巨变。此外，透过阿里、京东等平台企业，一方面我们看到平台组织的规模远远超过传统组织的规模；但另一方面，平台组织内部的服务或生产小组却在不断缩小，组织形态更加多样化。因此，未来平台理论的研究，如平台生态、平台治理、平台规则演化，将成为组织理论的重要创新方向。

二、人工智能与组织架构重塑

人工智能是研究、开发用于模拟、延伸和扩展人的智能的理论、方法、技术及应用系统的一门新的技术科学，是由人类创造并具有与人类智能相似功能的智能机器。该技术已在机器人、经济政治决策、控制系统、仿真系统中得到应用。未来，随着人工智能进一步渗透生产、生活、消费、工作等方方面面，组织与人的各类数据被连续采集、分析和反馈，人类将日益透明。一方面机器人替代人，为人类让渡大量时间；另一方面，人机并肩协作将成为普遍工作场景。由此，我们可以预见，未来人工智能在组织中的广泛应用，将重塑组织的架构和管理思维模式，组织将从原子思维走向量子管理思维，从科层管理转向共生管理模式。

（一）从原子到量子

17世纪发展起来的牛顿物理学对现代工程力学和管理学产生了深远影响，泰勒提出的管理流程设计和韦伯的科层制理论均受到牛顿力学的思维启发。原子思维正是源自牛顿的原子理论，英国管理学家丹娜·左哈尔在其《量子领导者》著作中提出，“牛顿的物理学说倾向于认为世界是简单、遵守规则、可以预测的。”为此，原子思维管理具有以下几个特点：强调秩序、规则和稳态，强调权威可控，强调管理有规律可循、有范式、可复制，强调组织边界和统一的行为准则，强调个体服从和融入组织。诸多工业文明时期的管理理论均受到原子思维的影响。

当前，人工智能、5G、区块链、物联网技术的出现，正在加速经济社会环境往动态、模糊、高不确定、变迁、复杂情境方向发展。例如，经常暴发的“黑天鹅”事件，促使世界变得难以预测和“混沌”，原子管理思维不再适用。丹娜·左哈尔提出基于量子思维的管理理论适用于网络化、数字化时代的复杂环境，量子管理范式能有效克服原子管理范式下分离、机械、被动、单一、不灵活等缺点（辛杰、谢永珍、屠云峰[266]，2020）。量子思维下的管理推崇变革与创新，强调组织的动态变化，尊重个体的力量与话语权，鼓励自由创新和赋能，放弃权威和自我驱动，强调生命共同体（彭剑锋、陈春花、周其仁等[267]，2019），强调用价值观去约束人性的弱点，强调激活个体，开放融合以及利他商业模式与利他文化。原子管理范式与量子管理范式的对比如表8-1所示。就当前的企业实践来看，海尔的“人单合一”模式，张瑞敏提出的企业平台化、员工创客化的管理思想正是量子思维的体现。

表 8-1　原子管理范式与量子管理范式的对比表

对比维度	原子管理范式	量子管理范式
管理思维	可控制、确定性、可预测	不确定性、不可控、模糊性、不可预测
管理动力	利益和效率	愿景、使命感、价值观
管理假设	具备可预测和稳定性特征	本质上是不可预知和不确定
管控方式	通过层级专制权来进行控制	分布广泛，依靠非层级的网络关系
管理逻辑	自上而下：领导层发动的管理变化	自下而上：变化在组织的任何部分发生
组织结构	金字塔式、科层制	平台、倒金字塔
组织变革	个别领导者设计与决定	自发涌现、组织成员决定
领导风格	管控、长官意志	释放人性、授权赋能
权力结构	集中于少数人手中	分散化、分布式
决策方案	稳定、不灵活、单一	多种可能性、多元视角、随机应变
决策依据	依据客观事实和调查数据	依据动态状态和当下行为
员工定位	被动的生产单元	参与性的合伙人

资料来源：辛杰，谢永珍，屠云峰. 从原子管理到量子管理的范式变迁［J］. 管理学报. 2020，17（1）：12-19.

因此，未来量子管理思维将重塑组织形态，推动组织往小权力中心、量子化公司、生态型组织、自组织方向转变。相应地，基于原子思维构建的管理理论将受到巨大挑战。

（二）从科层到共生

综合前文分析，可知科层制组织结构的特点导致采用科层管理范式的组织很难适应当前强调开放创新和价值共创的时代要求，共生组织将成为一种重要的、可取代科层组织的新组织模式，共生组织是一种基于顾客价值创造和跨领域价值网络的高效合作组织形态，所形成的网络中的成员实现了互为主体、资源共通、价值共创、利润共享，进而实现单个组织无法实现的高水平发展（陈春花、曹洲涛、宋一晓等[268]，2020）。组织内外部交错的知识流、物质流、信息流构成的价值共创关系是共生组织的基础，通过共同促进、共同激活、共同优化获得组织任何一方都无法单独实现的高水平发展。共生组织具有互为主体性、整体多利性、柔韧灵活性、效率协同性的特征，也就是说共生组织通过开放和互联，推动顾客从被动接受者转变为价值创造者，通过组织之间的相互补充和渗透，从竞争中的合作关系转变为创造性合作伙伴，破除了传统自上而下的层级金字塔结构，并进一步对基层授权，极大地激活了组织内部的流动性和灵活性。共生组织一方面给予个体较大的自主性，另一方面也强调资源、能力的分享，以此提升组织整体效率。

因此，在传统科层组织结构被打破的过程中，企业、员工、顾客之间的关系均会被重塑，基于科层结构建立的企业管理理论将在共生组织实践中受到众多挑战，未来需要重新审视和定义相关管理理论的适用对象和边界。

三、机器学习与组织知识溢出模式

组织是一个有机生命体，维持这一生命体活力的途径之一是通过不断的知识创造来能动地适应环境，组织知识管理成为企业适应环境和获得竞争优势的重要方式。知识管理涉及知识创造、存取、转化和应用等一系列相互影响的过程，是一个动态可持续的组织现象（Alavi 和 Leidner[269]，2001）。然而，机器学习能力的提升正在改变组织知识管理的诸多方面，机器学习是使用计算机作为工具并致力于真实实时的模拟人类学习方式，并将现有内容进行知识结构划分来有效提高学习效率（李昊朋[270]，2019）。机器学习使得组织知识的存取、转化、传递、分享、跨界变得更加方便快捷，可以高效管理组织海量的知识资源。知识的共享程度、创造模式和跨界程度均不可同日而语。

（一）从分享到共享

知识分享是知识的拥有者以一定的载体为基础将知识通过交流分享传递给知识接受者的过程（Alavi 和 Leidner[269]，2001），知识本身也在这个传递和接受的过程中不断增值，知识分享发生在个体之间、团队之间、组织之间，甚至跨层次之间。然而，传统的知识分享过程受到分享者所处的知识分享环境和分享意愿的影响，这要求企业通过创造“场”来推动这一过程，但仍然易受到时间和空间的束缚。

机器学习技术的出现突破了知识分享的时空界限，并出现了颠覆传统模式的知识分享方式。机器学习促使知识分享“场”的外延不断被拓展，互联网将全世界的知识网络连接为一体，跨越时空的知识可以在极少的干扰中被分享。机器学习促使知识成为一种边际成本为零的边际非稀缺资源，个体或组织可以高效地获取和建立知识资源库，冗余信息更容易被低成本地提取，跨组织知识分享可以更为敏锐地识别个体的文本和语音（张省、周燕[271]，2019）。机器学习创造了新的知识分享途径，基于大数据技术，个体特质和知识分享场景可以被准确刻画，非正式网络中的知识信息的精确提取极大地激发了个人的知识分享意愿。人机交互技术的发展，推动知识分享者可以从机器学习的反馈和交流中获得更多精准新知识，由传统单纯的知识发送方转变为发送与接收的双重身份，机器学习促使知识分享逐渐向“知识共享”转化（顾丽敏、李嘉[272]，2020）。因此，随着机器学习能力的不断提高，基于传统知识分享模式构建的知识管理理论将受到严峻挑战。

（二）从效率改进到模式颠覆

组织通过创造知识，扩散新知识，将隐性知识转化为显性知识，并将显性知识系统化的方式来提高知识创造效率和质量。当前，机器学习技术的出现，使得消费者、物流、产品、员工等各种过去无法获取的数据变得触手可及。通过特定的机器算法，企业的显性知识进一步增加，且吸收和处理显性知识的能力也有了极大的提高。企业大数据、分布式文档、数据仓库等的普遍应用，使海量的价值数据不断被挖掘和利用。此外，机器学习加速了隐性知识的显性化，一方面，语音、人脸和手势等特征可以在人机交互系统的辅助下快速识别，打破了传统必须通过面对面交流才能产生新知识的方式（李建中[273]，2019）；另一方面，随着机器学习不断对人脑神经网络的探索，未来或将通过脑机接口、神经元模拟系统就可把人脑产生的隐性知识转变为计算机信号，成为可见的显性知识。机器学习也可以将零散的知识进行系统化的组合、模拟和自我学习，例如谷歌开发的 AlphaGo 可以在自我对弈中学习并提升能力，从而产生新的知识。因此，机器学习的出现，已不再是简单地提高知识转换和传递效率，而是彻底改变了传统组织知识创造模式。组织的知识管理理论也将被拓展。

（三）从单一到跨界

机器学习延展了组织的认知边界，信息技术发展到一定程度之前，组织的认知边界被局限在封闭的组织内部。随着信息技术的发展，组织走向开放，知识边界随着组织边界被打破而得以拓展，外界新知识不断涌入，知识的获取、吸收、消化和利用成为组织发展的关键。

机器学习极大地拓展了组织知识获取的广度，从组织内部扩展到全产业链、全社会和全世界，同时提高了组织的开放性。机器学习的精密算法，大幅度提高了组织知识搜索的深度，帮助组织高效甄别有价值的信息，避免知识冗余，强化了知识获取的有效性和效率。此外，机器学习提升了知识的吸收和利用效率，促使知识快速扩散至新产品、新工艺、新流程当中，机器学习也将加速知识的溢出速度，使知识溢出方式不再局限于人，机器也可以成为知识溢出的重要载体。因此，随着机器学习能力的不断提升，知识管理的部分工作将完全被机器所取代，人类和组织认知的局限性将被机器突破到更加宽广的边界范围。当知识管理通过机器实现跨界后，组织知识管理理论也可能被颠覆。

四、新技术影响下的组织构造理论发展新命题

综上所述，数字化时代，数字成为重要的生产要素，正如凯文·凯利在《失控：机器、社会与经济的新生物学》（*Out of Control*：*The New Biology of Machines*，*Social Systems*，*and the Economic World*）中写道，“移动互联时代将是一个‘数据生意时代’”。数字化造就的全连接和零距离对科层理论发起挑战，零边际非稀缺交易对企业边界发起挑战，组织理论创新也迎来了数字化时代的新机遇。基于此，本书提出新技术影响下的组织理论发展的若干新命题。

（一）数字技术驱动下的开放型平台组织治理

数字技术、区块链技术分别从生产力视角和生产关系视角为平台组织的生存、平台组织自治提供了实现依据。那么，数字技术驱动下的开放型平台组织治理问题，可从以下路径展开研究。

1. 平台领袖的形成与治理机制

这一问题需要重点回答：① 平台领袖的领导力如何形成？平台企业通过哪些要素来建构自己的平台领导力，这有助于回答数字技术驱动下的平台企业竞争力建构与传统企业竞争力建构之间的差异。② 平台领袖如何均衡集权与分权？集权有助于平台后端发挥资源配置功能，分权则便于平台前端更好地适应环境，平台企业在“失控”与“统死”之间存在何种平衡阈值，以此保障平台稳定运转而不失灵活性。③ 平台领袖如何管理多样化关系？平台企业通常涉及平台与双边用户间、双边用户之间等多边关系，对这些多样化关系的高效治理，关系到平台自身的竞争力和网络效应。那么，平台领袖企业具有哪些独特的关系治理机制，值得深入探讨。

2. 平台组织有效运转的机制

这一问题需要重点探究影响平台组织管理的数据的来源与运用机制。即平台企业管理数字化的实现方式，以及数字化赋能管理的具体作用机制。区别于封闭组织的平台组织的能力特征或能力模型是什么？平台组织具有开放、敏捷、价值共创、共享、生态等特征，这些相较于封闭组织的优势，将会形成哪些能力模型，有待深度探究。平台组织解决传统组织绩效管理的核心机制怎样？传统组织较多采用平衡计分卡、KPI 等方法来衡量个体或团队绩效，而平台通常采用赋能方式激活员工的创造力，此背景下的平台组织会采用哪些方法来评价个体或团队的绩效。平台组织如何形成有效的治理文化？开放组织的文化相比封闭组织的文化具有更强的可塑性和灵活性，此时的平台组织会采取何种有效的文化治理框架来彰显“我们是谁”身份的独特性？未来，可以海尔、阿里等平台型企业为案例，采用案例研究、扎根理论等方法构建和发展数字技术驱动下的平台组织理论。

（二）人工智能影响下的组织结构重组路径

受到人工智能技术的影响，组织的管理思维从原子思维拓展到量子思维，组织的结构从科层转向共生。虽然，人工智能技术对组织结构重组的趋势不可避免，但当前处于转型时期的组织仍然面临着以下难点。① 管理范式转变影响组织形态重塑的模式或路径有哪些？从原子管理范式切换到量子管理范式，组织的管理方式、假设、动力、权力结构、决策机制等均被重塑，这一重塑过程会通过哪些路径来实现？如领导通过自我意识重塑来推动领导风格、权力结构、决策方式等方面的变化。② 原子管理范式下的科层烙印对共生组织结构的影响机制，共生组织当中仍然存在着职能部门和专业分工，此种科层烙印将对共生组织带来何种惯性影响？组织如何借助 AI 技术，来突破组织惯性或组织烙印对共生组织的影响？ AI 瓦解科层烙印的机理需要被深入探讨。

（三）机器学习影响下的组织知识溢出模式

虽然机器学习可以显著改善组织知识的存储、转化、传递、分享等传统知识溢出过程，但也可能会创造出某种特有的组织知识溢出模式，也可能产生某些负面影响。① 机器学习对组织隐性知识共享的挤出效应。虽然机器学习打破了知识分享的界限，零边际成本的知识越来越多，但隐性知识作为个体独有的稀缺资源，难以被机器学习或模仿，此种情境下机器学习将会对组织隐性知识共享产生何种挤出效应？② 机器学习如何影响组织跨界学习模式？当前，数字技术的发展，促使企业跨界将成为一种常态，企业跨界的目的是为获取有别于自有知识库的相关知识，最终实现探索式创新。为此，机器学习如何为组织甄别界外知识，如何将界外知识与界内知识适配融合等，均关系到机器学习技术影响下的组织跨界学习模式创新问题。

第二节 新技术与组织中的人

中国古代素有“求贤若渴”“巧者有余，拙者不足”“能巧致富”等“重人”思想在这些思想的影响下，出现了鲁班、郑国、李冰、赵过等诸多能工巧匠。生产技术也伴随着人的能力提升而实现跃迁。当前，人工智能等新一代信息技术可以改变组织的效率，也极大地影响着组织结构、权力分配结构、冲突协调管理方式等。传统员工也在丰富信息可得性的影响下开始出现意识觉醒，渴望通过新型员工关系来激活自己的创造力，实现自我价值支配。此外，另一类新型员工——“机器人”开始步入职场，这个职场“新人”的出现将对产业格局、经济格局、组织格局、职业格局产生重大影响。此种情境下，组织管理理论也将迎来新一轮的创新变革。

一、组织—员工关系要素质变：从雇佣到合伙

传统雇佣关系是指受雇人向雇佣人提供劳务，雇佣人支付相应报酬形成的权利义务关系。在传统雇佣关系下，员工属于被管理者，扮演工具人角色，个体的受教育水平普遍偏低，工作技能水平决定其工作成果和质量，工作效率较低的手工业劳动者容易被机械化大生产所替代。

随着智能制造、开源硬件、互联网、3D 打印、数字制造等技术

的发展，创新门槛不断降低，创意转化为现实的机会不断增加。受信息技术的发展和教育水平提高的影响，员工的价值观念出现了质的飞跃，自主创业、自主创新、分享与共享等员工意识被激活。思维层面的解放推动员工劳动形式和手段进一步丰富，员工也从被动管理转向自主管理，与企业进行事业合伙绑定。员工从传统意义的雇员成为企业的股东合伙人和创客合伙人等（李海舰、朱芳芳[274]，2017），如海尔的“人单合一”模式，盛隆电器的“群体老板制”均是新型员工关系的产业实践范例，员工角色与雇佣关系的转变如图 8-1 所示。

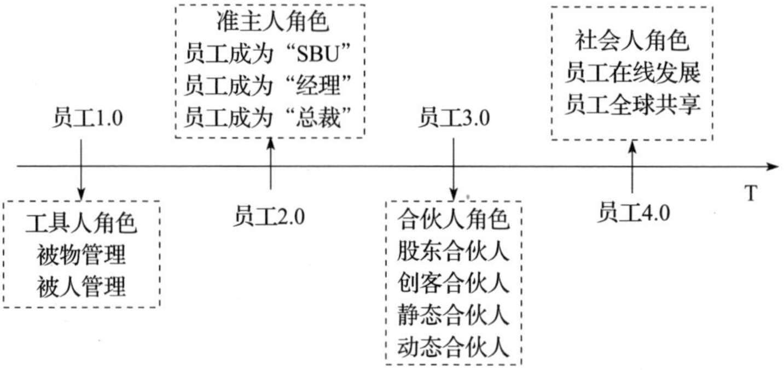

图 8-1　员工角色与雇佣关系的转变

由新兴技术引发的雇佣关系变革，一方面将人从大量的规律性、事务性劳动中解放出来，另一方面个体将从事大量的易变性、非规律性的工作岗位，这使得劳动关系由线性转为外包模式，劳动关系的主体、劳动时间、劳动保障、报酬支付、工作责任、法律救济、劳动风险等众多方面将彻底被颠覆。随着从雇佣到合伙关系的转变，组织管理活动也由内部转向外部，从有界转为无界，从有序进入混沌，从有章可循转为无章可循（刘大卫[275]，2020）。在此种劳动关系的剧烈变革背景下，传统的领导成员关系交换理论、领导理论、劳动关系理论、薪酬管理理论等组织理论可能会朝着新型员工关系方向颠覆、变革或拓展。

二、新员工价值观要素崛起：从垂直到赋能

随着信息技术的发展，组织经历了多次管理革命，如表8-2所示，从以泰勒为典型代表人物的科学管理革命，到以梅奥为代表人物的人本管理革命，到以德鲁克为代表的精益管理革命，再到当前正在进行中的价值共创、创业革命，组织对员工的管理先后经历了从经济人→社会人→复杂人→自主人的假设演化。这一过程，也伴随着组织和个体价值观的巨大飞跃。

表8-2　四次管理革命比较

管理革命	管理议题与代表人物	价值观	代表性企业
第一次管理革命（1901—1940）	科学管理（泰勒、吉尔布雷斯、法约尔等）	经济人假设 以效率为中心	福特汽车
第二次管理革命（1941—1970）	人本管理（梅奥、马斯洛、西蒙等）	社会人假设 以人本位中心	林肯电气
第三次管理革命（1971—2000）	精益管理（德鲁克、哈默、大前研一等）	复杂人假设 以用户为中心	丰田汽车
第四次管理革命 2001年后	价值共创、创意革命、创业革命	自主人假设 以价值为中心	海尔、苹果、阿里巴巴

早期的管理将人类比为机器，随后重新定义了人与组织的关系，提出了X理论与Y理论。因此，早期的管理价值观强调科学的劳动分工、权力与责任、纪律、指挥、统一领导、秩序、人需要激励等，员工的价值观表现为顺从、诚实、能干、负责、助人、谦恭、自尊、聪明、社会认可等。然而，在数字化时代，过去的“火车跑得快，全靠车头带”的管理方式已然被打破，个体更加崇尚现实、平等、

包容、适应、关怀的价值理念，新生代和千禧一代员工更愿意通过互联网高效地发现学习兴趣领域，不再完全相信权威，渴求归属感，注重形象管理和社群关怀，对组织的信任度和忠诚度均在下降，职场社交平台领英发布的《中国千禧一代商业决策者洞察》显示，相比X一代（60后、70后），千禧一代（80后、90后）的决策者表现出更高的跳槽频率。

连接、敏捷、赋能、智慧是当前组织管理的四个核心特征。组织为个体赋能成为当下最为重要的组织管理价值观，赋能更加强调给予挑战和激发动力。组织需要通过权力共享、能力共炼、心力共情方式来赋能员工（忻榕、陈威如、侯正宇[276]，2019），激发员工的创造力、洞察力和感知力；通过合伙机制、价值薪酬、共治的方式来激发个体的成就感和合作精神（曹仰锋[277]，2019）。如韩都衣舍“产品小组”运营结构，产品小组可得到来自7个支撑体系的赋能，最终转变为促进企业发展的巨大动能，成就了韩都衣舍的销售奇迹。为此，通过赋能充分释放和激活个体的价值是数字化时代组织变革的新挑战和新方向。

综上，可知，当前组织正在经历从垂直的等级管理价值观演变为平台赋能个体的价值观，从对个体的监控管理到如何激活个体的蝶变过程，这一过程也将推动组织管理理论再次革命。

三、智能机器成为组织中的“人”要素：从人机协同到人机交互

近年来，数字技术的发展推动工作场所出现了一类“新员工”——智能机器人。从餐厅服务员、无人超市、自动驾驶、无人快递到智能化工厂，都出现了智能机器人与人类并肩工作的场景，人机协同提升至人机交互水平。

人机协同管理理论是泰勒第一次在科学实验的基础上提出的，科学管理的目标是生产效率最大化，工业生产效率由两方面的因素决定：一是机器一类的生产设备或劳动工具等客观条件，二是工人的劳动技能、操作方法及工作态度等主体条件。生产效率的最大化，是机器与工人相互协调、有序运转所形成的“倍增”效率，即人机协同成为高生产效率的源泉。泰勒的人机协同机制是指生产工具与生产流程系统化、生产过程组织化、工资激励差别化和工作方式标准化。

新算法、工业物联网、虚拟现实技术的广泛应用，使得机器变得越来越“聪明”，人工智能促使人机交互模式成为可能，人机交互技术是研究系统和用户间交互关系的技术，人机交互从原始的图形界面交互逐步转向语音交互、手势识别、脑机接口等方向。虽然“新员工”的应用可以取代大量的操作性岗位和知识管理工作，但“新员工”与“老员工”并肩工作也对管理理论提出了新的挑战，信息技术是解决人机交互之间的知识集成和应用的关键环节，如图 8-2 所示，主要包括机器与机器、人与人、人与机器之间数据与信息的传递与

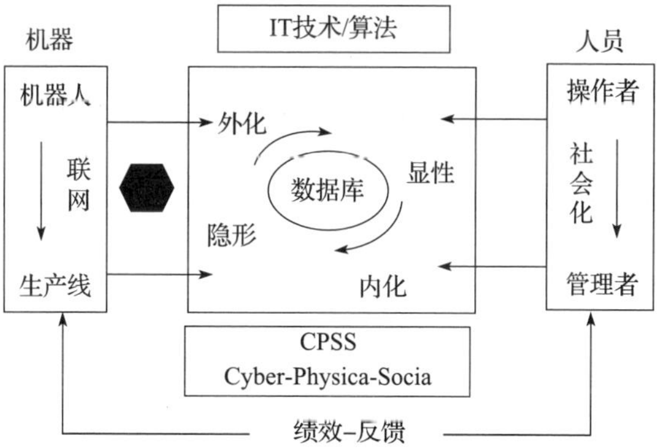

图 8-2　人机交互模式知识管理

资料来源：任宗强，刘冉. 人机交互模式下企业知识管理平台研究［J］. 技术与创新管理，2017，38（5）：526-529.

转化，这种人机交互过程需要人与机器能够深度学习、理解、诱导和适应对方，才能实现协同进化（任宗强、刘冉[278]，2017）。人与机器之间的知识管理、决策冲突、界面障碍等问题将成为组织理论创新的新方向。

此外，机器人通常无法准确理解人类的情感，为此，工作场景中的情绪管理、冲突与协调管理、安全管理也将成为难题，人与机器的“混合型”工作团队，要求对人和机器进行培训，以达到最佳的团队协作状态，并通过技术的“民主化”来改善人机互动。

四、AI 重塑职业格局：旧职业替代与新职业诞生

尤瓦尔·赫拉利在《未来简史》一书中畅想了未来随着人工智能的发展，AI 将取代大量的职业，部分人类成为“无用阶级”，到 2033 年，保险和电话营销人员的失业率为 99%、服务员 94%、律师助手 94%、公交车司机 89%、建筑工人 88%、安保人员 84%、档案管理员 74%、木匠 72% 等（Harari[279]，2016）。在中国的产业实践当中，中国智造的典范——上海通用金桥工厂，386 台机器人组成了中国最先进的制造业无人工厂。此外，阿里无人仓、京东“亚洲一号”无人仓、“无人水饺工厂”、富士康自动化生产线、李群自动化（国内首条足球自动化生产线）等都预示着在不远的未来，AI 将重塑现有的职业格局，大量的旧职业将被替代，新职业也将诞生。

中国十分重视人工智能的发展，早在 2017 年 9 月，国务院下发了《新一代人工智能发展规划》，提出到 2030 年中国人工智能理论、技术与应用总体达到世界领先水平，成为世界主要人工智能创新中心，人工智能核心产业规模超过 1 万亿元，带动相关产业规模

超过 10 万亿元。据 iiMedia Research（艾媒咨询）发布的《2020 中国人工智能产业白皮书》显示，2020 年中国人工智能产业融资规模为 1402 亿元，八成受访企业表示对人工智能重视程度较高，近六成企业表示未来会重点布局人工智能。交通场景和医疗场景是受访网民最受关注的人工智能应用场景，分别占比 45.2% 和 40.5%，预计在 2025 年将超过 4000 亿元，中国将成为全球最大的人工智能市场。可以预见，未来中国的人工智能技术与应用将高速发展，企业高质量发展也将迎来突破，中国的职业与就业模式也将在危机与机遇中曲折探索。现有研究认为在弱人工智能时代，低端服务业（包括餐饮、批发零售、治安、厨师、理货员等可预测体力劳动者）、传统低端制造业（包括生产、库存、检验、装配等）以及会计、审计、金融和保险业被 AI 替代的概率最高。据中国银行业协会的数据显示，截至 2016 年末，工商银行共减少柜员 14090 人，农业银行减少 10843 人，建设银行减少 30007 人，而 2016 年银行业金融机构离柜交易达 1777.14 亿笔，同比增长 63.68%，离柜交易金额达到了 1522.54 万亿元，行业平均离柜率达到了 84.31%。在强人工智能时代，在医疗领域，远程会诊、预约挂号、慢病管理、在线咨询等职业被取代的可能性超过 60%。据爱分析（2021）发布的《中国人工智能应用趋势报告：新基建助推人工智能应用迈入新阶段》研究报告显示，截至 2020 年 11 月，深睿医疗 Dr. Wise® 人工智能医学辅助诊断系统已累计完成胸部 CT 影像 AI 辅助诊断 2569 例、胸部 DR 人工智能辅助诊断 8853 例。在教育培训领域，基础课程教师、行政管理人员、助理教师被取代的概率超过 75%。在养老行业领域，被取代的岗位将超过 42%（何勤[280]，2019）。

由此，不难预见，随着 AI 技术在政务、公共服务、企业、金融、教育、医疗等领域的深度应用，大量的职业类型将被替代，数据挖掘等新职业将走向前台，在此背景下，与职业或岗位相关的组织理论，如霍兰德的个人—职业匹配理论、职业决策模型、金兹伯格和苏帕尔的职业选择理论、施恩的职业变动理论、职业道路理论等都可能迎来新的理论变革。

五、新技术影响下的组织中人的发展新命题

综上，人工智能技术的发展将推进从人机协同到人机交互的纵深发展，人机交互并肩工作的场景将对传统的完全由人主导的工作场景发展起来的组织理论发起挑战，如团队管理理论、培训相关理论、情绪管理理论、情感理论、冲突理论、文化理论、职业等都可能发生不同程度的改变。基于此，本书提出新技术影响下的组织理论发展的若干新命题。

（一）新技术影响下的雇佣关系重构路径

未来机器人——“新员工”的大量使用，使得大量规律性、事务性的工作岗位被取代，但也会对人力资源管理中的雇佣关系带来巨大挑战：①“新员工”对传统稳定雇佣关系的侵蚀机制是什么？劳动关系主体、劳动时间、报酬支付、劳动保障等将发生何种转变？②“新员工”加入组织后，传统雇佣关系将如何转变？独立承包、合伙制、个体工商户等多元化方式可能会成为替代传统雇佣关系的主要模式，这些模式具有哪些形成机理？③“新员工”加入组织后，传统雇佣文化如何传承与变革？雇佣文化往往是企业领导人或领导集体的价值理念在组织内部长期积淀形成的，但“新员工”加入组织后，长期雇佣、稳定雇佣等“选、育、用、留”雇佣文化理念可能会消逝。那么，企业的雇佣文化该如何在变革中传承，以彰显组织

独有的文化烙印?

(二)新技术影响下的员工工作价值观转变方向

“新员工”加入组织后，老员工转向易变性和非规律性岗位，在这种不确定性和模糊性越来越高的工作岗位中，秉持“安分守己”工作价值观的员工将面临更多的职业挑战，而坚持“自我激活”工作价值观的员工则可能获得更高的自我实现。①“新员工”的介入，员工工作价值观将发生何种转变?随着“新员工”的广泛应用，以创造性工作为主的员工将成为工作场所的主力军，“说走就走”，忠于专业而非组织等工作价值观可能成为新的工作价值观。为此，在人工智能等技术影响下的员工新工作价值观值得关注。② 组织激活和释放个体价值的赋能路径是什么?数字经济时代的员工需要赋能，以帮助他们更好地面对不确定性挑战，合伙、共治、共享、共炼、共情、共创、体验都可能是组织为个体赋能的重要路径，那么，组织如何构建这些赋能路径，分别具有哪些模式，有待深入研究。回答这两个命题，一方面对了解机器人技术广泛应用背景下，员工工作价值观的转变方向具有重要意义；另一方面也对组织构建智慧、赋能、连接、敏捷的组织激活体系至关重要。

(三)智能机器参与下的人机并肩工作场景模式

“新员工”加入组织后，“新员工”与老员工并肩工作成为普遍的工作场景，由此引发的问题也亟待深入探讨。①“新员工”与老员工之间存在何种互补或冲突机制，例如人—机之间的知识互补机制，工作协同机制，机器对指令的错误理解引发的后果冲突。② 人—机互动增加和人—人互动的减少，将如何影响员工的工作情绪和工作行为。与冰冷的机器并肩工作，人的情绪很难被机器感知，也无法在人—机互动过程中释放。由此，可能引发新型的情绪劳动和工作场所压力，而带来不良工作结果，如情绪劳动的增加产生的工作偏差行为，工作场所幸福感和体验感下降等。③人机并肩工作场景下，人改变技术，还是技术改变人？也就是说在与智能机器工作的过程中，智能机器可以将人的行为或心理活动过程转换为数据，诊断人的优缺点，进而有针对性地提升人的能力，即人被技术改造。反过来，人也会发现智能机器的技术漏洞，再通过技术研发或升级来提升机器性能，即人改变技术。这一问题已经成为组织管理理论面临的新课题。

（四）AI 影响下的职业重塑模式、路径、影响等理论研究

无人工厂、智能客服、智慧管家、虚拟导师、智能自诊等 AI 机器人的深度应用，职业替代已然逐渐成为发展趋势，这将对职业管理带来诸多挑战。① AI 影响下的大量职业替代，导致就业和再就业问题成为一大难点。霍兰德人职匹配理论中的实际型、传统型、社会型，以及企业型中的部分职业（如销售）将被替代，这就意味着研究型、艺术型职业将成为人类赖以生存的职业主流，具有高替代风险的职业类型群体将如何再就业？霍兰德人职匹配理论可能产生新的职业类型划分，需要我们深度探讨 AI 影响下的职业重塑模式有哪些。②世界经济论坛发布的《2018 未来就业》报告预测到 2022 年前，机器学习和自动化的发展将会减少 7500 万个工作岗位，但同时，一些技术会产生约 1.33 亿个新的工作机会。那么，在 AI 技术的影响下，为适应新旧工作岗位的转换，个体的职业重塑路径又将发生哪些变化？传统的职业晋升通道将会被打破，个体将通过哪些方式来进行职业决策、选择和变动？个体将通过哪些路径来提升人力

资本？③ 随着大量的可预测性岗位被 AI 取代，数据挖掘等创造性工作岗位逐渐成为主流职业，传统量化标准的培训、考核、薪酬、绩效等人员管理体系也将逐渐淘汰，随之而来的问题是企业如何重塑全新的人员管理体系、文化等？这需要深度研究 AI 在重塑企业职业的过程中，组织将受到何种影响，组织如何在协调人与 AI 的关系过程中建立全新的管理模式。

第三节 新技术与组织管理新模式

近年来，阿里提出了“新零售”，京东倡导“第四次零售革命”，苏宁云商提出发力“智慧零售”，电商直播等一系列因互联网技术而诞生的新市场不断涌现，长尾市场得到较大发展。新市场的出现与企业—客户关系的转变不可分割，企业对顾客的关系已从单向价值输出转到了价值共创模式，从满足大众消费为主转变为兼顾个性化消费需求，从传统的强调渠道为王走向了社交电商模式。从“传统消费”到“新消费”的底层逻辑转变也推动组织对员工管理的逻辑从严格管控转到权力共享，因此，新市场的发展也将驱动组织理论发展。

一、价值共创颠覆“共情”模式：单向价值输出到价值共创

2014年《哈佛商业评论增刊：大数据时代的营销变革》中的《大数据颠覆市场营销》一文中提出，75%的客户已经不再相信商家通过广告推广的产品，消费者会主动搜寻消息、拣选信息、比价、筛选。技术催生的网红经济正在改变消费生态，近年淘宝“双十一”活动中，网红销售的衣服占比达到七分之一。从上述变化中可知传统企业为主导的营销模式正在向企业与消费者及消费者之间的互动转变，相应地，企业与消费者间的协同演化从价值提供转到价值共创（吴瑶、肖静华、谢康等[281]，2017）。

传统工业经济时代，以产品为主导逻辑的价值创造逻辑，是从企业到消费者的单向价值输出模式，企业通过资源整合来满足顾客需求，为此，规模化、产品化、中心化、组织间协作、强化控制影响着组织绩效（刘江鹏[282]，2015）。遵循产品主导逻辑的营销方式以4P组合和交易策略为核心，市场需求的满足基本由组织来控制，企业与消费者之间缺乏互动交流。

互联网的出现极大地改变了企业与消费者之间的互动模式，消费者由被动接受转为主动价值创造，消费的权力地位不断提升，可选择的权力和对企业的深度参与也在不断增强（Howells[283]，2005），消费者与企业之间的沟通方式也因互联网变得日益紧密和多样化。为此，互联网促使企业从产品主导逻辑逐步向以服务主导的逻辑转型，服务主导逻辑是解释企业与消费者价值共创的重要理论（Vargo和Lusch[284]，2008）。其中，“价值共创”是指服务提供者与消费者在直接交互中的联合行动，“服务”是指行动者（企业或消费者）为提高其他行动者收益或自身收益而采取的专业化的能力应用（Vargo和Lusch[285]，2004）。相对于产品主导逻辑，服务主导逻辑的特殊性体现在三个方面：一是互动是价值共创的基础。价值主张由生产者提出，但不由生产者独立创造，价值的界定由受益者决定（Gronroos和Voima[286]，2013）。二是经济交换以服务为基础。企业的产品是为解决消费者的问题而提供的（Bettencourt和Ulwick[287]，2008），价值由企业和消费者共同创造。三是聚焦无形资源。消费者可以通过自身的技能、资源和知识，以社会互动的形式来参与价值共创（Fyrberg Yngfalk[288]，2013）。

因此，互联网等新兴技术颠覆了传统竞争环境，产品因技术的更新而不断快速迭代，产品难以成为维持企业长期竞争优势的源泉（刘江鹏[282]，2015），无形的服务和互动成为企业价值创造的重要来源，企业从单向价值输出转为互动过程中的价值共创，这就必然要求组织对基层员工充分授权，以满足针对动态市场环境做出快速的决策，为此，基于产品主导逻辑构建的组织竞争理论、组织能力理论、组织网络理论等组织理论必将受到服务主导逻辑情境的挑战。

二、个性化制造引领组织定制模式：大众化到个性化

随着互联网平台消费模式的兴起，传统的“千人一面”模式正在逐渐被“一人千面”所替代，从依赖“传媒”逐渐走向依赖“人媒”，口碑、粉丝等热词已然成为个性化消费模式的“代言”，据麦肯锡的调查数据显示，75%的消费者是根据社交媒体上的信息做出购买决定，69%的消费者通过社交媒体分享过网购链接。从大众化到个性化消费市场的转变也折射出组织管理层面的变革。

“广而告之”体现了大众化消费时代的核心特征。企业产品的设计与生产主要面向大众市场，流水线、规模化定制、大批量生产、大众营销是组织特征，属于典型的伍德沃德时代的工厂组织模式和金字塔式的管理结构。社交媒体的崛起，促使用户与企业的关系，从基于曝光逻辑的单向沟通模式，逐渐走向双向沟通和互动的“恋爱模式”。社交网络的发展，促使消费者更加追求个性与自我，消费决策更加专业与理性，数字化和场景化消费需求不断提升，关键意见消费者（Key Opinion Consumer，KOC）应运而生，成为这个时代新消费精神具体而深刻的表达。抖音、小红书、微博、微信等平台正在成为个性化消费聚集地，如小米的粉丝社区，数据化、智能化、网络化的协同互作，促使企业从大批量的生产模式到用户反向定义的小量（个性化）定制模式转变。社群制造正在成为快速、精确地响

应消费者个性化需求的重要模式，如图 8-3 所示，社群化制造是一种支持分布式产消者以社群众包的方式共创个性化产品及服务的大规模个性化（Mass Individualization）制造模式。大规模个性化制造模式是指在海量客户对某一类产品各式各样的个性化需求驱动下，制造商通过各类感知与分析工具获取消费者全方位的需求、喜好与行为数据，根据这些数据生成个性化订单，以订单信息流为主线，整合价值链上的制造资源，驱动整个流程的个性化生产，每道工序通过扫描在制品的个性化电子标签，在选材、加工、装配等环节进行不同的操作（江平宇、冷杰武、丁凯[289]，2018）。

因此，从大众化到个性化的新市场转变，以及个性需求大规模社会化、资源社群化、媒介社交化、去中心化的社群化制造模式的出现，必然导致基于传统大规模定制、标准化、批量化生产情境构建的组织理论受到严峻挑战，用户与组织间日益增强的相互渗透必然引起组织结构、组织资源、权力配置、组织价值创造、组织交易等相关理论的新突破。

三、社交电商驱动组织去中心化裂变：渠道为王到社交电商

销售渠道是指某种产品从生产者向消费者或用户转移过程中所经过的一切取得所有权的商业组织和个人，即产品所有权转移过程中所经过的各个环节连接起来形成的通道。传统的销售模式是厂家—各级经销商—各级批发商—零售店—消费者，因此，商场渠道、连锁渠道、经销商渠道、代理商渠道、专卖店渠道等是传统企业市场竞争模式，占领渠道即占领市场高地，这种线下渠道为王的模式依赖于实体店铺的数量和网点密度，如常见的苏宁、大润发、万达、沃尔玛等实体商业综合体。

重要伙伴	关键业务	价值主张	客户关系	客户细分
PP：大众产消者之间的去中心化自组织协作关系	PP：网络服务	PP：专注创造价值，增值型的价值主张和高度个性化服务	PP：鼓励客户参与共同创造价值	PP：价值和渠道聚集于大众客户，以不同的价值主张迎合不同需求的客户细分群体
SM：大众产消者之间的制造社群协作关系	SM：知识管理	SM：专注创造价值，增值型的价值主张和高度个性化服务	SM：利用社群与客户建立深度联系	SM：与在细分群体间的市场有所不同，同一社群的客户具有相同的需求
P0：为开发新业务而构建的优化的供应商关系	P0：问题解决	P0：创造和维持最经济的成本结构，采用低价的价值主张和广泛外包	P0：向高净值客户提供生产服务	P0：服务于两个或更多的相互依存的客户细分群体（组织内）
VE：为确保可靠供应的战略联盟关系	VE：制造产品	VE：创造和维持最经济成本结构，采用低价的价值主张和最大程度优化配置成本	VE：识别一类客户及其特点以整合资源	VE：针对企业又是细分出来的市场特定需求定制（组织外）

	核心资源		渠道沟通	
	PP：知识资产		PP：自由渠道，去中心化对点交互	
	SM：知识资产		SM：自由渠道，合作伙伴渠道的混合	
	P0：人力资源		P0：组织内直接交互的合作伙伴渠道	
	VE：实体资产		VE：组织外非直接交互的合作伙伴渠道	

成本结构		价值来源	
PP：价值驱动	P0：成本驱动	PP：终端消费者的体验	P0：通过特定的服务收费
SM：价值驱动	VE：成本驱动	SM：知识产权授权使用	VE：销售实体产品的所有权

PP：人人制造　SM：社群制造　P0：生产外包　VE：虚拟企业

图 8-3　社群化制造模式与其他相近概念的九宫格画布模型比较

资料来源：江平宇，冷杰武，丁凯. 社群化制造模式的边界效应分析与界定［J］. 计算机集成制造系统，2018，24（4）：829-837.

然而，互联网的发展，促使阿里、京东等电商平台崛起，对传统线下渠道造成巨大冲击，B2C、B2B、C2C 模式直接压缩了线下多级渠道传递模式，特别是近年来以拼多多为典型的社交电商模式彻底颠覆了渠道为王和传统电商模式。社交电商是将社交能力嵌入电子商务从而形成的多功能的商业模式，其既能发挥沟通、互动、分享等社交优势，又能发挥传统电商的交易优势（陶梅[290]，2020），社交电商演化过程如图 8-4 所示。

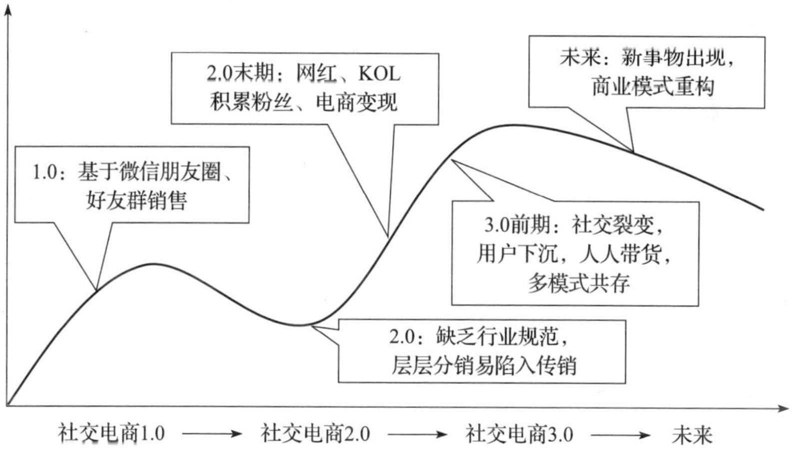

图 8-4 社交电商演化过程

资料来源：QuestMobile 研究院。

社交电商的发展得益于社交媒体技术的发展，社交媒体是在线媒体的总称，具有参与、公开、交流、对话、社区、连通的特点，能够赋予每个人创造传播内容的能力（Mayfield[291]，2008）。汤姆·斯丹迪奇（Tom Standage）在其畅销书《社交媒体简史：从莎草纸到互联网》（*Writing on the Wall*：*Social Media-The First 2, 000 Years*）中，详细描绘了数千年来的社交媒体进化脉络，从遥远的古代文明到当今的互联网信息时代，从远古时期，猿猴通过梳毛联络彼此感情，到现代社会中的博客、Facebook 等多样化社交媒体的新样式（Standage[292]，2013）。移动互联时期围绕着点评、图片分享、问答、视频分享、电商社交等场景诞生了一系列社交应用，如Instagram、Snapchat（阅后即焚）、Twitter、Bilibili、QQ、微信等。社交媒体广泛应用于教育、知识管理、健康管理、营销、社区管理、金融等众多经济社会发展、民生、行业发展、企业管理领域。

相较于传统渠道为王或传统电商模式，社交电商的优势体现在三个方面。一是社交电商由搜索式购买转为“发现式”购买，不再采用传统的竞价排名盈利模式，而是通过消费者的社交分享过程来刺激冲动型购买。社交电商将长尾商品引入消费者视线，基于内容推荐和信任关系选择商品，而非购物分享评价。二是社交电商采用去中心化模式，每个消费者即是中心，消费者之间的互联互通构成产品传播网络，避免了传统阿里、京东采用“流量批发”方式造成的中小长尾商户被“淹没”的困境。三是社交电商模式，长尾商品获得了更为广阔的发展空间。如图 8-5 所示 ZARA 设计师、商店与

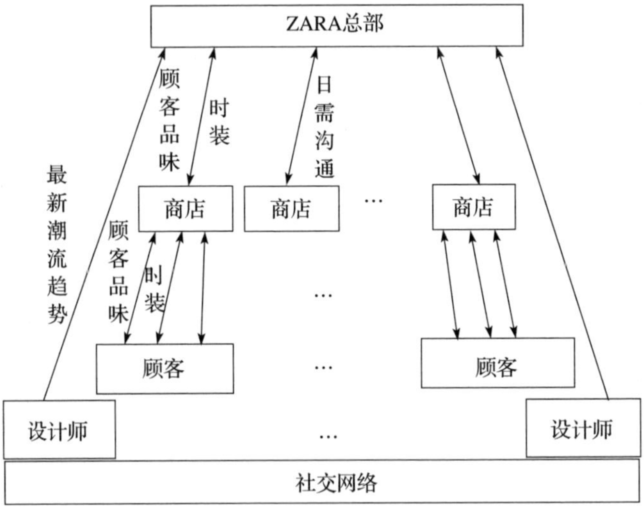

图 8-5　ZARA 社交化创意获取模式

资料来源：刘程. 社交化时代下的组织变革新趋势［J］. 科技创新与生产力，2014（11）：5-8.

顾客建立起的价值共创社交网络组织结构。社交网络能够满足个性化、小规模制造、单件小批量生产、多品种、众包、去中心化等社会需求（刘程[293]，2014）。

四、新技术影响下的组织管理模式发展新命题

综上可知，组织由渠道为王走向社交电商模式的过程中，也对组织变革带来了巨大挑战——社交型企业该如何变换组织形态，才能使企业以更加灵活的姿态拥抱社交化带来的竞争优势。当前兴起的社群制造、自组织、平台组织、共生组织等都可能成为适应社交电商模式的组织结构，组织结构理论等也将随之迎来新变革。基于此，本书提出新技术影响下的组织理论发展的若干新命题。

（一）价值创造转向影响下的组织创新路径

从工业经济时代的产品主导逻辑的单向价值输出模式，转到互联网时代的服务主导逻辑的价值共创模式，组织的创新过程迎来了新的挑战。①适应价值共创的组织创新路径与工业经济时代的组织创新路径有何不同？工业经济时代的组织创新基于企业资源禀赋来控制组织的创新过程，主要通过技术积累来提升企业创新能力，组织技术创新管理的重点是技术壁垒、知识管理和人才管理，市场需求对技术创新的影响度较低。而互联网时代则以市场需求的满足来控制组织创新路径，此时，用户的数字化参与对企业创新过程的影响至关重要，组织技术创新管理需要重点关注用户的数字化参与模式与组织创新模式创新之间的关系，未来需要构建用户数字化参与下的企业创新过程模型。②参与组织价值创造的主体

发生了何种变化？与之对应的组织创新模式会发生何种转变？早期组织价值创造的主体主要来自科学家、发明家、企业家、特殊消费群体等精英阶层。互联网时代，普通消费参与企业价值共创的现象越来越普遍，这将颠覆基于精英群体构建的组织创新路径，为此，数字技术影响下的多主体参与的组织价值创造理论有待深入研究。

（二）个性化崛起影响下的组织制造模式

互联网的发展，促使曾经被忽视的长尾市场逐渐成为企业争夺的关键消费市场，定制化、社群化组织制造模式正在快速发展，这种由于消费者个性化崛起而引发的组织制造模式变革引起了学者的广泛探讨。①为迎合个性化消费，组织如何设计适应个性化消费的场景化、数字化消费模式，以帮助组织获取关键意见消费者，并使之能够在产品当中得到表达，为此，未来需要重点探究适应数字化消费的组织类型、结构和特征。②适应个性化消费的组织社群化、数字化或场景化制造模式具有何种特征，组织的运营模式是什么等，这些问题亟待回答，也是亟待解决的组织管理关键命题。

（三）社交电商影响下的组织结构变革

将社交能力嵌入电子商务形成的社交电商模式，塑造了传统电商不曾有过的优势，在阿里、京东、拼多多等电商平台中均有体现。社交电商模式的发展，需要组织通过强有力的结构变革来支撑，而这一过程仍有诸多问题待深入研究。①什么样的组织结构更加适合社交电商商业模式？社交电商要求适应发现式购买、去中心化、关注长尾商品，这就意味着能够对快速环境变化和市场需求变化保持敏感性并做出及时反应的组织结构至关重要，这样的组织结构具有何种特性，具有哪些组织形式？② 传统科层制组织如何向适应社交电商需要的组织结构转型？具有哪些转型模式或路径？转型过程中，组织权力、职能部门、协作机制等将发生何种变化？这些命题的解决将成为新市场影响下的组织理论创新来源。

第四节　新技术与中国组织理论的发展

随着互联网等新兴技术的发展，组织的生产网络、协作网络、沟通网络、研发网络等均已发生巨变，组织内部的沟通网络从初始简单的上行或下行链式沟通发展为全网络沟通模式，组织外部的沟通网络从简单的产业链沟通网络发展到跨行业、跨区域的全球沟通网络。特别是近年来，随着中国倡议的“一带一路”深度发展，中国企业“走出去”越发频繁，此外，受新冠肺炎疫情的影响，中国企业的本土管理实践也在发生着剧变，百度、海尔、小米等众多企业在面临越发复杂的社会环境时，能够不断地融合数字技术来克服“大企业病”，联想、苏宁、京东等也加入了“共享员工”的潮流，中国本土企业在危机中反而呈现出强大的组织韧性，这也正是中国传统管理中顺“道”、重人、利器、对策等管理思想的直观体现。在此背景下，借助数字技术、人工智能等新技术实现组织转型的本土企业管理实践，将极大推动基于中国情境，特别是蕴含中国传统管理智慧的组织理论，如跨文化、全球领导力、组织网络理论等，实现跨越式发展。

一、中国企业组织构造变革：从单极化到全球化

企业可以基于互联网建立起跨越时空的生产协作网络，因为互联网技术促使知识的获取和共享成为可能，基层员工可以更加便

捷、快速地获取信息资源，基于信息资源的权力控制被打破，越来越广泛的横向和纵向协作分工要求分权和共享信息，单向网络成为抑制组织发展的障碍，全通道或全球网络才能构筑组织竞争优势。

（一）组织内构造变革：单极沟通到全部门协作网络

组织内构造变革主要是同一组织内部构建起从单极沟通到全部门的协作网络，如图 8-6 所示的韩都衣舍“产品小组”运营结构，韩都衣舍有 300 个左右的前端产品小组，在中后台则建立起 7 个支撑体系。在日常的运作中，产品小组将得到来自 7 个支撑体系的赋能。韩都衣舍一方面保持前端团队规模的小型化和灵活性，更

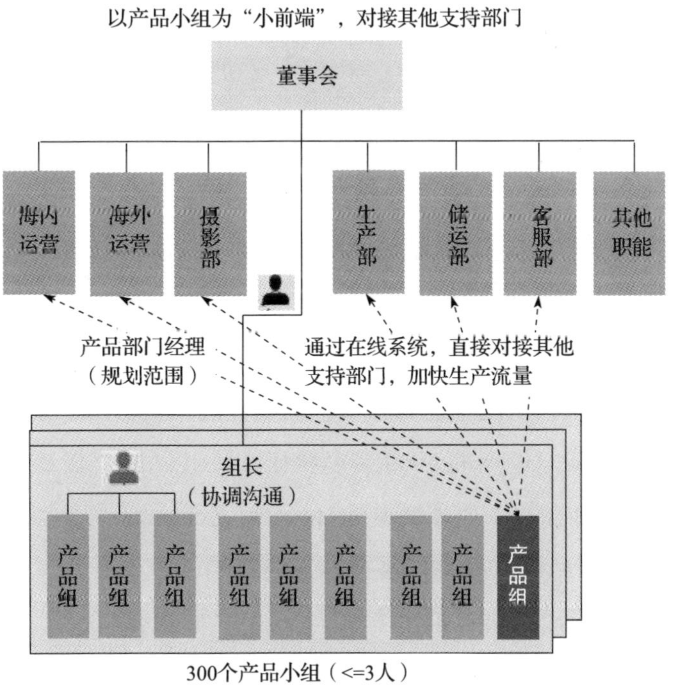

图 8-6　韩都衣舍“产品小组”运营结构

好地匹配市场需求并进行创新；另一方面，也通过后台赋能平台去有效地保证每一条业务线的高效运转，为试错和规模化提供可能性。韩都衣舍产品小组对产品设计、产品生产和品牌运营等方面的事务都有决定权，管理层只是设定业务方向和宏大目标，而不会提出详细的行动要求。中层管理在不同前端团队间相互协调，保持内部的战略协同（Candelon 等[294]，2016）。

由此可见，以韩都衣舍为代表的，基于互联网技术优势探索建立的中国本土平台型结构组织管理实践，成为引领中国企业由传统金字塔层级结构，通过互联网等新技术实现转型升级的典范。学术界也正基于韩都衣舍案例，在不断探索和构建数字化人力资源管理、平台化商业模式、新技术影响下的组织创新机制、组织从赋权到赋能等中国本土企业组织管理理论。

（二）组织协作构造变革：单极区域到全球协作网络

组织协作构造变革是组织构建的从单极区域到横跨全球的协作网络。如图 8-7 所示的企业全球跨域组织网络演变模式，组织从最初的中心边缘型网络，到星型网络，再到全球协同创新网络，全球市场成为研究活动的核心，中央创新中心消失，各个组织之间的网络协调活动日益紧密（陈武、陈天子、李燕萍[295]，2019）。如波音 777 是第一个通过实时信息技术协作而设计的飞机，由分布在 2 个国家超过 20 个试验地点的 5000 多名科研人员共同研究设计完成，研制的时间从传统的 52 个月缩短至 18 个月（Schwarz[296]，2002）。华为公司也因产品研究战略的需要，其组织网络经历了从“民族中心→地域中心→研发中心”的单极到全球研发网络的演变。

以华为为典型代表的本土“走出去”企业，成为研究中国企业走向发达国家和发展中国家的典型案例，为研究者构建跨越“本土—

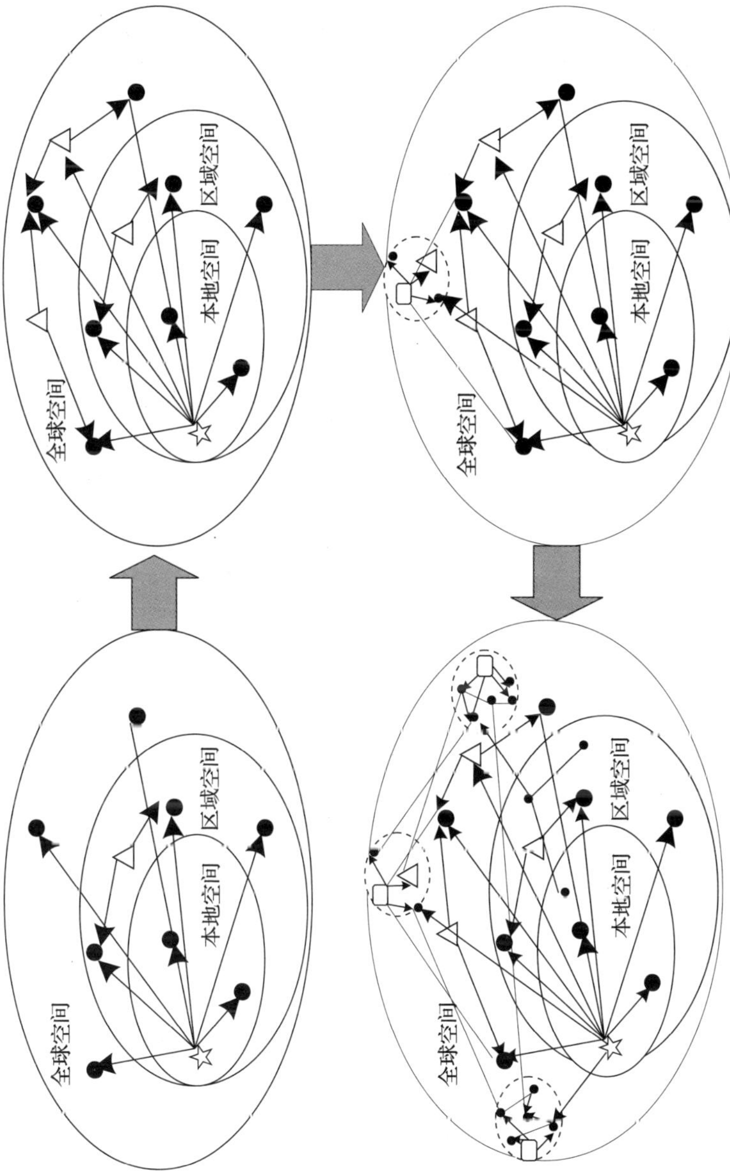

☆ 跨国公司总部 △ 销售、研发等职能总部
• 供应链成员企业；生产基地 □ 跨国公司地区总部

图 8-7 企业全球跨域组织网络演变模式

资料来源：《中国总部经济发展报告（2012—2013）》。

区域—全球”网络空间的新型组织结构理论提供了契机，也将推动发展中国家企业构建全球协同创新网络的发展。

综上可知，无论是新兴技术引发的组织内部的网络演化，还是跨域的网络演化，都将对组织内外的相互依赖性、协调机制、权力分配机制、产业结构、组织边界等造成冲击性重塑。基于科层的管理范式和格局将被打破，如内部协作网络的变化导致以集中控制为主的纵向员工分工体系，被横向协作和分工所取代。个性化、定制化、多样化的产品和服务需求倒逼“大公司”通过瘦身向“小公司”转化等。因此，组织网络的演化，也将促使已有的组织协调、组织依赖、组织结构等组织理论发生重构。随着中国本土企业管理实践的不断推进，中国组织理论也将迎来更多的本土原创理论。

二、中国企业组织文化变革：从单一文化到跨文化

马克思、恩格斯曾经深刻指出：“资产阶级，由于开拓了世界市场，使一切国家的生产和消费都成为世界性的了。”“过去那种地方的和民族的自给自足和闭关自守状态，被各民族的各方面的互相往来和各方面的互相依赖所代替了。”荷兰学者吉尔特·霍夫斯泰德曾说过：“除非受到允许，在德国什么事也不能做；除非受到禁止，在英国什么事都可以做；即使受到禁止，在法国也是什么事都可以做。”特别是随着经济、金融、市场、生产、人才流动等的全球化浪潮，以及智能手机、平板电脑等智能终端的普及和跨国公司的高速发展，全球文化交融的趋势已然不可阻挡。组织从单一文化到跨文化的转变正在深刻影响着组织的变革和发展。

（一）组织内多元文化融合

组织内部正在从单一文化到多元文化交融，如图 8-8 所示，文化关联层次模型表明组织内部的文化受到组织、个体、群体、职业、民族等文化要素的影响（Karahanna 等[297]，2005）。如 X 一代和千禧一代的个体有着诸多截然不同的文化观念，在我国，千禧一代的受教育程度和受到互联网的影响远远高于 X 一代，他们对个性、开放、自由追求更高，X 一代则更加传统和稳重，尊重组织的权威。人与人之间的交互模式从传统的线下模式转为以线上为主，线下为辅的模式，一部智能手机成为沟通和价值创造的中心，时间和空间交互距离的缩短也使个体相对于群体越来越重要，群体面临分化，小群体和虚拟群体成为文化管理的常态。此外，机器人的大量使用，也将对组织内部文化造成冲击，例如，如何平等对待机器人或将成为亟待思考的问题。

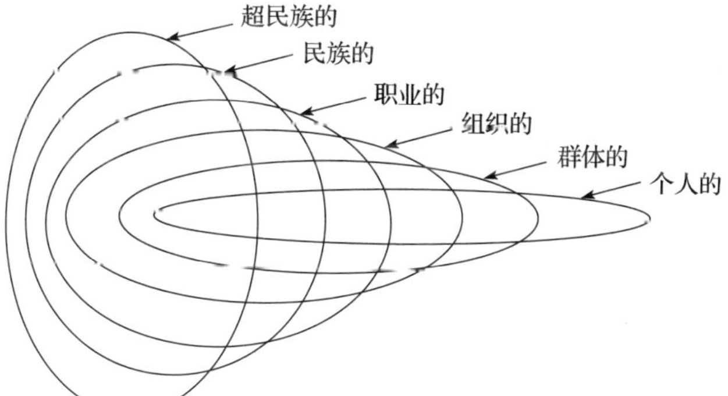

图 8-8 文化关联层次模型

资料来源：Karahanna E，Evaristo J R，Srite M. Levels of culture and individual behavior：an integrative perspective［J］. Journal of Global Information Management，2005，13（2）：1-20.

由此，中国企业正在经历 X 一代、新生代和千禧一代分别以各自的价值观在同一组织内部碰撞融合，这为构建基于本土工作场所文化管理实践的组织文化理论提供了天然的实验场景。

（二）全球多元文化渗透

当前，组织正在从母国单一文化到全球多国文化交融渗透。数字技术的发展促使跨国企业成为常态，来自同一国家不同地域和不同国家之间的员工受到不同的母国人文历史、政治法律、社会习惯、经济制度、资源禀赋、地缘政治、宗教信仰、民族文化的影响，跨文化员工在同一组织内工作将成为常态，他们都将经历外派异国过程中的“文化震颤”和回归母国时的“逆文化震颤”问题。这种多元文化的碰撞、同化、整合、剥离、去文化等问题都有可能比以往任何时候更为激烈。中国企业正在经历从“引进来”到“走出去”的过渡时期，在跨国发展的过程中，中国本土文化将与“走入地”文化相互渗透，由此，以中国企业为案例的全球多元文化渗透、跨文化管理理论等本土组织文化理论将全面发展。

三、新技术影响下的中国组织理论发展新命题

数字化时代引发的跨文化融合发展，将深刻影响传统的文化激励、文化团队管理、文化领导等组织理论，全球领导力、跨文化领导力、跨文化激励、跨文化团队、虚拟文化、人机交互文化等新的组织理论将呈现全面繁荣的景象。基于此，本书提出新技术影响下的中国组织理论发展的若干新命题。

（一）全球化影响下的中国企业组织网络重构

经济全球化趋势和互联网的发展，极大地影响了中国企业的生产协作网络，显著提升了企业应对动态环境的能力，但在全球化影

响下成功实现组织网络重构的企业仍不多见，这其中有诸多重要组织管理命题待深入探讨。① 组织网络重构是渐进式发展，还是突变式跃变？具有什么样的重构机制？虽然，华为、韩都衣舍、阿里、海尔等企业案例较为丰富，但对上述案例在组织网络演化方面的理论机制挖掘仍然不足。② 实现组织网络重构，需要何种适配的管理范式？科层管理范式将很难适应全球化时代的组织网络管理要求，新管理范式如何形成，具有什么样的特点？这些命题均亟待理论化，也是发展中国本土组织理论的机遇。

（二）跨文化影响下的中国企业组织文化震颤

组织网络演化，必然需要与之相适应的文化，全球生产网络的建立，则需要强有力的跨文化支撑，多元文化的交融碰撞也对组织管理提出了具有挑战性的命题。① 数字化、互联网、人工智能等将如何重塑组织文化？社交网络、数字技术运用、机器人的使用、跨域虚拟组织都将对传统企业文化地形成、传承、发展、管理等造成巨大挑战，甚至彻底颠覆。大量外来文化的涌入，如网络文化、消费者文化，中国企业组织的文化将如何被重塑？中国企业组织特有的文化印记将如何发展？② 数字化驱动下形成的跨文化管理需要何种管理机制？数字化时代的跨文化管理，其文化沟通、文化领导力、文化融合等存在什么样的机制，这些机制与跨文化之间存在何种关系？③ 组织网络演变与跨文化之间存在何种协同演化机制，随着组织网络从中心边缘型网络发展为全球协同创新网络，组织文化也可能从单区域文化发展为全球网络跨文化，驱动这一发展过程的协同演化机制是什么？上述命题需要结合中国本土企业的前沿管理实践，通过案例研究等方法推动中国本土组织文化理论的发展。

（三）中国传统管理思想与组织数字化管理思想的融合与发展

儒家、佛家、道家、兵家、法家、墨家、阴阳家、纵横家等构成了包罗万象的东方管理智慧，经历了中国先秦诸子百家争鸣、两汉经学兴盛、魏晋南北朝玄学流行、隋唐儒释道并立、宋明理学发展等几个历史时期。习近平总书记在《纪念孔子诞辰2565周年国际学术研讨会暨国际儒学联合会第五届会员大会开幕会上的讲话》中提到，中华民族最基本的文化基因，是中华民族和中国人民在修齐治平、尊时守位、知常达变、开物成务、建功立业过程中逐渐形成的有别于其他民族的独特标识。中国传统管理思想也深刻影响着企业管理实践，如全国政协委员、北京纳通科技集团有限公司董事长赵毅武认为当前企业在管理实践中应重点推行讲仁爱、重民本、守诚信、崇正义、尚和合、求大同的核心思想理念，并赋予其当代意义。如张瑞敏认为中国的传统文化其实是有助于海尔的组织转型的，中国文化强调从全局角度考虑问题，而西方文化主要关注二元论和原子主义，更强调任务细分和个人主义，他说："我们将这种传统的全局思维模式应用到我们的管理转型中。互联网和物联网要求企业从整体和系统化的角度去看问题，不再把一切都分割成许多小部分。"

为此，中国传统管理思想与身处组织数字化变革中的企业管理思想的融合与发展成为实务界和理论界探究的重要研究命题之一。近年来，我国学者十分重视并开始倡导构建中国本土管理理论，中国传统管理思想与现代企业管理的关系就是其中之一，如陈春花提出的水样组织概念，与中国古代管理思想密切相关。老子说，"上善若水。水善利万物而不争，处众人之所恶，故几于道"（《老子》第八章）；《论语·雍也》中说，"智者乐水，仁者乐山"；《孙子·虚实篇》

中说，“水因地而制流，兵因敌而制胜。故兵无常势，水无常形，能因敌变化而取胜者，谓之神”（陈春花、刘祯[298]，2017）。水象征着企业的生命周期历程，水式管理思路正是当代管理实践与中国古典哲学相互贯通的探索（陆亚东、符正平[299]，2016）。李平等提出中国企业可以用中国传统道家阴阳平衡思维来制定“双循环”格局下应对战略（李平、丁威旭[300]，2021）。也有学者在探索儒家文化中的“居安思危”忧患意识所固化的认知烙印对中国企业“高持现”现象，企业社会责任信息披露方面的影响（邹萍[301]，2020；李万利、徐细雄、陈西婵[302]，2021），对比了儒家和道家工作价值观对员工建言行为和现代企业劳资关系的影响（颜爱民、汪玉霞、单良[303]，2018；刘辉、干胜道[304]，2015）。由此可见，中国古代管理思想在指导数字化、人工智能时代的企业管理、组织发展与变革方面将发挥不可替代的作用。从组织理论发展的角度看，未来需要结合中国企业实践，重点探究中国古代管理思想在组织结构变革、员工关系管理、员工价值观、企业战略、领导行为、组织文化建设、组织能力等方面的融合与发展，以期在古为今用中实现融合创新。

参考文献

[1] 谢和耐. 中国文明的基本特征[J]. 中学历史教学，2013（7）：1.

[2] 张创新. 中国政治制度史[M]. 北京：清华大学出版社，2005.

[3] 翁礼华. 从孤山汉三老碑看古代基层组织[J]. 中国财政，2011（4）：76.

[4] 张晋藩. 中国古代乡村基层组织建设的实践管窥[J]. 行政管理改革，2021（4）：1-16.

[5] 彭贺，苏宗伟. 东方管理学的创建与发展：渊源、精髓与框架[J]. 管理学报，2006（1）：12-18.

[6] 毕楠. 日本企业社会责任（CSR）理念的儒家思想基因及其传承[J]. 现代日本经济，2014（3）：80-87.

[7] 苏东水. 弘扬东方管理文化 建立中国管理体系[J]. 复旦学报（社会科学版），1992（3）：33-36.

[8] 苏东水. 东方管理文化的探索[J]. 当代财经，1996（2）：3-8.

[9] 苏勇，段雅婧. 当西方遇见东方：东方管理理论研究综述[J]. 外国经济与管理，2019，41（12）：3-18.

[10] 斯图尔特·克雷纳. 管理百年[M]. 闾佳，译. 北京：中国人民大学出版社，2013.

[11] 丹尼尔·雷恩，阿瑟·贝德安. 管理思想史[M]. 6版. 孙健敏，黄小勇，李原，译. 北京：中国人民大学出版社，2012.

[12] 盛昭瀚，霍红，陈晓田，等. 笃步前行 创新不止——我国管理科学与工程学科70年回顾、反思与展望[J]. 管理世界，2021，37（2）：185-202.

[13] 黄群慧. 改革开放四十年中国企业管理学的发展——情境、历程、经验与使命[J]. 管理世界，2018，34（10）：86-94.

[14] 张玉利，吴刚. 新中国70年工商管理学科科学化历程回顾与展望[J]. 管理世界，2019，35（11）：8-18.

[15] 韩建业. 裴李岗时代与中国文明起源[J]. 江汉考古，2021（1）：50-55.

［16］ 吴照云. 中国管理思想史［M］. 北京：经济管理出版社，2017.
［17］ 张再林. 治论：中国古代管理思想［M］. 北京：北京燕山出版社，2017.
［18］ 吕锡琛，黄小云. 道家社会管理思想的主旨及其意义［J］. 求索，2017（6）：124-128.
［19］ 徐小跃. 道家及老子思想研究：下［J］. 新世纪图书馆，2017（10）：5-14.
［20］ 王文臣. 中国古代管理思想的精华及其启示［J］. 经济问题探索，2000（1）：13-15.
［21］ 陈志红，陈志斌. 现代西方管理理论视角下的中国古代管理思想初探［J］. 南京社会科学，2007（10）：61-68.
［22］ 徐雷，邓彦斐. 儒家思想与当代中国企业伦理价值观的构建［J］. 山东社会科学，2019（8）：172-176.
［23］ 何金露，王利平. 儒家文化与西方管理思想的融合："君子"企业的构建［J］. 当代经济管理，2019，41（2）：38-43.
［24］ 唐建荣，李华. 中国古代管理哲学与西方现代管理理论的差异及互鉴［J］. 吉首大学学报（社会科学版），2014，35（5）：46-53.
［25］ 刘星. 论儒学思想核心价值与新时代治国理政思想的契合［J］. 山东社会科学，2020（9）：149-155.
［26］ 吴彦彤. 教学社会性的本土阐释及其当代意义——基于先秦儒家教学思想的考察［J］. 贵州师范大学学报（社会科学版），2021（4）：66-72.
［27］ 何似龙，施祖留. 先秦儒家的古代管理思想综论［J］. 江海学刊，2000（5）：115-120.
［28］ 刘太刚. 儒家核心价值的普世性及治理儒学的提出——兼论治理儒学对公共管理学的意义［J］. 中南大学学报（社会科学版），2020，26（1）：97-106.
［29］ 姚新中. 智慧的三重品格——古希腊、儒学、希伯来智慧思想的特性与共性［J］. 道德与文明，2021（3）：82-93.
［30］ 张连伟. 论《管子》的法、术、势［J］. 管子学刊，2016（2）：9-12.
［31］ 黄玉顺. 天志：墨家的超越观念及其政治关切——墨子思想的系统还原［J］. 社会科学研究，2020（6）：133-147.
［32］ 郭咸纲. 西方管理思想史［M］. 4版. 北京：世界图书出版公司，2010.
［33］ 郭子林. 古埃及：一个不重视历史的文明［J］. 历史教学（下半月刊），2021（8）：9-11.
［34］ 赵立行.《汉穆拉比法典》——第一部完备的成文法典［J］. 历史教学问

题，2010（1）：62-67.
［35］于殿利. 从立法精神看巴比伦法的人本观［J］. 学术研究，2011（1）：39-48.
［36］黄可波. 论苏格拉底的“辩证法”——由精神助产术到精神堕胎术［J］. 江汉论坛，2000（7）：67-69.
［37］徐元庆，宋宽锋. 正义与幸福之关系问题的政治哲学解答——柏拉图《理想国》的一种读解［J］. 陕西师范大学学报（哲学社会科学版），2019，48（4）：141-148.
［38］肖萧，李红波. 柏拉图在《理想国》中对正义的求索［J］. 广西大学学报（哲学社会科学版），2019，41（4）：61-66.
［39］张文昌，于维英. 西方管理思想发展史［M］. 济南：山东人民出版社，2007.
［40］王元华，张铭. 古罗马时期自然法思想的历史演变分析［J］. 学习与探索，2005（3）：144-148.
［41］丁敏. 组织行为学［M］. 2 版. 北京：人民邮电出版社，2020.
［42］马仁杰，王荣科，左雪梅. 管理学原理［M］. 北京：人民邮电出版社，2013.
［43］理查德・达夫特. 组织理论与设计［M］. 12 版. 王凤彬，石云鸣，张秀萍，等译. 北京：清华大学出版社，2017.
［44］潘松挺，姚春序. 基于复杂系统理论的企业网络组织演化分析［J］. 企业经济，2011，30（3）：13-15.
［45］邹治平，刘艳红. 社会系统理论的创始人：切斯特・巴纳德［M］. 石家庄：河北大学出版社，2005.
［46］林崇德，等. 心理学大辞典［M］. 上海：上海教育出版社，2003.
［47］张同钦. 秘书学概论［M］. 北京：中国人民大学出版社，2011.
［48］丁煌. 西方行政学说史［M］. 武汉：武汉大学出版社，2004.
［49］Prahalad C K，Hamel G. The core competence of the corporation［J］. Harvard Business Review，1990，68（3）：79-91.
［50］Peteraf M A，Walter J F. Conversations on the dynamics，context，and consequences of strategy：introduction to the special issue［J］. Managerial and Decision Economics，2002（4）：4-5.
［51］Narver J C，Slater S F. The effect of a market orientation on business profitability［J］. Journal of Marketing，1990，54（4）.
［52］杨林，和欣，顾红芳. 高管团队经验、动态能力与企业战略突变：管理自主权的调节效应［J］. 管理世界，2020，36（6）：168-188.
［53］赵锡斌. 深化企业环境理论研究的几个问题［J］. 管理学报，2006（4）：

379-386.

[54] 费显政. 组织与环境的关系——不同学派述评与比较 [J]. 国外社会科学，2006（3）：15-21.

[55] 牛晓帆，安一民. 交易成本理论的最新发展与超越 [J]. 云南民族学院学报（哲学社会科学版），2003（1）：79-83.

[56] 刘汉民，郑丽，康丽群. 交易成本理论在企业管理中的应用——基于1993—2013年国外英文权威文献的统计分析 [J]. 经济管理，2014，36（8）：179-186.

[57] 龚晓瑾，叶祥松. 威廉姆森对企业理论的贡献与未来发展方向 [J]. 河南社会科学，2010，18（3）：56-60.

[58] 袁庆明，刘洋. 威廉姆森交易成本决定因素理论评析 [J]. 财经理论与实践，2004（5）：16-20.

[59] 马迎贤. 组织间关系：资源依赖视角的研究综述 [J]. 管理评论，2005（2）：55-62.

[60] 林文鼎，王俊如. 知识特性与技术授权模式：资源依赖观点 [J]. 政大智慧财产评论，2006（2）：55-57.

[61] Pfeffer J，Salancik G R. The external control of organizations：a resource dependence perspective [M]. New York：Harper & Row，1978.

[62] 费显政. 资源依赖学派之组织与环境关系理论评介 [J]. 武汉大学学报（哲学社会科学版），2005（4）：451-455.

[63] 湛正群，李非. 组织制度理论：研究的问题、观点与进展 [J]. 现代管理科学，2006（4）：14-16.

[64] Tolbert P S，Zucker L G. Institutional analyses of organizations：legitimate but not institutionalized [J]. Institute for Social Science Research，Working Paper Series，1994.

[65] Mark C S. Managing legitimacy：strategic and institutional approaches [J]. The Academy of Management Review，1995，20（3）.

[66] Meyer，Rowan. Institutional organizations：formal structure as myth and ceremony [J]. American Journal of Sociology，1977（83）：440-463.

[67] 梁磊. 中外组织生态学研究的比较分析 [J]. 管理评论，2004（3）：51-57.

[68] 姚耀，骆守俭. 西方组织生态理论研究综述 [J]. 上海商学院学报，2006（3）：39-43.

[69] 梁磊，邢欣. 论组织生态学研究对象的层次结构 [J]. 科学学研究，2003

（S1）：38-45.
［70］ Herbert A Simon. The architecture of complexity［J］. Proceedings of the American Philosophical Society，1962，106（6）.
［71］ 胡伟. 组织生态进化理论进展［J］. 全国商情（经济理论研究），2007（3）：105-106.
［72］ 罗珉. 组织理论的新发展——种群生态学理论的贡献［J］. 外国经济与管理，2001（10）：34-37.
［73］ 马永斌. 组织间关系构建理论综述及发展趋势展望［J］. 科学学与科学技术管理，2010，31（6）：49-52.
［74］ 李洋，王辉. 利益相关者理论的动态发展与启示［J］. 现代财经－天津财经学院学报，2004（7）：32-35.
［75］ 任海云. 利益相关者理论研究现状综述［J］. 商业研究，2007（2）：30-32.
［76］ 贾生华，陈宏辉. 利益相关者的界定方法述评［J］. 外国经济与管理，2002（5）：13-18.
［77］ Charkham J. Corporate governance：lessons from abroad［J］. European Business Journal，1992（4）：8-16.
［78］ Clarkson M E. A stakeholder framework for analyzing and evaluating corporate social performance［J］. Academy of Management Review，1995，20（1）：92-117.
［79］ Wheeler D，Sillanpaa M. Including the stakeholders：the business case［J］. Long Range Planning，1998，31（2）：201-210.
［80］ 张亚萍. 西方“企业文化”理论的演变［J］. 天津纺织工学院学报，1998（6）：30-34.
［81］ 李成彦. 组织文化研究综述［J］. 学术交流，2006（6）：183-185.
［82］ John A D. Challenges facing family companies in the gulf region［J］. Family Business Review，2000，13（3）：217-237.
［83］ 彼得·德鲁克. 管理的实践［M］. 齐芳兰，译. 北京：机械工业出版社，2018.
［84］ 祁文祖. 美国八十年代的管理思潮：企业文化［J］. 安徽省委党校学报，1990（2）：52-59.
［85］ 陈宏. 组织文化研究的演进与趋势［J］. 东北师大学报，2006（1）：157-160.
［86］ 汪辉勇. 公共价值论［M］. 合肥：合肥工业大学出版社，2014.
［87］ 陈影. 组织文化与组织公民行为的关系研究［D］. 杭州：浙江工商大学，

2008.

[88] 韩巍，张含宇. 组织文化研究的方法选择［J］. 当代经济科学，2003（5）：50-54.

[89] 曾昊，陈春花，乐国林. 组织文化研究脉络梳理与未来展望［J］. 外国经济与管理，2009，31（7）：33-42.

[90] Charles A O，Jennifer C，David F C. People and organizational culture：a profile comparison approach to assessing person-organization fit［J］. The Academy of Management Journal，1991，34（3）：487-516.

[91] Denison D R，Mishra A K. Toward a theory of organizational culture and effectiveness［J］. Organization Science，1995，6（2）.

[92] 邹常春，陈洪玮. 中外企业文化测量量表的构成要素比较研究［J］. 企业经济，2008（11）：29-31.

[93] 郑伯壎. 组织文化价值观的数量衡鉴［J］. 中华心理学刊，1990（32）：31-49.

[94] 占德干，张炳林. 企业文化构建的实证性研究——对四个不同类型企业的调查与分析［J］. 管理世界，1996（5）：204-210.

[95] 陈春花. 企业文化的改造与创新［J］. 北京大学学报（哲学社会科学版），1999（3）：51-56.

[96] 王国顺，张仕璟，邵留国. 企业文化测量模型研究——基于 Dension 模型的改进及实证［J］. 中国软科学，2006（3）：145-150.

[97] 戴化勇，鲍升华，陈金波. 中国企业文化的测量与评价［J］. 统计与决策，2010（17）：174-176.

[98] 韩文辉，吴威威. 国外企业文化理论主要流派述评［J］. 哈尔滨工业大学学报（社会科学版），2000（4）：121-125.

[99] 李丽明. 基于 7S 模型的 SGMW 企业文化建设研究［D］. 南宁：广西大学，2014.

[100] 严汇. 企业文化研究路径的新探讨——《Z 理论》方法论的应用［J］. 山东行政学院山东省经济管理干部学院学报，2006（4）：68-71.

[101] 李沫. 威廉·大内的“Z 理论”对构建中国管理模式的启示［J］. 企业活力，2012（4）：54-58.

[102] 伲永贵. 沙因组织文化理论及其对我国政府组织文化建设的启示［J］. 长白学刊，2015（3）：136-140.

[103] Geert H. Book reviews：edgar H，schein：organizational culture and

leadership: a dynamic view 1985, san francisco: jossey-bas [J]. Organization Studies, 1986, 7 (2): 199-201.
[104] 殷蒙蒙. 沙因组织文化理论研究 [D]. 南宁: 广西大学, 2019.
[105] 王玥. 霍夫斯泰德的文化维度理论解读 [J]. 世纪桥, 2012 (1): 35-36.
[106] 李文娟. 霍夫斯泰德文化维度与跨文化研究 [J]. 社会科学, 2009 (12): 126-129.
[107] 彭世勇. 霍夫斯塔德文化价值理论及其研究方法 [J]. 解放军外国语学院学报, 2004 (1): 95-99.
[108] 贺景锋, 凌秋英, 王丽芝, 等. 丹尼森组织文化理论及对医院文化测量举例 [J]. 中国医院管理, 2011, 31 (5): 56-58.
[109] 李海, 张德. 组织文化与组织有效性研究综述 [J]. 外国经济与管理, 2005 (3): 2-11.
[110] Schein, Fdgar H. Culture : The Missing Concept in Organization Studies [J]. Administrative Science Quarterly, 1996, 41 (2): 229-240.
[111] 赵曙明, 毛智勇. 中美日欧企业文化比较及跨文化管理 [J]. 管理世界, 1993 (6): 155-157.
[112] 亚当·斯密. 国富论 [M]. 郭大力, 王亚南, 译. 上海: 上海三联书店, 2009.
[113] 亚当·斯密. 国民财富的性质和原因的研究: 上卷 [M]. 郭大力, 王亚南, 译. 北京: 商务印书馆, 1972.
[114] 本·巴鲁克·塞利格曼. 美国企业史 [M]. 复旦大学资本主义国家经济研究所, 译. 上海: 上海人民出版社, 1975.
[115] 汉默顿. 思想的盛宴 [M]. 吴琼, 译. 北京: 九州出版社, 2005.
[116] 占部都美. 现代管理论 [M]. 蒋道鼎, 译. 北京: 新华出版社, 1984.
[117] 亨利·法约尔. 工业管理与一般管理 [M]. 迟力耕, 张璇, 译. 北京. 中国社会科学出版社, 1998.
[118] 陆小成. 法约尔的一般管理思想评析——兼论法约尔与泰罗思想之异同 [J]. 湘潭大学社会科学学报 (研究生论丛), 2003 (S1): 206-208.
[119] 卢盛华. 20 世纪管理理论与思想的发展演变 [J]. 管理科学文摘, 2003 (2): 14-17.
[120] 屈静茹. 从韦伯官僚制评析到现代政府行政改革 [J]. 新西部, 2017 (18): 152-153.
[121] 王克敏. 管理理论与思想的世纪回眸 [J]. 管理科学文摘, 2001 (4):

10-13.
[122] 索颖. 系统管理学派 [J]. 管理科学文摘，2000（6）：8-9.
[123] 刘秋梅，刘东霞. 中国心理学的先驱——周先庚心理学研究成就探讨 [J]. 科协论坛（下半月），2010（7）：60-61.
[124] 王飞，郝旭光，赵春霞，等. 什么类型的管理者更愿意创新？——基于职业性格测试的研究 [J]. 科技管理研究，2017，37（20）：148-156.
[125] 刘娟娟. 动机理论研究综述 [J]. 内蒙古师范大学学报（教育科学版），2004（7）：68-70.
[126] 曾化松，刘毅，裴丽昆. 论中西方激励机制的差异比较和在医疗管理中的应用 [J]. 中国医药导报，2007（18）：158-159.
[127] 赵德生，王楠毓. 论生产力中“人的因素第一”与“科技第一”[J]. 河南师范大学学报（哲学社会科学版），1992（4）：116-118.
[128] 郝辽钢，刘健西. 激励理论研究的新趋势 [J]. 北京工商大学学报（社会科学版），2003（5）：12-17.
[129] 林良章. 关于赫尔驱力还原学习理论与勒温场学习理论动机问题之比较 [J]. 福建师大福清分校学报，1992（3）：65-68.
[130] 熊红霞. 组织公民行为的研究综述 [J]. 经济视角（中旬），2011（5）：139-140.
[131] 向倩雯. 国有企业员工组织公正感与任务绩效、关联绩效关系的实证研究 [D]. 成都：西南交通大学，2007.
[132] 董建华. 知识型团队异质性、集体心理所有权对团队绩效的影响研究 [D]. 沈阳：辽宁大学，2019.
[133] 马新建. 冲突管理：一般理论命题的理性思考 [J]. 东南大学学报（哲学社会科学版），2007（3）：62-67.
[134] 巫春华，余潮青. 论非正式群体的思想教育价值 [J]. 江西金融职工大学学报，2005（4）：87-88.
[135] 吴玺玫. 组织公民行为的形成机理和员工管理对策 [J]. 经济经纬，2010（5）：72-76.
[136] 王雷. 构建组织公民行为的激励体系 [J]. 企业经济，2009（9）：86-88.
[137] 张志学，施俊琦，刘军. 组织行为与领导力研究的进展与前沿 [J]. 心理科学进展，2016，24（3）：317-326.
[138] 李建设，李玉君. 西方领导理论演变综述 [J]. 领导科学，2005（2）：40-41.

[139] 卢会志，姚桂芳. 内隐领导理论：当代领导研究的新进展［J］. 山东科技大学学报（社会科学版），2007（5）：61-65.

[140] 周成林，冯琰. 教练员领导理论与应用研究进展［J］. 中国体育教练员，2005（3）：18-20.

[141] 文晓立，陈春花. 领导特质理论的第三次研究高峰［J］. 领导科学，2014（35）：33-35.

[142] 李一. “泛领导”理论探析［J］. 领导科学，2011（15）：14-17.

[143] 赵国祥. 领导理论研究的现状与展望［J］. 河南大学学报（社会科学版），2009，49（3）：133-138.

[144] 刘春，杨小微. 关联等级视角下的学校领导研究前沿理论探索［J］. 外国教育研究，2014，41（1）：11-20.

[145] 姜凌燕. 领导理论的历史发展与演变［J］. 领导科学，2009（26）：22-24.

[146] 朱丽姣. 以积极组织行为学为视角探析大学生的学习行为——基于对南京某高校社科学生的调查［J］. 文教资料，2009（14）：221-223.

[147] 魏祥迁. 简论心理资本构念对我国人力资源管理的启示［J］. 山东行政学院学报，2010（3）：85-88.

[148] 许锦雄，凌文辁. 心理资本及其开发述评［J］. 经济论坛，2009（19）：23-25.

[149] 卞西春，马娟. 积极心理学视野下大学生主观幸福感的培育［J］. 金华职业技术学院学报，2014，14（5）：53-56.

[150] 赵欣，赵西萍，周密，等. 组织行为研究的新领域：积极行为研究述评及展望［J］. 管理学报，2011，8（11）：1719-1727.

[151] 马作宽. 组织绩效管理［M］. 北京：中国经济出版社，2009.

[152] 郑楚华，李炜兴. 国外企业绩效考核研究综述［J］. 中小企业管理与科技（上旬刊），2014（6）：16.

[153] 金佳龙. 浅析绩效考核工具发展演变［J］. 现代物业（中旬刊），2014，13（Z1）：17-19.

[154] 刘祯. 组织绩效和员工绩效的测量综述［J］. 南大商学评论，2012，9（4）：140-164.

[155] 智建丽. 绩效考核工具的历史演变及未来发展［J］. 经济师，2016（11）：233-234.

[156] Reid A B，Elwood F H. Computerized performance monitoring：a review of human resource issues［J］. Human Resource Management Review，

1995，5（4）：267-288.
［157］李文静，王晓莉. 绩效管理［M］. 大连：东北财经大学出版社，2018.
［158］Otley. Performance Management：A frame-work for Management control Systems Research［J］. Management Accounting Research，1999.
［159］Jeffrey S K. The conceptualization and representation of total performance effectiveness［J］. Human Resource Management Review，1996，6（2）：123-145.
［160］方振邦，鲍春雷. 绩效管理工具的发展演变［J］. 理论界，2010（4）：204-206.
［161］Hackman. A Normative Model of Work Team Effectiveness［M］. CT：Yale University Press，1983.
［162］闫利娜. 绩效含义的界定［J］. 中外企业家，2015（25）：66-67.
［163］韩静. 团队氛围、团队学习与团队绩效关系研究［D］. 武汉：华中科技大学，2013.
［164］蒋跃进，梁樑. 团队绩效管理研究述评［J］. 经济管理，2004（13）：46-49.
［165］蔡翔，李翠. 团队绩效影响因素研究述评［J］. 商业研究，2009（8）：23-25.
［166］吴志明，武欣. 知识工作团队中组织公民行为对团队有效性的影响作用研究［J］. 科学学与科学技术管理，2005（8）：92-96.
［167］王佳锐，刘美琳. 团队绩效影响因素研究现状与趋势［J］. 科研管理，2016，37（S1）：193-199.
［168］宝贡敏，钱源源. 多层次视角下的角色外行为与团队创新绩效［J］. 浙江大学学报（人文社会科学版），2009，39（5）：113-121.
［169］郑小勇，楼鞅. 科研团队创新绩效的影响因素及其作用机理研究［J］. 科学学研究，2009，27（9）：1428-1438.
［170］Zhu Shaoying，Qi Ershi，Xu Yu. Transformational leadership，team atmosphere，the relationship between knowledge sharing and team innovation performance［J］. Journal of Soft science，2008（11）：1-4+9.
［171］Ma Jianhong，Yang Kai. Transformational leadership and transactional leadership：team performance prediction index［J］. Journal of New Psychology，2009，29（3）：82-88.
［172］侯二秀，李靖尧，长青. 团队创新绩效影响因素的研究述评［J］. 内蒙古

工业大学学报（社会科学版），2013，22（2）：98-101.
［173］郑烨，杨若愚，姬晴晴. 企业创新绩效国内外研究文献的十五年述评与展望［J］. 中国科技论坛，2017（3）：73-80.
［174］刘嫦娥，陈雅惠，玉胜贤. 组织绩效指标设计的影响因素及其测量方法研究［J］. 湖南商学院学报，2015，22（6）：42-46.
［175］陆雄文，孙金云. 企业绩效测量方法的研究综述：第三届海峡两岸企业组织与管理学术研讨会［Z］. 上海：复旦大学，2009.
［176］林枫，杨付敏，徐金发. 国外组织绩效测量模型研究进展［J］. 商业研究，2014（6）：159-165.
［177］陈福军，吴晓魏. 组织变革：20 世纪 90 年代的理论与研究综述［J］. 管理世界，2010（10）：158-166.
［178］Schumpeter. The theory of economic development［M］. Cambridge：Harvard University Press，1912.
［179］Enos. Invention and innovation in the petroleum refining industry. the rate and direction of inventive activity：economic and social factors［M］. Princeton：Princeton University Press，1962.
［180］Myers，Marquis. Successful industrial innovations-a study of factors underlying innovation in selected firms［M］. New York：National Science Foundation，1969.
［181］Utterback J M. Innovation in industry and the diffusion of technology［J］. Science，1974，183（4125）：620-626.
［182］Freeman. The economics of industrial innovation［M］. Boston：The MITPress，1982.
［183］许庆瑞. 技术创新管理［M］. 杭州：浙江大学出版社，1990.
［184］Amabile. Motivating creativity in organizations［J］. California Management Review，1997（40）：22-26.
［185］Drucker. Innovation and entrepreneurship［J］. Journal of Information Technology，1986（5）：55-57.
［186］Anderson N，De Dreu，Nijstan B A. The reutilization of innovation research：a constructively critical review of the state-of-the-science［J］. Journal of-Organizational Behavior，2004（25）：147-173.
［187］李垣，汪应洛. 企业技术创新动力机制构成要素的探讨［J］. 科学管理研究，1994（4）：43-45.

[188] 张钢. 企业组织创新研究［M］. 北京：科学出版社，2000.
[189] 颜晓峰. 创新活动的思维机制［J］. 新疆大学学报（哲学社会科学版），2002（1）：80-85.
[190] 白景坤，张双喜. 企业组织创新的系统思考［J］. 经济纵横，2005（11）：62-64.
[191] 刘刚. 动态组织能力与企业组织的创新和演进［J］. 南开学报，2006（6）：69-79.
[192] 邓智瀚. 组织创新与技术创新匹配视角下的当前高端装备制造企业的管理突破［J］. 科学管理研究，2020，38（6）：78-84.
[193] 简兆权，吴隆增，黄静. 吸收能力、知识整合对组织创新和组织绩效的影响研究［J］. 科研管理，2008（1）：80-86.
[194] 简兆权，陈键宏，王晨. 政治和商业关联、知识获取与组织创新关系研究［J］. 科研管理，2014，35（10）：17-25.
[195] 吕慧，宋琪，陈扬，等. CEO 授权领导对 TMT 绩效及组织创新的影响研究［J］. 科研管理，2020，41（7）：138-147.
[196] 王婉，蔡雯雯，李润芝. 大数据时代企业组织创新影响因素研究——基于组合赋权法与 ISM 分析［J］. 管理现代化，2020，40（6）：32-35.
[197] Hicks. The theory of wages［M］. New York：Springer，1963.
[198] Utterback，Abernathy. A dynamic model of process and product innovation［J］. Omega，1975（6）：639-656.
[199] Henderson，Clark. Architectural innovation：the reconfiguration of existing product technologies and the failure of established firms［J］. Administrative Science Quarterly，1990（6）：9-30.
[200] March. Exploration and exploitation in organizational learning［J］. Organization Science，1991（1）：71-87.
[201] Bower J L，Christensen C M. Disruptive technologies：catching the wave［J］. HBR，1995.
[202] Rosanna G，Roger C. A critical look at technological innovation typology and innovativeness ter-minology：a literature review［J］. Journal of Product Innovation Management，2002（19）：110-132.
[203] Chesbrough H W. Open innovation：the new imperative for creating and profiting from technology［M］. Boston：Harvard Business School Press，2003.

［204］ 陈钰芬，陈劲. 开放式创新：机理与模式［M］. 北京：科学出版社，2008.
［205］ 刘志迎. 产业链视角的中国自主创新道路研究［J］. 华东经济管理，2015，29（12）：7-14.
［206］ 邵云飞，詹坤，吴言波. 突破性技术创新：理论综述与研究展望［J］. 技术经济，2017，36（4）：30-37.
［207］ 熊彼特. 经济发展理论［M］. 北京：商务印书馆，2000.
［208］ 熊彼特. 从马克思到凯恩斯十大经济学家［M］. 北京：商务印书馆，1965.
［209］ Schumpeter. History of economic analysis［M］. New York：Oxford University Press，1954.
［210］ Schumpeter. Business cycles：A theoretical historical and statistic analysis of the capital process［M］. New York：Ma Graw Hill，1939.
［211］ 代明，殷仪金，戴谢尔. 创新理论：1912—2012——纪念熊彼特《经济发展理论》首版 100 周年［J］. 经济学动态，2012（04）：143-150.
［212］ Schumpeter. Capitalism socialism and democracy［M］. Cambridge：Widener Library，1942.
［213］ Rogers. Diffusion of innovations（3rd ed）［M］. New York：Free Press，1983.
［214］ Rogers. Diffusion of preventive innovations［J］. Addictive Behaviors，2002（27）：989-993.
［215］ Rogers. A prospective and retrospective look at the diffusion model［J］. Journal of Health Communication，2004（9）：13-19.
［216］ Bass. A new product growth model for consumer durables［J］. Management Science，1969（15）：215-227.
［217］ Rogers. The nature of technology transfer［J］. Science Communication，2002（23）：323-341.
［218］ Sultan F，Farley J U，Lehmann D R. A meta-analysis of applications of diffusion models［J］. Journal of Marketing Research，1990（37）：70-77.
［219］ Mahajan V，Muller E，Bass F M. New product diffusion models in marketing：a review and directions for research［J］. Journal of Marketing，1990，54（1）：1-26.
［220］ 克里斯·阿吉里斯. 组织学习［M］. 2 版. 北京：中国人民大学出版社，2004.
［221］ Fiol C M，Lyles M A. Organizational learning［J］. Academy of Management

Review，1985（4）：803-813.
[222] 原欣伟，覃正，伊景冰. 国内组织学习研究的历史、现状和展望［J］. 科技管理研究，2006（5）：173-1778.
[223] Yukl. Leading organizational leaning：reflections on theory and research［J］. Leadership Quarterly，2009（1）：49-53.
[224] Dodgson. Organizational learning：a review of some literatures［J］. Organization Studies，1993（3）：375-394.
[225] Berends H，Antonacopoulou E. Time and organizational learning：a review and agenda for future research［J］. International Journal of Management Reviews，2014（4）：437-453.
[226] Madsen P M，Desai V. Failing to learn? The effects of failure and success on organizational learning in the global orbital launch vehicle industry［J］. Academy of Management Journal，2010（3）：451-476.
[227] Zangwill W I，Kantor P B. Toward a theory of continuous improvement and the learning curve［J］. Management Science，1998（7）：910-920.
[228] 彼得·圣吉. 第五项修炼——学习型组织的艺术与实务［M］. 郭进隆，译. 上海：上海三联书店，1998.
[229] Bontis N，Crossan M M，Hulland J. Managing an organizational learning system by aligning stocks and flows［J］. Journal of Management Studies，2002（4）：437-469.
[230] Hedberg B. How organizations learn and unlearn?［J］. Handbook of Organizational Design，1981（1）：3-27.
[231] Shrivastava P. A typology of organizational learning systems［J］. Journal of Management Studies，2010（1）：7-28.
[232] Schilling J，Kluge A. Barriers to organizational learning：an integration of theory and research［J］. International Journal of Management Reviews，2009（3）：337-360.
[233] Davenport T H，Delong D W. Successful knowledge management projects［J］. Sloan Management Review，1998（2）：43-57.
[234] Loveridge R，Pitt M. Introduction：defining the field of technology and strategy［J］. Modernism/Modernity，1990（14）：339-340.
[235] Huber G P. Organizational learning：the contributing processes and the literatures［J］. Organization Science，1991（1）：88-115.

[236] Antonacopoulou E P. The relationship between individual and organizational learning：new evidence from managerial learning practices [J]. Management Learning，2006（4）：455-473.
[237] Gavetti G，Levinthal D. Looking forward and looking backward：cognitive and experiential search [J]. Administrative Science Quarterly，2000（1）：113-137.
[238] Alipour F，Idris K，Karimi R. Knowledge creation and transfer：role of learning organization [J]. International Journal of Business Administration，2011（3）：61-67.
[239] Sahaya N. A learning organization as a mediator of leadership style and firms'financial performance [J]. International Journal of Business & Management，2012（14）：96-113.
[240] Easterby-Smith M，Lyles M A. In praise of organizational forgetting [J]. Journal of Management Inquiry，2011（3）：311-316.
[241] Dimov D，Holan P M D，Milanov H. Learning patterns in venture capital investing in new industries [J]. Industrial & Corporate Change，2012（6）：1389-1426.
[242] Christensen C M. The innovator's dilemma. when new technologies cause great firms to fail [M]. Boston：Harvard Business School Press，1997.
[243] Christensen C M，Raynor M E. Innovator's solution：creating and sustaining successful [J]. Publishers Weekly，2003.
[244] Danneels E. Disruptive technology reconsidered：a critique and research agenda [J]. Journal of Product Innovation Management，2004，21（4）：246-258.
[245] 康长杰，陈劲. 排斥性创新：一种适合发展中国家的创新方法 [J]. 管理工程学报，2006（2）：108-113.
[246] Yu D，Hang C. Creating technology candidates for disruptive innovation：generally applicable R & D strategies [J]. Technovation，2011，31（1）：401-427.
[247] Fan S，Lau R，Zhao J L. Demystifying big data analytics for business intelligence through the lens of marketing mix [M]. Amsterdam: Elsevier Science Publishers，2015.
[248] 吴佩，姚亚伟，陈继祥. 后发企业颠覆性创新最新研究进展与展望 [J].

软科学，2016，30（9）：108-111.

［249］ Azar G，Ciabuschi F. Organizational innovation，technological innovation，and export performance：the effects of innovation radicalness and extensiveness［J］. International Business Review，2017，26（2）：324-336.

［250］ Christensen J A. Building the Innovation organization［M］. London：MacMillan Press，2000.

［251］ Tucker R B. Driving Growth Through Innovation［M］. San Francisco：Berrett-Koehler Publishers，2004.

［252］ Von Hippel E，Thomke S，Sonnack M. Creating break throughs at 3M［J］. Health Forum Journal，2000（4）：20-26.

［253］ Clark K B. Project scope and project performance：the effect of parts strategy and supplier involvement on product development［J］. Management Science，1989（10）：1247-1263.

［254］ Nishiguchi T. Strategic industrial sourcing：the japanese advantage［M］. Oxford：Oxford University Press，1994.

［255］ Das T K，Teng B S. A resource-based theory of strategic alliances［J］. Journal of Management，2000（1）：31-60.

［256］ 耿瑞利，申静. 基于开放式创新的智库知识管理模型构建及应用［J］. 图书情报工作，2017，61（2）：121-128.

［257］ 陶小龙，刘珊，钟雨芮，等. 大数据应用与企业开放式创新的协同演化——基于扎根理论的对比性案例研究［J］. 科技进步与对策，2021，38（5）：69-78.

［258］ Williamson O E. The economics of organization：the transaction cost approach［J］. American Journal of Sociology，1981（3）：548-577.

［259］ Johnsen T，Ford D. Managing collaborative innovation in complex networks：Findings from exploratory interviews［C］//16th Annual IMP Conference. Citeseer, 2000：613-629.

［260］ Laursen K，Salter A. The paradox of opennes：appropriability and the use of external sources of knowledge for innovation［R］. Academy of Management Annual Meeting，2005.

［261］ 王核成，王思惟，刘人怀. 企业数字化成熟度模型研究［J/OL］. 管理评论：1-10［2021-10-04］. https：//doi.org/10.14120/j.cnki.cn11-5057/f.

20210210.005.
[262] 刘吉发，肖涵. 组织理论研究中的封闭性问题探讨[J]. 西安交通大学学报(社会科学版)，2015，35(2)：56-60.
[263] 陈俊梁，袁炜，陆静丹. 组织理论与设计[M]. 2版. 北京：中国人民大学出版社，2019.
[264] 邱泽奇. 技术与组织：学科脉络与文献[M]. 北京：中国人民大学出版社，2018.
[265] 陈武，李燕萍. 众创空间平台组织模式研究[J]. 科学学研究，2018，36(4)：593-600.
[266] 辛杰，谢永珍，屠云峰. 从原子管理到量子管理的范式变迁[J]. 管理学报，2020，17(1)：12-19.
[267] 彭剑锋，陈春花，周其仁，等. 激荡2019：从思想的云到实践的雨[M]. 上海：复旦大学出版社，2019.
[268] 陈春花，曹洲涛，宋一晓，等. 组织行为学[M]. 4版. 北京：机械工业出版社，2020.
[269] Alavi M，Leidner D E. Review：knowledge management and knowledge management systems：conceptual foundations and research issues[J]. Mis Quarterly，2001，25(1)：107-136.
[270] 李昊朋. 基于机器学习方法的智能机器人探究[J]. 通讯世界，2019，26(4)：241-242.
[271] 张省，周燕. 人工智能环境下知识管理模式构建[J]. 情报理论与实践，2019，42(10)：57-62.
[272] 顾丽敏，李嘉. 人工智能对企业知识管理的影响研究[J]. 学海，2020(6)：39-44.
[273] 李建中. 人工智能：不确定的自主性知识创造[J]. 自然辩证法研究，2019，35(1)：117-122.
[274] 李海舰，朱芳芳. 重新定义员工——从员工1.0到员工4.0的演进[J]. 中国工业经济，2017(10)：156-173.
[275] 刘大卫. 人工智能背景下人力资源雇佣关系重构及社会影响分析[J]. 云南社会科学，2020(1)：47-52.
[276] 忻榕，陈威如，侯正宇. 平台化管理：数字时代企业转型升维之道[M]. 北京：机械工业出版社，2019.
[277] 曹仰锋. 第四次管理革命：转型的战略[M]. 北京：中信出版社，2019.

［278］任宗强，刘冉. 人机交互模式下企业知识管理平台研究［J］. 技术与创新管理，2017，38（5）：526-529.

［279］Harari Y N. Homo Deus：a brief history of tomorrow［M］. New York: Random House，2016.

［280］何勤. 人工智能与就业变革［J］. 中国劳动关系学院学报，2019，33（3）：1-4.

［281］吴瑶，肖静华，谢康，等. 从价值提供到价值共创的营销转型——企业与消费者协同演化视角的双案例研究［J］. 管理世界，2017（4）：138-157.

［282］刘江鹏. 企业成长的双元模型：平台增长及其内在机理［J］. 中国工业经济，2015（6）：148-160.

［283］Howells G. The potential and limits of consumer empowerment by information［J］. Journal of Law and Society，2005，32（3）：349-370.

［284］Vargo S L，Lusch R F. Service-dominant logic：continuing the evolution［J］. Journal of the Academy of Marketing Science，2008，36（1）：1-10.

［285］Vargo S L，Lusch R F. Evolving to a new dominant logic for marketing［J］. Journal of Marketing，2004，68（1）：1-17.

［286］Gronroos C，Voima P. Critical service logic：making sense of value creation and co-creation［J］. Journal of the Academy of Marketing Science，2013，41（2）：133-150.

［287］Bettencourt L A，Ulwick A W. The customer-centered innovation map［J］. Harvard Business Review，2008，86（5）：109.

［288］Fyrberg Yngfalk A. It's not us，it's them!–rethinking value co-creation among multiple actors［J］. Journal of Marketing Management，2013，29（9-10）：1163-1181.

［289］江平宇，冷杰武，丁凯. 社群化制造模式的边界效应分析与界定［J］. 计算机集成制造系统，2018，24（4）：829-837.

［290］陶梅. 社交电商的竞争优势与培育策略［J］. 商业经济研究，2020（14）：88-91.

［291］Mayfield A. What is social media?［Z］. Antony Mayfield's Blog，2008.

［292］Standage T. Writing on the wall：social media-the first 2000 years［M］. New York: Bloomsbury Publishing USA，2013.

［293］刘程. 社交化时代下的组织变革新趋势［J］. 科技创新与生产力，2014

（11）：5-8.

［294］ Candelon，Kaufman，Morieux，等. 平台化组织：组织变革前沿的“前言”［R］. 杭州：阿里研究院，2016.

［295］ 陈武，陈天子，李燕萍. 改革开放以来我国研究机构“走出去”的探索与实践［J］. 科技进步与对策，2019，36（9）：10-18.

［296］ Schwarz G M. Organizational hierarchy adaptation and information technology［J］. Information and Organization，2002，12（3）：153-182.

［297］ Karahanna E，Evaristo J R，Srite M. Levels of culture and individual behavior：an integrative perspective［J］. Journal of Global Information Management，2005，13（2）：1-20.

［298］ 陈春花，刘祯. 水样组织：一个新的组织概念［J］. 外国经济与管理，2017，39（7）：3-14.

［299］ 陆亚东，符正平. “水”隐喻在中国特色管理理论中的运用［J］. 外国经济与管理，2016，38（1）：3-14.

［300］ 李平，丁威旭. “双循环”格局下中国企业的有效应对战略：阴阳平衡视角［J］. 清华管理评论，2021（3）：92-97.

［301］ 邹萍. 儒家文化能促进企业社会责任信息披露吗？［J］. 经济管理，2020，42（12）：76-93.

［302］ 李万利，徐细雄，陈西婵. 儒家文化与企业现金持有——中国企业“高持现”的文化内因及经济后果［J］. 经济学动态，2021（1）：68-84.

［303］ 颜爱民，汪玉霞，单良. 中国文化背景下企业社会责任对建言行为的影响——基于儒家和道家工作价值观的调节作用［J］. 软科学，2018，32（7）：48-51.

［304］ 刘辉，干胜道. 道家和谐观与现代企业劳资关系研究［J］. 河南社会科学，2015，23（9）：99-104.

企业管理思想史系列

1.《管理思想史》
2.《组织管理思想史》
3.《知识管理思想史》
4.《人力资源管理思想史》
5.《营销管理思想史》
6.《战略管理思想史》
7.《财务管理思想史》
8.《创业管理思想史》
9.《商业模式思想史》
10.《供应链管理思想史》
11.《信息管理思想史》
12.《公司治理思想史》
13.《科技管理思想史》
14.《商业伦理思想史》
15.《企业管理思想史精读》
16.《协同管理思想史》
17.《质量管理思想史》
18.《电子商务思想史》
19.《组织行为学思想史》
20.《公共管理思想史》
21.《价值链管理思想史》
22.《企业管理前沿理论》
23.《运营管理思想史》
24.《生产管理思想史》
25.《旅游管理思想史》
26.《跨国公司经营管理思想史》
27.《项目管理思想史》
28.《投资管理思想史》
29.《创新管理思想史》
30.《公司金融思想史》
31.《物流管理思想史》
32.《风险管理思想史》
33.《成本管理思想史》
34.《内部控制思想史》
35.《企业文化思想史》
36.《管理决策思想史》
37.《系统管理思想史》
38.《国际贸易思想史》
39.《品牌管理思想史》
40.《数字管理思想史》
41.《服务管理思想史》
42.《人力资本管理思想史》

企业管理思想史系列

《管理思想史》

作者：蒋翠珍　曾国华

定价：98.00元

《组织管理思想史》

作者：李晓园　陈武

定价：98.00元

《知识管理思想史》

作者：孙立新

定价：98.00元

《人力资源管理思想史》

作者：万 金

定价：98.00元

《营销管理思想史》

作者：谌飞龙　王新刚　甄英鹏

定价：98.00元

《战略管理思想史》

作者：朱文兴

定价：98.00元

| 企业管理思想史系列 |

《财务管理思想史》

作者：陈 鹰　周 静
定价：98.00元

《创业管理思想史》

作者：刘 磊　许 菱
定价：98.00元

《商业模式思想史》

作者：余来文
定价：98.00元

《供应链管理思想史》

作者：舒 辉
定价：98.00元

《信息管理思想史》

作者：李 晶　郭同济
定价：98.00元

《公司治理思想史》

作者：刘元秀
定价：98.00元

| 企业管理思想史系列 |

《创新管理思想史》

作者：胡海波

定价：98.00元

《商业伦理思想史》

作者：陈 颖

定价：98.00元

《质量管理思想史》

作者：蒋明琳

定价：98.00元

《协同管理思想史》

作者：林晓伟

定价：98.00元

《企业管理思想史精读》

作者：余来文

定价：98.00元

《科技管理思想史》

作者：周 丽

定价：98.00元